T0161696

$\mathcal{D}$u même auteur

Music, Art and Metaphysics, Cornell University Press, 1990 ; Oxford University Press, 2011.

The Pleasures of Aesthetics, Cornell University Press, 1996.

Contemplating Art, Oxford University Press, 2006.

Musical Concerns, Oxford University Press, 2015.

La musique sur le vif, Presses Universitaires de Rennes, 2013.

ESSAIS DE PHILOSOPHIE DE LA MUSIQUE

DÉFINITION, ONTOLOGIE, INTERPRÉTATION

Dernières parutions dans la même collection

ESSAIS DE PHILOSOPHIE DE LA MUSIQUE

DÉFINITION, ONTOLOGIE, INTERPRÉTATION

par

Jerrold Levinson

Textes réunis, traduits et introduits par Clément Canonne
et Pierre Saint-Germier

Ouvrage publié avec le soutien
de l'École Normale Supérieure de Lyon

VRIN

La collection *MusicologieS* présente des ouvrages qui répondent aux attentes des mélomanes, des musiciens, des musicologues mais aussi à celles de toutes les personnes qui s'intéressent à la musique et qui souhaitent découvrir et explorer son histoire, son langage, sa place et son rôle au cœur des sociétés occidentales et non occidentales.

La musicologie contemporaine possède de multiples orientations disciplinaires : histoire, histoire de l'art, philosophie, psychologie, psychanalyse, esthétique, sociologie ou anthropologie, pour ne citer qu'elles. Les ouvrages de la collection puiseront à ces univers et contribueront à la connaissance et à la compréhension des musiques savantes et populaires de toutes les époques.

MusicologieS

collection dirigée par

Malou Haine et Michel Duchesneau

Texte orignaux : *The Concept of Music ; What a Musical Work Is* ; *What a Musical Work Is Again* ; *Indication, Abstraction and Individuation* ; *Art as Action* ; *Authentic Performance and Performance Means* et *Evaluating Musical Performance*

© Librairie Philosophique J. VRIN, 2015

Imprimé en France

ISSN 2114-169X

ISBN 978-2-7116-2657-1

www.vrin.fr

AVANT-PROPOS DES TRADUCTEURS

Le présent volume propose, en traduction française, un recueil de textes de Jerrold Levinson, publiés entre 1980 et 1990, et rassemblés initialement dans l'ouvrage *Music, Art and Metaphysics* [1].

Jerrold Levinson (né en 1948) est *Distinguished Professor of Philosophy* à l'Université du Maryland. Il est un spécialiste de philosophie de l'art, internationalement reconnu, et représente plus particulièrement le courant « analytique », caractérisé par une recherche de clarté dans l'argumentation et par un souci d'aborder de manière frontale et directe un ensemble circonscrit de problèmes spécifiques [2]. Outre de nombreux articles publiés dans les plus prestigieuses revues (*Journal of Aesthetics and Art Criticism, British Journal of Aesthetics, Journal of Philosophy*), il est l'auteur d'un livre important sur l'expérience musicale, *Music in the Moment* [3].

Le choix des textes réunis dans ce premier volume a suivi une logique thématique : ont été retenus ceux qui traitent plus spécifiquement

---

1. Jerrold Levinson, *Music, Art and Metaphysics*, Ithaca, Cornell University Press, 1990 ; Oxford, Oxford University Press, 2011.

2. Il existe plusieurs recueils en traduction française d'écrits fondateurs et contemporains de ce courant essentiellement anglophone. Voir Danièle Lories (dir.), *Philosophie analytique et esthétique*, Paris, Klincksieck, 1988 et Jean-Pierre Cometti, Jacques Morizot et Roger Pouivet (dir.), *Textes clés d'esthétique contemporaine. Art, représentation, fiction*, Paris, Vrin, 2005.

3. Jerrold Levinson, *Music in the Moment*, Ithaca, Cornell University Press, 1998. L'ouvrage a été récemment traduit par Sandrine Darsel sous le titre *La musique sur le vif*, Rennes, Presses Universitaires de Rennes, 2013.

de la définition de la musique (« Le concept de musique » [4]), de l'ontologie des œuvres musicales (« Ce qu'est une œuvre musicale » [5], « Ce qu'est une œuvre musicale (*bis*) » [6]), et des problèmes philosophiques liés à l'interprétation (« Interprétation authentique et moyens d'exécution » [7], « Évaluer l'interprétation musicale » [8]).

Pour chacune de ces unités thématiques, nous avons proposé un texte introductif visant à situer ces textes dans leur contexte problématique, et ainsi à les rendre accessibles à un lecteur francophone qui ne serait pas totalement familier avec les débats qui ont animé la philosophie de la musique anglo-américaine de ces trente dernières années.

Cette traduction se situe dans la continuité des premiers efforts de Jean-Pierre Cometti et Roger Pouivet qui ont introduit la pensée de Levinson dans le monde francophone à la fin des années 1990 [9]. En publiant ces écrits philosophiques dans la collection « MusicologieS », notre objectif est non seulement de mieux faire connaître les écrits de Jerrold Levinson auprès de la communauté musicologique francophone, mais encore de faire saisir au lecteur, à travers les positions défendues par l'une des figures majeures de l'esthétique anglophone contemporaine, l'ampleur et la pertinence des thématiques débattues au sein du courant analytique pour l'étude des objets et des pratiques qui peuplent notre monde musical.

---

4. Jerrold Levinson, *Music, Art and Metaphysics*, Ithaca, Cornell University Press, 1990 ; Oxford, Oxford University Press, 2011, p. 267-278 (« The Concept of Music »).

5. *Idem*, « What a Musical Work Is », *Journal of Philosophy*, vol. 77, 1980, p. 5-28 ; repris dans *Music, Art and Metaphysics*, p. 63-88.

6. *Idem*, *Music, Art and Metaphysics*, Ithaca, Cornell University Press, 1990 ; Oxford, Oxford University Press, 2011, p. 215-263 (« What a Musical Work Is, Again »).

7. *Idem*, *Music, Art and Metaphysics*, Ithaca, Cornell University Press, 1990 ; Oxford, Oxford University Press, 2011, p. 393-408 (« Authentic Performance and Performance Means »).

8. *Idem*, « Evaluating Musical Performance », *Journal of Aesthetic Education*, vol. 21, 1987, p. 75-88 ; repris dans *Music, Art and Metaphysics*, p. 376-392.

9. *Idem*, *L'art, la musique et l'histoire*, traduit de l'anglais par Jean-Pierre Cometti et Roger Pouivet, Paris, Éditions de L'Éclat, 1998.

Nous tenons à remercier Jerrold Levinson pour la confiance qu'il nous a accordée tout au long de ce travail, ainsi que Malou Haine et Michel Duchesneau qui, en accueillant ce livre au sein de leur collection, permettront, nous l'espérons, au dialogue entre musicologues et philosophes de se développer encore davantage.

Lyon, septembre 2014

PRÉFACE DE L'AUTEUR
À LA PRÉSENTE ÉDITION

Je suis arrivé à la philosophie après ma première préoccupation académique, la chimie physique et inorganique, et l'on dit parfois qu'il y a des traces de cette première formation dans ma manière de penser les choses. Mais avant la chimie et la philosophie, avant la littérature et la peinture, il y a toujours eu la musique, que j'ai adorée plus que toute autre chose, même si ma découverte de la musique classique – qui est au cœur de ma réflexion philosophique – a été un peu tardive, vers l'âge de douze ans. Quant au reste de mon parcours intellectuel, je l'ai déjà esquissé brièvement ailleurs[1], et ne m'y attarderai pas plus ici ; je me pencherai plutôt sur un sujet plus précis, à savoir les liens entre philosophie et musique, tels que je les vois et tels que je les ai vécus[2].

Il y a nombre d'affinités saillantes entre philosophie et musique, et il n'est donc pas surprenant qu'une personne s'intéressant à l'une s'intéresse également à l'autre, ou du moins fasse preuve à son égard d'une sympathie instinctive. La parenté la plus frappante entre la philosophie et la musique est sans doute qu'elles reflètent et sollicitent toutes deux si vivement l'esprit. Autrement dit, on peut soutenir que la musique, aussi bien que la philosophie, est un mode de pensée, tout autant qu'un mode d'expérience ou de sensation, et qu'elles impliquent toutes les deux un exercice intense de ces deux ensembles de facultés mentales. Une deuxième ressemblance est que la philosophie et la musique ont une capacité indéniable à véhiculer des *visions* du

---

1. Jerrold Levinson, *L'art, la musique et l'histoire*, traduit de l'anglais par Jean-Pierre Cometti et Roger Pouivet, Paris, Éditions de l'Éclat, 1998, p. 7-14 (« Avant-propos »).

2. Pour une discussion plus approfondie de ces liens, voir Jerrold Levinson, « Philosophy and Music », *Topoi*, vol. 28, 2009, p. 119-123.

monde – dans le sens non-visuel de « vision » – capacité qui dans le cas de la musique se fonde sur ces facultés évoquées ci-dessus de penser et de ressentir le monde dans lequel nous vivons. Une troisième affinité est que toutes les deux relèvent de ce qui fait le propre de *l'humain*. Bien sûr, que la musique soit *exclusivement* l'apanage de l'être humain reste une question controversée, mais je suis personnellement enclin à soutenir qu'elle l'est. Un quatrième lien qui associe la philosophie et la musique est, me semble-t-il, le fait qu'elles sont, sans aucun doute, deux des choses les plus précieuses qui soient, comme ont pu en témoigner Socrate (« Une vie sans examen ne vaut pas la peine d'être vécue ») et Nietzsche (« Sans musique, la vie serait une erreur »). Et pour finir, je mettrais en lumière une cinquième affinité, d'un genre un peu différent, et qui n'est peut-être pas, au fond, une affinité à proprement parler : la musique est la source d'expériences qui sont d'une nature et d'une valeur si singulières qu'elles requièrent ardemment une explication philosophique, ou bien métaphysique, et pas seulement une explication musicologique ou psychologique. Je fais partie de ces philosophes qui ont essayé, dans une certaine mesure, de m'atteler à cette tâche, même si cela n'apparaît pas directement dans les articles rassemblés dans le présent volume.

Quoi qu'il en soit de la validité de ces affinités ou liens entre la philosophie et la musique, il n'y avait pour moi rien de plus naturel et de plus tentant que de mettre ensemble ces deux choses qui étaient ce qu'il y a de plus cher à mes yeux – les êtres humains mis à part – et pour lesquelles j'avais déjà fait preuve d'une certaine compétence. Et je n'ai jamais regretté d'avoir consacré tant de mon attention professionnelle aux problèmes philosophiques que soulève la musique. Conjuguer et satisfaire simultanément mes intérêts musicaux et philosophiques en m'attaquant à l'esthétique musicale s'est révélé être une stratégie très heureuse pour ma vie personnelle et ma carrière académique, même si elle n'a probablement pas toujours été poursuivie en pleine conscience – ce faisant j'optais néanmoins pour ce que les économistes appellent un « avantage comparatif ».

Quoique la grande place accordée à la musique dans mes travaux en philosophie de l'art se remarque sans difficulté, j'ai aussi dévolu une large part de mon temps aux questions philosophiques qui concernent la littérature, la peinture, le cinéma, ainsi qu'aux problèmes théoriques soulevés par l'esthétique générale, telle la nature des propriétés esthétiques, la caractérisation de l'expérience esthétique, la définition de l'art, l'interprétation et l'évaluation des œuvres, et la dimension éthique incontournable des œuvres d'art et de l'activité artistique elle-même. Néanmoins, on vérifie aisément que la musique occupe une place prépondérante dans mon travail philosophique en jetant un œil sur les tables des matières des trois recueils d'essais que j'ai publiés jusqu'ici, à savoir, *Music, Art, and Metaphysics* en 1990, *The Pleasures of Aesthetics* en 1996, et *Contemplating Art* en 2006 [3]. On verra bien vite que les sujets musicaux occupent entre un tiers et une moitié de chacun de ces volumes [4].

Ce premier volume d'essais en français, comme l'indique assez clairement son sous-titre, se borne à cinq essais qui concernent la définition de la musique, l'ontologie des œuvres musicales, et l'interprétation de celles-ci. Mais le champ de la philosophie analytique contemporaine de la musique s'étend beaucoup plus loin et prend en charge bien d'autres sujets et questions. Pour ne donner qu'une liste évidemment non exhaustive, on peut citer : la nature de l'expression musicale, les principes de l'évaluation musicale, les valeurs les plus fondamentales de la musique, le caractère spécifique de la chanson et de l'opéra, la nature et la valeur de l'improvisation en musique, la réponse émotionnelle et spirituelle à la musique, la réponse corporelle et physiologique à la musique, l'importance de la forme en musique et la diversité de celle-ci, la nature de la compréhension musicale chez l'auditeur, la spécificité de la beauté musicale, la possibilité

---

3. Jerrold Levinson, *Music, Art and Metaphysics*, Ithaca, Cornell University Press, 1990 ; Oxford, Oxford University Press, 2011 ; Jerrold Levinson, *The Pleasures of Aesthetics*, Ithaca, Cornell University Press, 1996 ; Jerrold Levinson, *Contemplating Art*, Oxford, Oxford University Press, 2006.

4. C'est encore plus vrai pour un quatrième recueil, *Musical Concerns*, actuellement en chantier, qui rassemble exclusivement des articles consacrés à la musique (Oxford University Press, à paraître en 2015).

d'interpréter sémantiquement une œuvre musicale, la nature de l'interprétation critique et de l'interprétation exécutive, la portée et les limites des pouvoirs représentationnels de la musique, les capacités ou incapacités narratives de la musique, la prétendue profondeur de certains morceaux de musique, l'attirance paradoxale pour la musique de forte expressivité négative, etc. Certains de ces sujets, sinon tous, sont abordés dans les essais qui composeront les volumes qui, en principe, sont appelés à succéder à celui que vous avez entre les mains.

En dernier lieu, je tiens à remercier vivement mes deux infatigables et astucieux traducteurs et commentateurs, Clément Canonne et Pierre Saint-Germier. On ne saurait trouver meilleurs collaborateurs pour ces deux fonctions, qu'ils ont pleinement remplies ; et je dois avouer que sans les amples et riches annotations et contextualisations de mon travail qu'ils ont fournies, ce volume aurait eu une valeur nettement moindre. Et pour finir, je ne peux cacher ma joie de voir paraître en français ce premier volume de mes essais de philosophie de la musique, qui plus est chez un éditeur à présent aussi réputé pour l'un et pour l'autre de ces deux sujets vénérables.

Jerrold LEVINSON,
Paris, février 2014

DÉFINITION

« MUSIQUE ».
CHERCHE DÉFINITION DÉSESPÉRÉMENT

Clément CANONNE et Pierre SAINT-GERMIER

Qu'y a-t-il de commun entre un *single* de Lady Gaga, l'exécution d'une composition de John Cage, un chant grégorien, une pièce de gamelan javanais, et une symphonie de Gustav Mahler ? Certes nous nous accordons pour dire qu'il s'agit à chaque fois de « musique ». Mais y a-t-il une propriété ou un ensemble de propriétés que tous ces phénomènes partagent et qu'ils partagent avec tout ce que nous acceptons d'appeler de la « musique », au-delà du simple fait de pouvoir être désignés par un même terme ?

On attendrait d'une authentique *définition* de la musique qu'elle identifie cette propriété ou cet ensemble de propriétés. Les philosophes qui se donnent pour objectif de définir les choses (la vertu, la justice, la beauté, pour ne se limiter qu'à trois exemples classiques) exigent généralement d'une définition de X[1] qu'elle fournisse un ensemble de conditions nécessaires et suffisantes que toute chose doit remplir pour être X. Ainsi une définition de la musique devra nous donner un ensemble de conditions nécessaires et suffisantes pour qu'un phénomène compte comme un phénomène musical. Pour le dire autrement : cette définition devra être vraie de tout ce qui est de la musique et seulement de ce qui est de la musique.

Faut-il prendre ce genre d'entreprise au sérieux ? Même si cette pratique philosophique consistant à attribuer des définitions aux choses s'inscrit dans une noble histoire, que l'on peut faire remonter

---

1. Vous pouvez bien entendu remplacer X par n'importe quel concept que vous aimeriez voir défini.

à la tradition socratique, elle n'est pas sans soulever des difficultés de fond. Faut-il réellement que derrière chaque concept se trouve une définition formant un ensemble de conditions nécessaires et suffisantes ? Pour un auteur comme Ludwig Wittgenstein [2], ce genre de projet est voué à l'échec tout simplement parce que l'unité de l'ensemble des objets que l'on range sous un concept, si tant est qu'elle soit bien réelle, repose sur un réseau complexe et flexible de relations de ressemblance, et non sur un ensemble rigide de conditions nécessaires et suffisantes. Cela dit, rejeter en bloc comme une pure perte de temps tout projet définitionnel pourrait sembler prématuré. D'une part, il existe des types de définitions qui peuvent être adéquates (au sens où elles s'appliquent bien à tous les X et seulement aux X) sans prendre la forme d'une série de propriétés individuellement nécessaires et collectivement suffisantes pour être un X. Les définitions récursives en sont des exemples [3]. D'autre part, épouser trop rapidement la cause wittgensteinienne pourrait ressembler à une sorte de capitulation devant une exigence philosophique qui peut avoir un intérêt réel, en particulier appliqué au cas de la musique, en nous conduisant à révéler certains aspects de l'art musical sous un jour neuf, et ultimement à nous apprendre quelque chose d'important au sujet de la musique.

C'est probablement dans cet esprit que Jerrold Levinson, dans « Le concept de musique » [4], se propose, non sans une certaine candeur philosophique, de *définir* la musique, en partant à la recherche de conditions nécessaires et suffisantes [5]. Il est à noter que les questions

---

2. Voir Ludwig Wittgenstein, *Recherches Philosophiques*, traduit de l'allemand par Françoise Dastur *et al.*, Paris, Gallimard, 2005, § 65-71. Ces intuitions wittgensteiniennes ont été reprises et étayées empiriquement par des psychologues cognitifs, dans le cadre d'une théorie des concepts, connue sous le nom de « théorie prototypique des concepts » (voir en particulier Eleanor Rosch et Carolyn Mervis, « Family Resemblances : Studies in the Internal Structures of Categories », *Cognitive Psychology*, vol. 7, 1975, p. 573-605).

3. Nous aurons l'occasion d'examiner un peu plus loin dans ce texte une définition récursive, concernant cependant l'art en général, plutôt que la musique.

4. Ce texte devait à l'origine servir d'introduction à un manuel universitaire de philosophie de la musique qui n'a jamais vu le jour.

5. Si les idées wittgensteiniennes ont pu recevoir un écho important chez de nombreux philosophes de l'art de la seconde moitié du XXe siècle (voir en particulier

de définition sont des questions qui intéressent Levinson en général, au-delà du simple cas de la musique. Dès 1979, il a en effet apporté une contribution remarquée au problème de la définition de l'art avec l'article « Defining Art Historically » [6]. Il est intéressant de remarquer que le genre de définition retenu par Levinson dans le cas de la musique diffère par certains aspects importants du genre de définition qu'il donne de l'art. Nous aurons l'occasion d'y revenir.

Levinson reconnaît l'existence de deux propriétés intrinsèques communes à tous les phénomènes musicaux, et qui constituent une limite indépassable à ce qui peut compter comme de la musique. La première est tout simplement l'audibilité, et la seconde la temporalité : il n'y a de musique que *sonore* et *organisée dans le temps* [7]. Mais Levinson connaît bien les dangers d'une définition qui reposerait *uniquement* sur un ensemble de propriétés *intrinsèques* des sons dits

l'article classique de Morris Weitz, « Le rôle de la théorie en esthétique », dans Danièle Lories (dir.), *Philosophie analytique et esthétique*, Paris, Klincksieck, 1988, p. 27-40), il est à noter que d'autres ont explicitement relativisé l'impact des considérations wittgensteiniennes sur les questions de définition (voir Maurice Mandelbaum, « Family Resemblances et Generalization Concerning the Arts », *American Philosophical Quarterly*, vol. 6, n° 3, 1965, p. 219-228). C'est clairement dans la lignée des seconds que se situe la tentative de Levinson.

6. Jerrold Levinson, « Defining Art Historically » [1979] : repris dans *L'art, la musique et l'histoire*, traduit de l'anglais par Jean-Pierre Cometti et Roger Pouivet, Paris, Éditions de l'Éclat, 1998, p. 15-43 (« Pour une définition historique de l'art »).

7. C'est une idée qui a pu être combattue, par certains avant-gardistes, dont John Zorn, au moins à un certain stade de son évolution. Dans le texte-manifeste définissant son *Theater of Musical Optics*, Zorn écrit, non sans un certain esprit de provocation : « La musique n'a jamais rien eu à avoir avec le son, pas plus qu'avec le temps » (*nous traduisons* et sauf mention contraire toutes les citations données sont traduites par nos soins). Voir Ela Troyano, « John Zorn's Theater of Musical Optics », *The Drama Review*, vol. 23, n° 4, 1979, p. 37-44. Pour une discussion philosophique de la possibilité même d'une musique absolument silencieuse, voir Andrew Kania, « Silent Music », *The Journal of Aesthetics and Art Criticism*, vol. 68, n° 4, 2010, p. 343-353. Levinson s'est par ailleurs intéressé à la musique visuelle, mais envisagée comme une forme d'art possible, non (encore ?) réalisée, où la succession de formes colorées dans le temps constitue une sorte d'équivalent visuel de la succession de sons organisés dans le temps que constitue la musique. Voir Jerrold Levinson, *Contemplating Art*, Oxford, Oxford University Press, 2006, p. 109-128 (« Nonexistent Artforms and the Case of Visual Music »).

« musicaux » (par exemple l'harmonie, l'existence d'échelles mélodiques, de pulsations rythmiques, etc.). Il propose à cet égard de nombreux exemples indiquant clairement que de telles propriétés sont à la fois non nécessaires (il y a de la musique sans harmonie) et non suffisantes (il y a des phénomènes non musicaux qui présentent de notables caractéristiques rythmiques). Comme il le rappelle, « il devrait être clair qu'il n'y a plus aujourd'hui aucune propriété intrinsèque du son qui soit nécessaire pour dire d'une chose qu'elle est de la musique, de même qu'aucune de ces propriétés ne peut absolument exclure un phénomène sonore de la catégorie "musique" »[8]. Il faut donc se tourner vers des propriétés relationnelles. Mais lesquelles?

Une première option consisterait à s'intéresser à la relation entre l'auditeur et les sons temporellement organisés. De ce point de vue, ce qui fait que tel son temporellement organisé est musical et que tel autre ne l'est pas réside dans la manière dont nous les écoutons, ou autrement dit dans notre posture d'écoute. On peut attribuer une position de ce genre à Roger Scruton, par exemple, pour qui un son devient de la musique[9] dès lors qu'il est perçu comme existant « au sein d'un "champ de force" musical »[10]. Scruton suggère que l'organisation des hauteurs en échelles, ou des pulsations au sein d'une métrique projette sur le son une structure qui n'est pas réductible à ses propriétés physiques : le son musical (*tone*) devient alors « un objet intentionnel de la perception musicale »[11]. Écouter un son comme un son musical selon Scruton implique de le découpler de sa

---

8. Voir, dans le présent volume, « Le concept de musique », p. 38.

9. Le son devient alors *tone* (nous maintenons le terme anglais, dont les multiples acceptions se prêtent mal à la traduction par le terme français « ton »).

10. Roger Scruton, *The Aesthetics of Music*, Oxford, Oxford University Press, 1997, p. 17. L'idée de « champ de force » est centrale dans la pensée de Roger Scruton.

11. *Ibid*, p. 78. La notion d'objet intentionnel est prise ici en un sens technique, forgé par Franz Brentano au XIXe siècle et repris par ses élèves, et notamment par le plus célèbre d'entre eux, Edmund Husserl. L'objet intentionnel d'un état mental est l'objet visé par cet état, l'objet vers lequel cet état est dirigé. Lorsque je pense à ma maman, ma maman est alors l'objet intentionnel de ma pensée. Un objet intentionnel peut ne pas exister, comme lorsque je pense à Batman, en écoutant un disque de Prince. Donc lorsque Scruton fait de la musique un objet intentionnel, il se dirige dangereusement

source effective de production (par exemple l'instrument ou l'objet physique qui le produit) pour l'insérer dans un réseau de représentations l'unissant à d'autres sons, le placer au cœur d'un champ de force métaphorique qui nous permet de saisir la musique comme un phénomène spatial, et d'y entendre par exemple un *mouvement* : les sons qui se déplacent, s'attirent ou se repoussent, se frottent les uns aux autres. Toute la difficulté est alors de préciser de façon non circulaire en quoi consiste la *musicalité* de ce « champ de force musical », sans quoi cette notion reste inutile pour donner une véritable *définition* de la musique [12]. Il est à noter que même si le caractère musical d'un son, d'après Scruton, est fondamentalement constitué par un certain type d'écoute, il ne n'ensuit pas que n'importe quel son peut être écouté comme de la musique, et donc être constitué en musique. En effet, même si les propriétés musicales sont irréductibles aux propriétés physiques des sons entendus, elles en sont, d'une certaine manière, dépendantes. Les champs de force musicaux que nous sommes susceptibles d'entendre supposent déjà une certaine organisation complexe du son au niveau de ses propriétés physiques.

On pourrait cependant vouloir aller plus loin : si la musicalité est *essentiellement* constituée par l'écoute, alors tout son doit pouvoir être écouté comme de la musique, et partant *être* de la musique, pourvu que son auditeur ait une posture et une expérience appropriées. Cette position que l'on peut tirer des écrits de John Cage conduit à une forme de relativisme assez radicale : un son n'est pas musical en soi, mais musical pour un certain auditeur dans une certaine situation

---

vers une position subjectiviste selon laquelle seuls existent les sons, la musique étant le simple fait de notre esprit.

12. Pour être totalement charitable envers Scruton, il faut préciser que ce dernier fait partie des auteurs qui ne pensent pas que la question de la définition de la musique soit véritablement une bonne question : « Quoi qu'elle soit exactement, la musique n'est pas une espèce naturelle. C'est à nous qu'il revient de décider ce qui doit compter comme de la musique, et ce genre de décision dépend du but que l'on a en tête. Ce but peut être de décrire, et si possible d'étendre, le genre d'intérêt que nous prenons à écouter une symphonie de Beethoven. D'autres choses peuvent nourrir ce genre d'intérêt, mais il n'y aucun moyen de savoir à l'avance quelles sont ces choses précisément – pas tant que nous avons une idée claire de ce qui nous intéresse chez Beethoven » (*ibid*, p. 16).

d'écoute. On pourrait considérer que ce genre de conception aboutit moins à une réponse qu'à une dissolution de la question de départ. Nous voulions une définition susceptible de distinguer les phénomènes musicaux des autres ; nous obtenons que tout phénomène sonore peut être musical ou ne pas l'être.

Cette première voie que nous venons d'esquisser n'est pas celle suivie par Levinson, pour les raisons suivantes. Premièrement, Levinson part du concept de musique que nous utilisons couramment pour caractériser un certain type d'activité artistique et les produits de ces activités. Cela implique que ce concept dont il est question renvoie à des entités publiques (des activités, des partitions, des concerts, des disques, etc.) et non à des expériences. Il en découle, deuxièmement, qu'il y a un sens à marquer une distinction entre écouter de la musique et écouter quelque chose *comme* de la musique. Nul ne doute que le plus fin mélomane est également capable de prendre un plaisir *musical* à écouter le chant des oiseaux ou le bruit du vent. Mais les oiseaux et les masses d'airs en mouvement n'en deviennent pas des *musiciens* pour autant. Définir la musicalité de X par le fait que X est écouté comme de la musique reviendrait à inverser l'ordre des priorités : c'est uniquement parce que nous avons un concept de musique que nous sommes capables d'écouter des sons non musicaux comme de la musique.

Il nous faut donc rebrousser chemin. Quelle autre voie pouvons-nous emprunter ? Plutôt que de ramener la nature de la musique à la manière dont elle est appréhendée par un auditeur, ne peut-on pas l'expliquer par la *fonction* que remplissent les sons musicaux, et en particulier aux fins que se donnent ceux qui les produisent ?

C'est le chemin effectivement suivi par Levinson. Parmi les sons temporellement organisés, sont musicaux ceux qui sont produits avec une certaine *intention* distinctive. La raison pour laquelle une exécution du *Catalogue d'oiseaux* de Messiaen est de la musique, mais pas le chant du passereau que l'on peut entendre dans nos forêts, est que les sons qui la constituent ont été produits avec un certain ensemble d'intentions artistiques de la part de son compositeur et de ses interprètes. Toute la difficulté est alors de préciser en termes non circulaires en quoi cette intention est spécifique à la musique. On pourrait être tenté de dire qu'est musical un son qui a été conçu et produit en vue de faire l'objet d'une appréciation de nature esthétique. Mais cette formulation soulève immédiatement deux difficultés : d'une part, elle pourrait être trop générale en ce qu'il existe des formes d'arts non musicales (tous les arts de la parole, en réalité) dont les produits sont néanmoins sonores et visent une appréciation esthétique[13] ; elle pourrait, d'autre part, être trop restrictive dans la mesure où certaines cultures qui possèdent indéniablement une musique n'envisagent pas cette musique comme destinée à susciter une appréciation véritablement *esthétique* – après tout l'idée d'appréciation esthétique est relativement récente et géographiquement marquée (l'Europe du XVIIIe siècle, pour faire vite). On peut résoudre le premier problème en disant que l'auditeur doit considérer et éventuellement apprécier ces sons *comme des sons* (et non comme de simples mots pourvus de signification, par exemple, même si des sons musicaux peuvent aussi avoir des significations dans le cas de la chanson). Quant à la seconde difficulté, Levinson la contourne en préférant l'idée plus générale d'*intensification de l'expérience*. Un Requiem ou une musique de mariage peuvent ne pas viser une appréciation esthétique, mais ils visent néanmoins, d'une manière ou d'une autre, à intensifier notre expérience et cela suffit à en faire de la musique, selon Levinson, pourvu que cette intensification repose sur une participation active de l'auditeur[14] dirigée vers les sons en tant que

---

13. On pourrait également penser au cas du *Sound Art*, que certains artistes distinguent explicitement de l'art musical, et qui consiste à manipuler des sons *sans* les rapporter aux catégories traditionnelles de la musique. Les productions du *Sound Art* semblent néanmoins tomber sous le concept de musique tel que défini par Levinson. Pour une défense de cette objection, voir Andrew Kania, « Definition », dans Theodore Gracyk et Andrew Kania (dir.), *The Routledge Companion to Philosophy and Music*, New York, Routledge, 2011, p. 3-13. Pour une élaboration de cette distinction entre *Sound Art* et Musique, voir Andy Hamilton, *Aesthetics and Music*, Londres, Continuum, 2007, p. 59-62.

14. On pourrait en effet imaginer des sons conçus par une équipe de neuroscientifiques pour causer chez celui qui les entend certaines hallucinations agréables, contre sa volonté. On aurait là des sons produits avec l'intention d'intensifier l'expérience. Mais nous n'avons pas de musique, parce que cette intensification est purement passive

sons. Nous obtenons alors la définition suivante : une musique est
« un ensemble de sons temporellement organisés par une personne
(ou un groupe de personnes) dans le but d'enrichir ou d'intensifier
l'expérience par une relation active avec des sons considérés avant
tout, ou du moins de manière significative, comme des sons ».

Avant de mettre cette définition en regard de la définition générale
de l'art défendue par ailleurs par Levinson, arrêtons-nous quelques
instants sur le rôle que joue la notion d'*intention* dans la définition
de la musique. L'importance accordée à cette notion ne sera sans
doute pas passée inaperçue aux yeux du lecteur francophone nourri
par les textes de Roland Barthes[15] annonçant la mort de l'auteur ou
de Michel Foucault[16], consacrés à la dissection critique de la fonction-
auteur[17]. On a souvent retenu de ces textes que les intentions des
créateurs ne méritaient pas d'être prises en compte dans le discours
critique et devaient au contraire en être expurgées.

Quoi qu'il en soit des fondements et de la justesse des positions
respectives de Barthes et de Foucault, ainsi que des conclusions
générales qu'on a voulu en tirer, il est ici nécessaire de bien distinguer
deux usages du terme intention : le premier renvoie au « vouloir
dire », à la signification supposément visée par l'auteur d'un texte et
relève d'une théorie de l'interprétation ; le second s'applique plutôt
à des activités et renvoie à une théorie de l'action. Pour rendre compte
de nos propres actions et de celles d'autrui, nous faisons appel à des
concepts tels que ceux de désir, de croyance ou d'intention[18].

---

chez l'auditeur. La musique doit être, du point de vue de Levinson, la rencontre d'une
intention, chez le musicien, d'intensifier l'expérience de l'auditeur, et d'une écoute
attentive de la part de ce dernier.

15. Roland Barthes, « La mort de l'auteur » [1968] ; repris dans *Le bruissement
de la langue*, Paris, Éditions du Seuil, 1984, p. 61-67.

16. Michel Foucault, « Qu'est-ce qu'un auteur ? » [1969] ; repris dans *Dits et
écrits*, t. I, Paris, Gallimard, 2001, p. 817-849.

17. L'impression d'un lecteur anglophone éduqué avec le texte classique « The
Intentional Fallacy » (1954) de Wimsatt et Beardsley pourra être du même ordre. Voir
William Wimsatt et Munroe Beardsley, « L'illusion de l'intention », dans Lories,
Philosophie analytique et esthétique, p. 223-238.

18. Voir en particulier Gertrude Elizabeth Margaret Anscombe, *L'intention*, traduit
de l'anglais par Vincent Descombes, Mathieu Maurice et Cyrille Michon, Paris,

On peut admettre que si le concept d'intention a pu paraître problématique, c'est avant tout dans sa relation avec la question de l'interprétation des textes, et plus généralement des œuvres d'art. Mais ce n'est pas la question qui occupe ici Levinson[19] : son problème est un problème de définition. Dès lors que la musique est envisagée comme une activité, par l'action de composition/production qui la sous-tend, il devient impératif de faire intervenir le concept d'intention pour qualifier la spécificité du « faire musique » : il n'y a de musique que parce qu'il y a des personnes qui, directement ou indirectement, *font* de la musique, c'est-à-dire effectuent une action (produire des sons) qui est articulée à certaines fins et sous-tendue par une certaine intention. L'intentionnalisme de Levinson est donc d'un autre ordre que celui qui a été pu être visé par les *French Theorists* poststructuralistes[20].

Venons-en à présent aux relations qu'entretient cette définition de la musique avec la définition de l'art proposée en 1979 et raffinée depuis par le philosophe[21]. On aurait pu s'attendre à ce que la définition

---

Gallimard, 2002 (Blackwell, 1957). Cet ouvrage peut être considéré comme une des principales sources de la philosophie contemporaine de l'action.

19. On peut toutefois faire remarquer que, sur la question de l'interprétation, Levinson n'est pas non plus anti-intentionnaliste ; il réintroduit en effet le concept d'intention dans sa théorie de l'interprétation littéraire à travers l'idée d'intentionnalisme *hypothétique* : ce ne sont pas les intentions réelles de l'auteur qui importent pour l'interprétation, mais plutôt les intentions qui lui sont hypothétiquement attribuées par un lecteur idéal (c'est-à-dire un lecteur qui ferait partie du public visé par l'auteur). Toutes les attributions hypothétiques ne se valent évidemment pas, et il convient de retenir les intentions les plus pertinentes à la fois d'un point de vue épistémique (les intentions qui ont le plus de chances d'avoir été celles de l'auteur étant donnés tous les indices matériels et historiques dont peut disposer ce lecteur idéal) et d'un point de vue artistique (les intentions hypothétiques qui permettent de parvenir à une interprétation de l'œuvre plus riche, plus intéressante, etc.). Voir Jerrold Levinson, *The Pleasures of Aesthetics*, Ithaca, Cornell University Press, 1996, p. 175-213 (« Intention and Interpretation in Literature »).

20. Il faut noter que la tendance actuelle en philosophie de l'art est beaucoup moins sceptique au sujet du rôle que peut légitimement y jouer la notion d'intention. Voir à ce sujet Paisley Livingston, *Art and Intention*, Oxford, Oxford University Press, 2007.

21. Voir notamment Jerrold Levinson, *Music, Art and Metaphysics*, Oxford, Oxford University Press, p. 37-59 (« Refining Art Historically »).

de la musique ne constitue qu'une application à un domaine plus restreint de la définition générale proposée pour l'art. Or ce n'est pas ce que l'on observe, et Levinson ne manque pas d'insister sur ce point dès le début du « Concept de Musique ». Dans « Defining Art Historically », Levinson propose une définition qui, même si elle possède aussi une forte composante intentionnelle, fait jouer à *l'histoire* un rôle essentiel, beaucoup plus important que dans le cas de la musique. Une difficulté qu'ont cherché à affronter de nombreux philosophes de l'art de la seconde moitié du XXe siècle a été de donner une définition de l'art suffisamment large pour englober à la fois les arts dits « premiers », les Beaux-Arts et les *ready-mades* et autre *found art* popularisés par les avant-gardes. Il est devenu assez clair qu'une définition *fonctionnaliste*, définissant l'art par une certaine fonction qu'il serait censé remplir, que cette fonction soit expressive, représentationnelle ou formelle, ne saurait faire l'affaire : compte tenu de la très grande hétérogénéité des objets qui ont le statut d'œuvre d'art si l'on prend en compte l'histoire de l'art dans son ensemble, il est toujours facile d'opposer à chaque définition fonctionnaliste un contre-exemple. C'est dans ce contexte qu'ont fleuri les définitions dites *institutionnelles* de l'art, popularisées principalement par Arthur Danto [22] et George Dickie [23] : l'œuvre d'art se trouve alors définie par son appartenance, selon des modalités plus ou moins variées, à un « monde de l'art » et par ses relations avec les acteurs du dit monde. Ainsi, selon la première définition proposée par Dickie :

> Quelque chose est une œuvre d'art si et seulement si 1) il s'agit d'un artefact dont 2) un ensemble de caractéristiques a servi de base pour

---

22. Arthur Danto, « Le monde de l'art », dans Lories (dir.), *Philosophie analytique et esthétique*, p. 183–198.

23. George Dickie, « Defining Art », *American Philosophical Quarterly*, vol. 6, n° 3, 1969 ; George Dickie, *Art and the Aesthetic. An Institutional Analysis*, Ithaca, Cornell University Press, 1974 ; George Dickie, « The New Institutional Theory of Art », *Proceeding of the 8th International Wittgenstein Symposium*, Vienne, Hölder-Pichler-Tempsky, 1984, p. 57-64 ; George Dickie, *The Art Circle*, New York, Haven Publications, 1984.

qu'une personne ou un groupe de personnes agissant au nom du Monde de l'Art lui confère le statut de candidat à l'appréciation [24].

L'avantage d'une telle définition, c'est évidemment qu'elle est suffisamment large pour capturer toutes les productions artistiques, passées et actuelles, des peintures rupestres des grottes de Lascaux aux performances de Fluxus. Et pour cause, il n'y a plus de « trait distinctif » ou d'ensemble de propriétés nécessaires et suffisantes qui serve de ligne de partage entre « art » et « non-art ». Mais, dans le même temps, une telle définition se trouve rapidement soumise à un risque de circularité :

1) Qu'est-ce qui caractérise une œuvre d'art ? Son appartenance au Monde de l'Art.

2) Qu'est-ce que le Monde de l'Art ? Un ensemble aux frontières floues d'agents en interaction (artistes, critiques, public), entrant en contact, d'une manière ou d'une autre, avec les œuvres d'art.

« Art » et « Monde de l'Art » se définissent donc, en partie, l'un par l'autre, ce qui ne manque pas d'apparaître comme insatisfaisant [25].

La définition proposée par Jerrold Levinson s'inspire grandement de cette définition non fonctionnaliste : mais, en remplaçant le « Monde de l'Art » par un système de relations historiques entre œuvres d'art, il parvient à éviter à la fois le risque d'une définition trop partielle (comme les définitions fonctionnalistes simples qui ne parvenaient jamais à rendre compte de la totalité diverse des œuvres d'art) et l'écueil de la circularité. La voici, dans sa version simplifiée : « une œuvre d'art est une chose qui a été produite avec la réelle intention qu'elle soit considérée-comme-une-œuvre-d'art, c'est-à-dire, considérée d'une des manières dont les œuvres d'art préexistantes sont ou ont été correctement considérées » [26].

Le constat de Levinson est simple : face à la diversité et à l'hétérogénéité des œuvres d'art actuelles, face à l'art conceptuel, à

---

24. Dickie, *Art and the Aesthetic : An Institutional Analysis*, p. 34.

25. George Dickie reconnaît bien volontiers la circularité de sa définition ; mais cette circularité est selon lui vertueuse et non vicieuse. À son sens, une définition de l'art ne pourra jamais être complète.

26. Levinson, « Refining Art Historically », p. 38.

la performance, à la dématérialisation, aux hybridations de medium, il est absolument impossible de chercher une sorte de plus petit dénominateur commun qui nous permettrait de caractériser avec assurance ce qui constitue, même *a minima*, « l'art ». L'idée est alors de caractériser l'art par une définition *récursive* : une chose est de l'art parce qu'elle se tient dans une relation particulière avec les œuvres d'art qui l'ont précédée, elles-mêmes étant de l'art parce qu'elles se tiennent dans une relation particulière avec certaines œuvres d'art du passé, et ainsi de suite. Mais, comme dans toute définition récursive, la définition de Levinson doit comporter deux parties : la définition de la « base de récursion » (il faut se donner au départ un ensemble d'œuvres d'arts premières[27]) et une relation d'« hérédité » en vertu de laquelle un objet est une œuvre d'art s'il est dans cette relation avec un objet préalablement reconnu comme une œuvre d'art[28]. La relation dont il est question est indissociablement intentionnelle et historique : pour que X soit une œuvre d'art, il faut que son créateur ait eu l'intention de destiner X à un genre d'appréciation qui a été celui qui a été porté à des œuvres d'art du passé.

Cela dit la nature exacte de l'intention à laquelle Levinson fait ici appel n'est pas immédiatement claire : qu'est-ce, au juste, que destiner son œuvre à « être considérée d'une des manières dont les œuvres d'art préexistantes sont ou ont été correctement considérées » ? Levinson distingue trois cas de figure possibles. Dans le premier cas, l'artiste veut que son œuvre soit considérée de la manière dont certaines œuvres d'art bien précises ont été correctement considérées dans le passé. Ici l'intention de l'artiste présuppose qu'il possède un concept d'œuvre d'art et qu'il ait en tête certaines œuvres d'art particulières. Mais il se peut aussi, deuxième cas de figure, qu'il souhaite que son œuvre soit considérée comme sont correctement considérées selon

---

27. Il faut entendre « premier » en un sens à la fois logique et historique. Levinson parle à ce sujet de « *ur-art* ». Voir Levinson, « Pour une définition historique de l'art », section VI.

28. Il est important de voir que récursivité ne veut pas dire circularité : si la base de récursion est bien définie, alors la mention du terme spécifié dans la définition de la relation d'hérédité n'induit aucune circularité logique.

lui les œuvres d'art, en général, sans penser à une œuvre d'art particulière. Dans le troisième cas de figure, l'artiste destine son œuvre à un certain type de réception, qu'il ne conçoit pas explicitement comme propre aux œuvres d'art, mais qui se trouve avoir été, dans le passé, un mode de réception approprié aux œuvres. Dans ce dernier cas, l'artiste vise une certaine manière, prise en elle-même, de considérer un objet, indépendamment du statut artistique attribué ou non à l'objet. Dans les deux premiers cas, il faut, nous dit Levinson, faire une lecture « référentiellement opaque » de la notion de *destiner une œuvre d'art à être considérée comme une œuvre d'art*, et une lecture « référentiellement transparente » dans le troisième cas[29].

Ce qui ressort plus généralement de cette définition de l'art, c'est que l'idée que nous nous faisons de l'art aujourd'hui s'est vidée de

---

29. Les notions d'opacité et de transparence référentielle sont empruntées à la philosophie du langage de Willard Van Orman Quine. Une expression est référentiellement transparente si l'on peut y remplacer un terme singulier par un autre terme singulier désignant la même chose sans rien changer à sa vérité ou à sa fausseté. Par exemple, si je prends la phrase « Aristote est l'auteur de la *Métaphysique* », qui est vraie, et que j'y remplace le nom « Aristote » par la description « le précepteur d'Alexandre » qui désigne la même personne, Aristote, j'obtiens la phrase « Le précepteur d'Alexandre est l'auteur de la *Métaphysique* » qui est également vraie. Mais dans certaines expressions plus complexes, ce genre de substitution peut conduire du vrai au faux. Considérons le cas de Jean qui connaît bien la bibliographie d'Aristote. La phrase « Jean sait qu'Aristote est l'auteur de la *Métaphysique* » exprime alors une vérité. Mais supposons que Jean ignore tout de la biographie d'Aristote, et en particulier de sa vie professionnelle. La phrase « Jean sait qu'Aristote a été le précepteur d'Alexandre » est fausse. Pourtant l'auteur de la *Métaphysique* et le précepteur d'Alexandre sont une seule et même personne. Donc les deux phrases que nous venons de considérer (et toutes celles qui sont de la forme « *X* sait que *p* ») sont référentiellement *opaques*. Dans les expressions référentiellement opaques, les objets désignés sont *conçus d'une certaine manière* distinctive : Aristote conçu comme l'auteur de la *Métaphysique* n'est pas substituable à Aristote conçu comme le précepteur d'Alexandre. Dans l'interprétation référentiellement opaque des manières de considérer une œuvre d'art, c'est le fait que cette manière de considérer un objet (avec un certain type d'attention à ses propriétés formelles et expressives, par exemple) soit conçue comme une manière de considérer cet objet comme une œuvre d'art. Ce n'est pas le cas dans l'interprétation référentiellement transparente, où seules comptent les propriétés intrinsèques de la relation de réception, indépendamment de la conception que l'on peut s'en faire. Voir W. V. O. Quine, *Du point de vue logique*, traduction française sous la direction de Sandra Laugier, Paris, Vrin, 2003, p. 92-112 (« Référence et modalité »).

toute substance fonctionnelle, pour se résumer à une nature fondamentalement historique. La seule chose qui lie les objets qui peuplent le monde de l'art est une référence à l'histoire de l'art dans l'esprit des artistes qui créent ces objets : est de l'art, au fond, ce qui est mis en rapport, par son créateur, avec l'histoire de l'art. Il est alors frappant de constater que dans la définition qu'il propose de la musique, et ce malgré les tentatives les plus audacieuses des avant-gardes musicales, Levinson ne suit pas ce modèle. La définition de la musique reste en un sens fonctionnelle : la musique a pour fonction d'intensifier notre expérience, pourvu que son écoute active vise les sons en tant que tels. Qu'est-ce qui explique cette différence ? Pourquoi la musique a-t-elle droit à un genre de définition fonctionnelle qui est refusé à l'art en général ?

Sur ce point pourtant décisif, Levinson ne s'exprime que dans une note de bas de page [30]. On peut sans doute imaginer que sous la pression des avant-gardes les plus incisives, nous en venions à accepter comme musicaux des objets ni sonores, ni temporels [31], ou des objets sonores et temporels dont le statut musical ne tiendrait qu'à la manière dont leurs auteurs se situent par rapport à l'histoire des sons musicaux. Mais Levinson, soucieux de ne pas succomber à une telle « veine sceptique », estime que nous « n'en sommes pas encore là ». Ce jugement appelle naturellement plusieurs questions. Où en sommes-nous exactement ? Quelle valeur faut-il accorder aux tentatives avant-gardistes d'étendre le concept de musique ? Plus généralement, y a-t-il une limite intrinsèque à l'extensibilité de notre concept de musique, qui viendrait de ce que le phénomène musical est essentiellement dépendant des caractères intrinsèques que sont l'audibilité et la temporalité ?

---

30. Voir « Le concept de musique », note 10.

31. Voir la note 7 ci-dessus sur le *Theater of Musical Optics* de John Zorn. On peut penser plus généralement à ces formes de musique qui ne sont pas produites avant tout avec l'intention identifiée par Levinson dans « Le concept de musique », par exemple aux « musiques » qui n'existent que par ou pour leur partition, et donc produites pour être lues/vues plutôt qu'écoutées, généralisant ainsi la notion déjà ancienne de « musique pour l'œil » (pour de nombreux exemples spectaculaires, voir l'ouvrage de Theresa Sauer, *Notations 21*, Londres, Mark Batty, 2009).

Même si Levinson donne peu d'indications à ce sujet, on peut cependant envisager un argument général à l'appui de sa position, argument qui consisterait à dire qu'une définition récursive de la musique autorisant des objets musicaux non sonores et non temporels devrait nécessairement faire intervenir des intentions incohérentes de la part des avant-gardistes qui souhaiteraient introduire de tels objets dans la sphère de la musique en les destinant à une attention du même ordre que celle qui a été réservée par le passé aux objets musicaux, au sens plus traditionnel du terme. En effet, si les avant-gardistes admettent que l'audibilité et la temporalité sont intrinsèques aux sons musicaux au sens traditionnel (et on ne voit pas comment ils pourraient le nier) et jouent un rôle essentiel dans la manière dont nous les considérons comme des objets musicaux (que l'on fasse une lecture référentiellement transparente ou opaque de cette notion), alors il n'est tout simplement pas possible de destiner un objet non sonore et non temporel à être considéré de la même manière qu'un objet musical passé, à moins d'être incohérent. L'avant-gardiste pourrait répondre qu'il y a certaines manières de considérer des objets musicaux qui, envisagés à un certain niveau d'abstraction, sont indépendantes de l'audibilité et de la temporalité. Il pourrait s'agir de pures relations structurelles ou de « champs de forces » plus abstraits et métaphoriques que ceux de Scruton, en ce qu'ils pourraient s'incarner indifféremment dans des objets sonores ou non, temporels ou non. Mais il reste à la charge de l'avant-gardiste de les identifier précisément. Et quand bien même il parviendrait à le faire, il n'est pas du tout clair que la forme d'art ainsi définie tombe sous notre concept de musique. Ne faudrait-il pas plutôt parler d'art conceptuel, dans ce cas ?

Il s'agit là bien entendu de questions qui dépassent la simple recherche d'une définition non circulaire et adéquate de la musique. Il n'en demeure pas moins que la définition de la musique à laquelle parvient Levinson a le mérite de concilier élégamment l'exigence de généralité propre à ce genre d'exercice et la précision de la caractérisation, obtenue par une analyse conceptuelle rigoureuse qui devrait, sinon emporter largement l'adhésion, du moins soulever les questions les plus fondamentales : et c'est bien là que réside tout le prix de son « Concept de Musique ».

LE CONCEPT DE MUSIQUE [1]

Jerrold LEVINSON

I

La musique, au sens le plus courant du terme, désigne une forme d'art bien connue, ainsi que les activités qui lui sont associées et les produits de ces activités. Mais en quoi consiste exactement cette forme artistique, cette sphère culturelle? Comment dépeindre les spécimens véritables de ces activités? Comment caractériser leurs produits? Toute entreprise d'élucidation philosophiquement adéquate du concept de musique se doit de donner des réponses à ces questions. N'ayant à ce jour rien rencontré de tel, j'essayerai donc de proposer quelque chose dans les pages qui suivent.

Il y a quelques d'années, j'ai proposé une caractérisation générale de ce que l'on peut bien vouloir dire aujourd'hui lorsqu'on désigne quelque chose comme de l'« art », au sens très large que l'on donne aujourd'hui à ce terme [2]. La définition à laquelle je suis parvenu

---

1. Jerrold Levinson, *Music, Art and Metaphysics*, Ithaca, Cornell University Press, 1990 ; Oxford, Oxford University Press, 2011, p. 267-278 (« The Concept of Music »).

2. Voir Jerrold Levinson, *L'art, la musique et l'histoire*, traduit de l'anglais par Jean-Pierre Cometti et Roger Pouivet, Paris, Éditions de l'Éclat, 1998, p. 15-43 (« Pour une définition historique de l'art ») ainsi que Jerrold Levinson, *Music, Art and Metaphysics*, Oxford, Oxford University Press, 2011, p. 37-59 (« Refining Art Historically »), qui complète ce premier article. La définition proposée alors, on s'en souvient, était la suivante : « *X* est une œuvre d'art si et seulement si *X* est un objet que l'on a produit ou au moins que l'on a présenté avec l'intention sérieuse qu'il soit considéré-comme-une-œuvre-d'art, c'est-à-dire considéré (traité, pris) d'une ou plusieurs *manières qui ont préalablement été des manières de considérer (traiter,*

présente la particularité d'écarter de la notion générale d'art, telle que nous la comprenons de nos jours, presque tous les caractères intrinsèques qu'on lui prête traditionnellement. Il convient donc de dire quelques mots sur la relation qu'entretient cette tentative passée avec ma présente entreprise : je me donne ici pour objectif de définir une forme d'art *particulière*, dont les contours remontent à l'antiquité et dont les manifestations concrètes présentent certaines caractéristiques intrinsèques non éliminables (comme l'audibilité) ; nous supposerons en outre, au moins provisoirement, que la pratique musicale présente une certaine unité au niveau des intentions qui l'animent, ou en tout cas une unité d'intentions plus grande que celle qui se dégage de la pratique actuelle de l'art *tout court* (si l'on regroupe indistinctement sous ce terme toutes les disciplines artistiques). En d'autres termes, il me semble que le terme « musique » possède non seulement une *extension plus étroite* que « art » pris au sens large, mais également une *compréhension encore plus spécifique*. L'utilité et la pertinence de la définition à laquelle nous parviendrons permettra de mesurer rétrospectivement la validité de cette supposition.

Ce que je propose donc de faire, c'est de donner une réponse opérationnelle à ce qui est sans doute la question philosophique la plus fondamentale que l'on puisse se poser au sujet de cet art particulier, à savoir : *qu'est-ce que c'est ?* Qu'est ce qui fait que quelque chose est de la musique ? Qu'est-ce qui distingue la musique de la non-musique ?

---

prendre) correctement des œuvres d'art (antérieures, préexistantes) ». Dans cette définition, l'expression en italique est à comprendre à la fois en un sens référentiellement transparent (elle désigne alors des manières de considérer des objets, prises en elles-mêmes, qui de fait ont été par le passé des manières de considérer correctement des œuvres d'art) et référentiellement opaque (elle s'applique alors aux manières dont *telles ou telles* œuvres d'art ont été considérées de façon correcte, *en tant qu'œuvres d'art*, dans le passé). [Ndt. La distinction entre opacité et transparence référentielle est empruntée à la philosophie contemporaine du langage. On se reportera à l'introduction de cette partie, et en particulier à la note 29, pour plus de précisions].

II

Notre objectif est donc de dégager un ensemble de conditions nécessaires et suffisantes pour qu'une chose soit de la musique. Nous ne l'aurons atteint que si, après mûre réflexion et à la lumière de nos intuitions les plus fines, toutes les choses que nous considérons comme de la musique (au sens artistique du terme, et non en un quelconque autre sens dérivé), et seulement celles-là, satisfont les conditions proposées. Ces conditions formeront alors une définition de la musique, dépourvue de tout jugement de valeur, et serviront de réponse directe à la question : « Qu'est-ce que la musique ? ». Mon objectif est en d'autres termes de capturer de manière large et compréhensive les usages principaux du terme « musique » qui ont cours à l'heure actuelle, tout en excluant ceux qui ne sont clairement que des extensions métaphoriques. Le concept à expliquer sera, on s'en doute, celui d'Occidentaux du XXᵉ siècle ; néanmoins, il devra pouvoir s'appliquer à des phénomènes issus des quatre coins du globe. Nous voulons que notre analyse de ce qu'est la « musique » soit en adéquation avec les symphonies de Ludwig van Beethoven et les chansons de Bob Dylan, mais aussi avec tout ce que les ethnomusicologues, par exemple, voudront bien désigner comme de la musique au sein de cultures différentes de la nôtre [3].

---

3. Cela dit, une invitation à prendre en compte non seulement les *musiques* extra-occidentales mais aussi les *concepts de musique* extra-occidentaux serait profondément malavisée. Si « leur » concept de musique diffère significativement du « nôtre », il est alors très probable qu'il ne s'agit tout simplement pas d'un concept de *musique* mais d'un concept de *quelque chose d'autre* (même si l'objet de ce concept distinct peut bien sûr avoir quelques ressemblances avec ce que nous nommons « musique » et s'il peut y avoir des recoupements avec notre concept de musique). Mais si c'est à *notre* culture qu'appartient le concept *musique*, nous n'obtiendrions que peu de lumière sur sa nature réelle en examinant les concepts qui ont cours dans d'autres cultures et qui ne lui ressemblent que partiellement. Certaines cultures peuvent tout simplement n'avoir ni musique ni concept global de musique, ou elles peuvent avoir de la musique sans en avoir de concept, à un niveau réflexif du moins. Mais si un phénomène qui dans une autre culture ressemble plus ou moins à de la musique ne peut pas être incorporé dans la notion de musique la plus englobante que nous puissions trouver à l'intérieur de notre propre cadre conceptuel, alors on ne fera que renforcer la confusion

Nous devrions distinguer dès le départ la question « qu'est-ce que la musique ? » des questions distinctes avec lesquelles on pourrait la confondre. Parmi celles-ci se trouve la question de savoir quel *genre* de chose un morceau de musique *est*, c'est-à-dire à quelle catégorie ontologique ou métaphysique il appartient (par exemple aux particuliers, aux universaux, aux entités mentales, aux entités physiques) et quelles sont ses conditions d'identité. On peut dans une large mesure traiter cette question, discutée dans « Ce qu'est une œuvre musicale » et « Ce qu'est une œuvre musicale (*bis*) », indépendamment de la distinction entre musique et non-musique, et inversement. Nous pouvons très bien déterminer à quelles conditions quelque chose doit être considéré comme un phénomène musical sans avoir à préciser la caractérisation ontologique que les morceaux de musique doivent recevoir.

Une deuxième question à bien distinguer est celle de savoir comment nous *reconnaissons* habituellement quelque chose comme étant de la musique : quels critères utilisons-nous pour faire, dans les situations ordinaires, ce genre de jugement « à l'oreille » ? On devrait voir sans peine qu'il s'agit là davantage d'une question relevant de la psychologie que d'une question conceptuelle. Il nous est en effet demandé d'identifier un ensemble de traits musicaux *typiques* qui soient directement audibles et dotés d'une certaine saillance (par exemple une métrique régulière, des figures rythmiques bien définies, une mélodie, une harmonie, etc.). Mais quelque chose peut bien être un morceau de musique tout en ne possédant quasiment aucun de ces traits caractéristiques ; inversement, quelque chose peut réunir la plupart de ces traits sans être un morceau de musique. Il y a, de plus, des conditions indispensables pour être un morceau de musique qui ne sont même pas directement audibles et qui par conséquent ne peuvent pas figurer parmi les critères de *reconnaissance*. Et comme ces critères de reconnaissance ne sont pas infaillibles, tout ce qui les satisfait ne sera pas non plus forcément de la musique.

---

régnante en disant par exemple, du haut d'une générosité mal placée, qu'il s'agit du moins de musique « pour eux ».

Une troisième et tout autre question est de savoir ce qui rend un morceau de musique *bon*, *excellent*, ou tout simplement *meilleur* qu'un autre morceau de musique. Il s'agit là clairement d'une question évaluative qui n'a rien à voir avec notre enquête fondamentalement descriptive sur la ligne de partage entre ce qui est en soi de la musique et ce qui n'en est pas.

On a souvent dit que la musique pouvait être définie comme du son organisé. Mais ceci est manifestement inexact. Bien qu'il y ait quelque raison à considérer l'organisation des sons comme un des traits nécessaires du fait musical, ce dernier est bien loin d'être suffisant. Le son produit par un marteau-piqueur, le tic-tac du métronome, les cris d'un sergent durant une marche au pas, le pépiement d'un moineau, le rugissement d'un lion, la plainte d'une sirène de police, le discours d'une campagne présidentielle sont autant d'exemples de sons organisés qui ne sont pas de la musique[4].

Nous pouvons écarter le rugissement du lion et le pépiement du moineau de la catégorie « musique », si nous amendons notre proposition initiale en exigeant que ce son organisé soit le fait d'un *humain*, ou du moins d'une créature intelligente à laquelle on peut accorder le statut de *personne*. Il semble en effet que l'on ne soit guère tenté de considérer quelque chose comme de la musique si elle

---

4. Comme je conserverai finalement l'idée de « son organisé » comme une condition nécessaire de la musique, quelques clarifications sont de rigueur quant au sens que je donne à cette expression. Premièrement, je la comprends évidemment comme incluant l'organisation du son *et du silence*, c'est-à-dire des sons et des silences pris ensemble. Il n'y a que peu de musiques imaginables (et en tout cas aucune musique existante) pour lesquelles le silence (l'espace entre les sons) ne soit pas un principe structurant. Pour dire quelques mots de l'illustre *4'33"* de John Cage, nous pouvons donc, si nous le voulons, inclure cette pièce dans la sphère de la musique, comme un cas limite de l'organisation du son-et-du-silence. Nous pouvons d'ailleurs l'inclure encore plus naturellement si nous admettons que Cage a effectivement organisé, en les destinant à une écoute, les sons toujours imprévisibles qui ne manquent pas de surgir lors de n'importe quelle exécution de cette pièce, même si cette organisation se situe à un très haut niveau d'abstraction. Deuxièmement, et une pièce comme celle de Cage où l'organisation prend la forme d'un *cadrage* l'illustre bien, la notion d'« organisation » doit être comprise en un sens très large pour couvrir ce qui pourrait être appelé parfois plus proprement « conception » ou « agencement » sonore.

n'est pas le résultat de l'activité intentionnelle d'un être intelligent. D'un autre côté, cette réticence pourrait également être l'indice d'une raison plus profonde pour exclure les rugissements et les pépiements : c'est qu'ils ne s'accompagnent pas des buts et des desseins requis pour qu'on les qualifie de « musique ». Je reviendrai sur ce point ultérieurement.

Même si nous intercalons l'adverbe « humainement » dans « son organisé », il nous reste encore plusieurs objets sonores, mentionnés ci-dessus, qui se conforment à cette définition tout en n'étant clairement pas des exemples de musique. Nous pourrions en exclure un grand nombre (le son du marteau-piqueur, le discours présidentiel) en insistant sur les caractéristiques que n'importe quel manuel de musique considère comme essentielles (la mélodie, le rythme, l'harmonie). Mais ce n'est pas comme cela que nous ramènerons dans notre giron la musique ancienne, la musique contemporaine et la musique des cultures extra-occidentales. Le chant grégorien et l'art du shakuhachi[5] sont de la musique mais n'ont pas d'harmonie. *Water Music* de Toru Takemitsu (œuvre composée à partir de sons de pluie enregistrés), les improvisations des percussionnistes africains et les pointillistes *Cinq Pièces*, op. 10 d'Anton Webern n'ont pas de mélodie, mais n'en sont pas moins de la musique. Certains genres de jazz moderne très éthéré ou de morceaux de synthétiseur n'ont pratiquement pas de rythme, et pourtant sont également de la musique. La mélodie, le rythme et l'harmonie, sont des caractéristiques importantes de beaucoup de musiques, mais ne sont néanmoins que des traits *typiques* de la musique en général et non des traits *nécessaires*. En fait, il devrait être clair qu'il n'y a plus aujourd'hui aucune propriété intrinsèque du son qui soit nécessaire pour dire d'une chose qu'elle est de la musique, de même qu'aucune de ces propriétés ne peut absolument exclure un phénomène sonore de la catégorie « musique ».

On pourrait alors penser que ce qui fait que les percussions africaines, le jazz moderne ou les concertos pour piano de Wolfgang Amadeus Mozart sont de la musique, c'est qu'il s'agit toujours de sons organisés qui atteignent l'âme, ou pour le dire plus sobrement,

---

5. Flûte droite en bois, de registre plutôt grave, utilisée dans la musique traditionnelle japonaise.

qui affectent nos *émotions*, et qui éventuellement expriment les émotions de leurs *créateurs*. Mais bien que l'expression ou l'évocation d'émotions soient des aspects centraux de la plupart des productions musicales, elles ne sont pas essentielles à leur musicalité. Le rugissement du lion et la plainte de la sirène de police ont sans doute une plus grande propension à induire une émotion chez l'auditeur que nombre de morceaux de musique. Le discours de l'orateur, les paroles du poète (et peut-être aussi le rugissement du lion) peuvent exprimer les émotions de leurs auteurs tout autant que la *Sonate « Pathétique »*. Et d'un autre côté, il y a des musiques qui ne semblent pas spécialement vouées à incarner les états d'âme de leur créateur ou à susciter une quelconque réaction émotionnelle chez l'auditeur, mais consistent plutôt à présenter des configurations abstraites de sons en mouvement et/ou à refléter certains états de faits impersonnels, éventuellement non humains. On pourrait trouver des exemples de ce type dans le gamelan javanais, *L'Art de la fugue* de Bach, les *Makrokosmos* de George Crumb, les *Études* pour piano mécanique de Conlon Nancarrow ou encore la musique de rituel tibétaine. Il apparaît donc clairement que la musique ne peut pas être définie par une relation particulière à la vie émotionnelle ; il n'y a pas de relation de ce genre qui vaille à la fois pour *toutes* les musiques et *seulement* pour la musique. Dans la même veine, on ne peut pas non plus comprendre la musique comme un ensemble de sons humainement organisés qui transmettent ou communiquent des *idées*, ou des entités du même genre ; car le filet serait alors bien trop large. Même si une bonne partie de la musique pourrait ainsi se retrouver dans ses rets, on capturerait également les sirènes de police, les cris et les messages en morse.

Il devrait apparaître clairement à présent que ce qui manque à notre définition préliminaire, et dont elle aurait besoin pour se rapprocher du concept de musique, c'est une idée suffisamment générale de la finalité ou du but en vue duquel ces sons humainement organisés sont effectivement produits. La musique consiste bien en de tels sons, mais produits (ou choisis) avec une certaine *intention*. Mais de quelle intention s'agit-il ? Comme la musique est, au sens premier, un art (ou une activité artistique), et que les arts sont sans le moindre doute aux avant-postes quand il s'agit d'appréciation esthétique, on pourrait définir la musique comme « des sons humainement organisés en vue d'une *appréciation esthétique* ». Il s'agit là en effet d'un progrès par rapport à l'idée de simples « sons organisés », mais il y a des défauts significatifs dans cette formulation qui nous empêchent de la considérer une fois pour toutes comme une définition acceptable.

Le premier problème est qu'il y a des musiques de par le monde qui ne semblent pas destinées à quelque chose que l'on pourrait sans embarras nommer « appréciation esthétique ». Les musiques qui servent à accompagner des rituels, les musiques faites pour exciter l'esprit guerrier, ou encore les musiques de danse sont autant d'exemples de musiques dont l'appréciation adéquate n'implique pas une saisie contemplative et distancée de pures configurations sonores, ou pour le dire autrement, ne requiert pas d'attention spécifique à sa beauté ou à d'autres propriétés esthétiques. Un autre défaut, peut-être plus sérieux, est l'incapacité d'une telle définition à exclure les arts de la parole comme le théâtre et, plus encore, la poésie. Car la poésie, du moins quand elle est déclamée à voix haute, consiste bien en un ensemble de sons humainement organisés en vue d'une appréciation esthétique ; il se trouve simplement que dans ce cas, les sons sont des mots arrangés de façon signifiante.

Nous pouvons régler ce problème en exigeant que, dans le cas de musique, les sons organisés soient destinés à être écoutés avant tout *comme des sons*, et non comme les signes d'une pensée discursive. Cela ne signifie pas que la musique ne puisse pas contenir de mots (c'est clairement le cas dans les chansons, l'opéra, la musique concrète ou les musiques de collage), mais seulement que pour constituer de la musique, le matériau verbal doit ou bien être combiné avec un matériau plus purement sonore, ou bien, si ce n'est pas le cas, être tel que l'on soit censé être attentif à ses propriétés sonores et à tout ce qui survient[6] sur ses propriétés sonores.

---

6. Ndt. La *survenance* est une notion que l'on rencontre couramment dans la philosophie contemporaine, pour décrire des relations de dépendance systématique entre des familles de propriétés. Ainsi, les propriétés d'une famille A (par exemples

L'autre difficulté concerne ce que nous *recherchons*, en fin de compte, lorsque nous considérons ces sons organisés en tant que sons. Il nous faut trouver un substitut à l'expression « appréciation esthétique », car il s'agit là d'une visée trop étroite qui ne concerne pas toutes les activités que nous voudrions appeler « musique ». Voici ce qui pourrait être la solution : ce que nous cherchons dans la musique, qu'elle soit saisie de manière contemplative dans une salle de concert ou qu'elle suscite des réactions frénétiques lors d'un rite de village, c'est une certaine intensification de la vie ou de la conscience. En d'autres termes, tous les phénomènes sonores que l'on peut catégoriser comme de la « musique » semblent destinés à l'enrichissement ou à l'intensification de l'expérience par une relation active avec des sons organisés considérés en tant que tels. J'affirme qu'il s'agit là du cœur de l'intention qui préside à la production musicale. C'est cela qui nous permet d'interpréter des exemples venant de n'importe quel lieu et de n'importe quelle époque comme autant d'exemples de cette activité artistico-culturelle que nous appelons « musique », malgré l'absence de toute caractéristique sonore intrinsèque discriminante (excepté l'audibilité, bien sûr).

Je voudrais maintenant donner l'exemple hypothétique, mais instructif, d'un phénomène que nous ne voudrions pas considérer

---

les propriétés mentales) surviennent sur les propriétés d'une famille B (par exemple les propriétés physico-chimiques du cerveau) si et seulement s'il est impossible que deux situations identiques du point de vue des propriétés de la famille B diffèrent du point de vue des propriétés de la famille A. Dès lors, affirmer comme pourrait le faire un matérialiste que les propriétés mentales surviennent sur les propriétés physico-chimique du cerveau revient à dire qu'une fois les propriétés physico-chimiques fixées, les propriétés mentales sont par là même, elles aussi, déterminées et ne peuvent plus varier. Notons que cela ne nous oblige pas à *réduire* les propriétés mentales aux propriétés physico-chimiques : tout ce qui est ici affirmé est un lien de dépendance nécessaire ; la position matérialiste que nous venons de décrire n'est donc *pas* réductionniste. De la même manière, on peut envisager que les propriétés esthétiques d'un morceau de musique surviennent sur ses propriétés sonores, au sens où il ne peut y avoir de différence *esthétiques* entre deux morceaux identiques d'un point de vue *sonore*. À cet égard, et pour un examen général des questions de survenance esthétique, on pourra se reporter à Jerrold Levinson, *Music, Art and Metaphysics*, Oxford University Press, 2011, p. 134-158 (« Aesthetic Supervenience »).

comme de la « musique », et que notre définition, dans son état actuel, parvient effectivement à exclure. Imaginez une suite de sons conçus par une équipe de chercheurs en psychologie de telle sorte que, quand des sujets dans un état semi-conscient sont exposés à ces sons, ils entrent dans des états psychédéliques de net plaisir. Une telle séquence n'est en rien un morceau de musique ; pourtant il s'agit bien de sons humainement organisés dans le but (sans doute) d'enrichir l'expérience. Toutefois, cette séquence ne produit pas un tel enrichissement en exigeant d'une personne qu'elle soit attentive aux sons en tant que tels. Des sons organisés pour notre propre bien, mais qui ne nous demanderaient pas d'écouter ou d'entrer dans une relation active avec eux, ne constitueraient pas un exemple de musique.

Maintenant qu'une définition adéquate est en vue, il ne nous reste plus qu'à ajouter une précision mineure, destinée à expliciter un point resté jusqu'ici à l'arrière-plan : l'organisation des sons doit être une organisation *temporelle* pour que ce qui en résulte soit considéré comme de la musique. Une musique pourrait-elle posséder une organisation autre que temporelle ? On pourrait certes imaginer un art qui consisterait essentiellement à produire des combinaisons de sons complexes mais instantanées, des accords qui s'évanouiraient à peine produits. Ces combinaisons seraient savourées indépendamment les unes des autres, chacune restant dans un splendide isolement par rapport aux autres. Mais mon sentiment est que nous ne considérerions pas cet art comme de la musique (même si les connaissances et les techniques musicales existantes seraient sans doute utiles pour le pratiquer avec succès). Il s'agirait de l'équivalent au plan auditif de la dégustation de confiture ou du fait de humer le parfum d'une rose : une réception d'impressions sensorielles, parfois complexes, mais pour lesquelles la question du développement temporel n'est pas pertinente. La musique, telle que nous la concevons, semble être essentiellement tout autant un art du temps qu'un art du son.

Notre définition complète de la musique sera donc à peu près la suivante :

> Musique $=_{df}$ un ensemble de sons temporellement organisés par une personne (ou un groupe de personnes) dans le but d'enrichir ou

d'intensifier l'expérience par une relation active avec des sons (via, par exemple l'écoute, la danse ou l'exécution à l'aide d'un instrument) considérés avant tout, ou du moins de manière significative[7], comme des sons.

Il me semble que cette formulation capture tout ce qu'elle est censée capturer (c'est-à-dire la musique classique, la musique folk, la musique festive, la musique d'avant-garde, l'opéra, les divers phénomènes étudiés par les ethnomusicologues), et n'inclut rien de ce qu'elle est censée laisser de côté (y compris la musique « d'ascenseur »[8]).

En guise de conclusion, voici quelques brèves remarques sur cette analyse, destinées à mettre en lumière ses aspects les plus saillants :

1) Notre analyse accorde à la musique certaines caractéristiques intrinsèques, même si elles sont peu nombreuses, à savoir : le caractère sonore, ou l'audibilité, et une structure temporelle.

---

7. Le but de cette dernière précision est d'autoriser les cas, comme ceux présentés par le rap, où le contenu conceptuel transmis verbalement peut être au moins aussi important que ce qui est donné à entendre en termes de pure organisation sonore. Le rap n'est probablement pas destiné à être écouté *avant tout* pour ces caractéristiques sonores spécifiques (rythmiques, dynamiques, timbrales), même si celles-ci constituent une dimension significative de cette musique qui peut légitimement attirer notre attention, si ce n'est la plus significative.

8. Une objection intéressante à cette proposition, telle qu'elle est ici formulée, m'a été adressée par Jenefer Robinson (dans une correspondance privée) : des enfants qui tapent sur des pots et des casseroles pour s'amuser font-ils de la musique ? Il nous faut en savoir un peu plus sur les garnements en question pour pouvoir répondre à cette question. Leur but est-il de s'amuser (c'est-à-dire d'intensifier leur expérience) en prêtant attention aux ensembles de sons produits, et en s'immergeant corporellement dans les rythmes chaotiques qui émergent ? Ou bien se contentent-ils d'évacuer un trop plein d'énergie nerveuse, en agitant leurs bras et en savourant par-dessus tout la gêne qu'ils provoquent probablement chez les autres, et en particulier les adultes qui les entourent ? Dans ce dernier cas, il n'est pas question de dire qu'ils prennent part à la moindre activité musicale. Mais si nous sommes dans le premier cas de figure, alors il nous faut sans doute accepter que de la musique est produite, même s'il s'agit d'une musique peu sophistiquée et tout sauf respectueuse de la tradition. Mais cela ne me pose pas de problème particulier.

2) Notre analyse est intentionnaliste et anthropo-centrée : ce sont les hommes (ou quelque chose de suffisamment approchant) qui font de la musique, animés par certaines fins, et non la Nature irréfléchie.

3) Notre analyse prétend rester adéquate dans des contextes d'applications interculturels ; en revanche, elle n'a pas été pensée comme une analyse du concept de musique que possèderait n'importe quelle autre culture.

4) Notre analyse attribue explicitement une attitude normative aux créateurs et aux interprètes de musique : ils conçoivent nécessairement le fruit de leur effort comme digne de susciter une réelle interaction[9].

5) Notre analyse se place du point de vue du créateur, qui en est l'élément moteur : seuls ceux qui *font* de la musique, en vertu des intentions qui orientent le processus de création, ont le pouvoir de conférer à leurs productions le statut de *musique*. Ceux qui ne font que recevoir ou consommer de telles productions, quoi qu'ils fassent, en sont incapables[10].

---

9. Par contraste, la définition historiciste de l'art en général que j'ai proposée par ailleurs ne prescrit de fins normatives aux producteurs d'art qu'implicitement. Ce trait a toutefois fini par être intégré explicitement dans les amendements et raffinements proposés dans mon article « Refining Art Historically ».

10. Ayant proposé une analyse de la musique dont le contenu est relativement déterminé, nous pouvons maintenant reconnaître que certaines tendances de la musique récente (ou en tout cas de choses qui prétendent au statut de musique), principalement celles qui relèvent de la performance, de l'art conceptuel ou du plus extrême des sérialismes de laboratoire, peuvent raisonnablement conduire à douter de la possibilité même d'identifier, au-delà de la simple audibilité, un noyau intentionnel stable qui accompagnerait sans exception tout ce que nous appelons « musique ». Dans une veine sceptique de cet ordre, on pourrait, semble-t-il, trouver des raisons de préférer une définition de la musique calquée sur celle que j'ai donnée de l'art en général, à savoir : « X est de la musique *si et seulement s'il* s'agit de sons humainement et temporellement organisés, produits avec l'intention qu'ils soient globalement considérés de la manière dont la musique antérieure a été correctement considérée ». Adopter cette définition, ce serait admettre que la nature de la musique, comme celle de l'art en général, est devenue presque exclusivement historique, toute trace d'intention musicale traditionnelle ayant fini par être éliminée de son essence. En reléguant cette remarque dans les tréfonds d'une note de bas de page, je suggère toutefois que nous n'en sommes pas encore *tout à fait* là.

III

Je voudrais à présent soumettre, avant de conclure, quelques remarques supplémentaires à propos du concept de musique. La première est qu'il y a une distinction à faire entre ce qu'*est* la musique et ce qui peut être *traité* ou *considéré* comme de la musique. Une manière d'ignorer cette distinction est d'affirmer, à la suite de John Cage et de ses réflexions tout imprégnées de philosophie Zen, que tous les sons, quels qu'ils soient, sont de la musique. C'est tout simplement faux, et les réflexions offertes par Cage, aussi pénétrantes soient-elles, ne parviennent pas à établir ce point. Ce que Cage montre en revanche, c'est que n'importe quel son peut probablement être écouté *comme s'il* était de la musique (pourvu qu'on focalise son attention sur lui, qu'on prenne en considération sa forme, qu'on s'investisse émotionnellement); et que l'on peut transformer à peu près n'importe quel environnement sonore en une occasion d'exercer une écoute attentive et réceptive. Il ne s'en suit pas, une fois qu'on a dit cela, que tous les événements sonores deviennent de la musique. Le bourdonnement de mon mixer ou le sifflement du vent ne sont pas des phénomènes musicaux. Il pourrait seulement en être ainsi s'ils étaient produits, ou diffusés, en vue d'une certaine fin, comme expliqué ci-dessus. Mais il est néanmoins possible d'adopter à leur égard des postures qui sont appropriées à la musique, et qui peuvent engendrer plus ou moins de satisfaction, suivant les cas.

Cette perspective cagienne se rattache à un usage du terme « musique » qui a parfois cours, et en vertu duquel le mot fonctionne effectivement comme un prédicat s'appliquant spécifiquement à des expériences. La règle d'usage est alors approximativement celle-ci : si une expérience de type musical (c'est-à-dire caractérisée par tel ou tel trait phénoménologique) a lieu, alors on a affaire à de la musique ; si ce n'est pas le cas, alors il n'y a tout simplement pas de musique. L'auditeur, en faisant un certain type bien précis d'expérience, détermine si c'est bien de la musique qu'il entend ; et alors le fait que la source exacte des sons, c'est-à-dire leur *raison d'être*, soit correctement appréhendée (et même le simple fait de savoir si ces sons *existent* véritablement et ne sont pas que des illusions de notre imagination) n'a plus la moindre importance et peut être ignoré [11]. Il devrait apparaître clairement que, de mon point de vue, il s'agit là d'une conception viciée, qui obscurcit les choses plus qu'elle ne les clarifie et qui dépossède la musique de certains traits dont j'ai démontré l'importance, à savoir son origine consciente, la nature artistique des intentions qui l'animent, et son caractère public. De plus, c'est une conception désespérément relativiste dans laquelle le statut musical de tout son (même des concertos pour piano de Mozart) est relatif à chaque individu, et à chaque situation d'écoute. La notion d'un type distinctif d'*expérience* musicale et l'idée que l'on peut écouter quelque chose *comme de la musique* sont certes des concepts utiles, mais il n'y a pas grand-chose à gagner à les confondre avec la catégorie objective et culturelle de la musique elle-même.

Venons-en à la deuxième remarque : le concept de musique que capture notre définition s'applique à un type d'*activité artistique* (ou expressive) et aux *produits* de cette activité. Et c'est fondamentalement pour désigner ce genre de choses, et à juste titre, que nous parlons de « musique ». Mais il faut aussi reconnaître qu'il existe un autre emploi du terme pour signifier simplement un certain type de *phénomène sonore* [12]. Alors qu'au sens premier, ce terme de « musique » est défini par une intention ou une finalité spécifique, et ne contraint pas les caractéristiques audibles des sons à revêtir tel ou tel aspect, ce sens second insiste au contraire sur certaines caractéristiques audibles et reste indifférent à l'intention ou à la fin. En ce sens dérivé, tout ce qui, à l'oreille, ressemble aux cas paradigmatiques de musique, ou manifeste suffisamment de caractéristiques typiques de la musique, pourra être qualifié de « musique » [13]. Ainsi, bien que le chant des

---

11. Une définition de la musique suivant à peu près cette idée est présentée par Thomas Clifton dans le chapitre liminaire de *Music as Heard*, New Haven, Yale University Press, 1983.

12. Contrairement à l'usage « phénoménologique » (ou « expérientialiste ») de « musique » précédemment discuté, cet usage du terme au sens de « phénomène sonore » constitue au moins la musique en catégorie publique, observable et objective.

13. Nous disposons corrélativement du terme « musical » qui est souvent appliqué à tout ce qui est audible et qui manifeste un certain nombre des traits caractéristiques

oiseaux, le son de la harpe éolienne, le gargouillis d'un ruisseau, une psalmodie récitée dans le seul but d'apaiser les dieux, etc. ne soient pas de la musique au sens premier, ils peuvent néanmoins être qualifiés de « musique » si l'on adopte cet usage plus lâche du terme. Et de tels phénomènes « musicaux » ne sont pas moins dignes de faire l'objet d'études analytiques (eu égard au mètre, au rythme, à la tessiture…), et peut-être même davantage, que certains exemples de musique comprise comme « activité artistique » [14].

---

de la musique (c'est-à-dire mélodie, rythme, flux, continuité, téléologie), indépendamment du fait de savoir si le phénomène en question est un exemple authentique de musique.

14. Le sémioticien de la musique Jean Molino a introduit une division tripartite de la musique selon laquelle la musique peut être considérée soit au niveau neutre, dans une perspective purement acoustique (c'est-à-dire en tant que « phénomène sonore »), soit du point de vue poïétique, c'est-à-dire de sa création ou de sa production, soit du point de vue esthésique, c'est-à-dire de sa réception (voir Jean Molino, « Fait musical et sémiologie de la musique » [1975] ; repris dans *Le singe musicien*, Arles, Actes Sud/Paris, INA, 2009, p. 73-118). La tripartition de Molino a été reprise et prolongée avec enthousiasme par Jean-Jacques Nattiez, un autre sémioticien de la musique). Molino indique que ces points de vue ou niveaux sont d'une certaine manière exclusifs les uns des autres, et irréductibles les uns aux autres, de sorte qu'il ne peut y avoir de définition globale de la musique, mais seulement trois définitions différentes, correspondant aux trois points de vue ou niveaux possibles. Si j'ai réussi à mener à bien la tâche que je me suis donnée ici, alors Molino doit évidemment avoir tort sur ce dernier point. La définition que je propose intègre et synthétise ces trois points de vue, encore qu'ils soient dominés par le second d'entre eux (le point de vue de la création), ce qui est naturel, je pense, pour caractériser quelque chose qui est avant tout une activité artistique ou expressive.

Pour ce qui concerne plus généralement les tentatives de caractériser l'essence de la musique en terme sémiotiques, je mentionnerai brièvement les réserves suivantes : (a) La musique ne constitue pas directement un *langage* ou un *code* bien qu'elle puisse, comme de nombreuses autres manifestations culturelles, être utilisée pour *communiquer* quelque chose dans un contexte donné. (b) Les musiciens n'ont pas besoin d'avoir *l'intention* de signifier quelque chose lorsqu'ils jouent de le musique, bien qu'une telle signification puisse émerger du matériau musical et de la matrice culturelle dans laquelle il s'inscrit. (c) La musique n'est pas nécessairement et pas toujours symbolique, ou même pourvue de sens. La signification est une potentialité toujours présente dans la plupart des systèmes musicaux, et il en résulte que quasiment aucun exemple de musique n'en est dépourvu ; mais d'après la conception que je viens de défendre, ce n'est clairement pas une condition *définitionnelle* de la musique.

Et voici mon troisième et dernier point : au début de ce texte, j'ai insisté sur la nature descriptive et classificatoire de la proie que j'avais en ligne de mire, à savoir le concept de musique dans son sens à la fois le plus large et le plus fondamental. Mais à aucun moment je n'ai voulu contester la force de la tendance qui nous pousse parfois à utiliser le terme dans un sens fortement normatif et évaluatif. Nous pouvons même, à ce stade, admettre avec profit la pertinence de cet emploi, en introduisant une nouvelle distinction, entre le *concept* de musique et ce qu'on pourrait appeler des *conceptions* individuelles de la musique. Si nous sommes ici parvenus à dépeindre un concept général de musique dont la plupart des locuteurs avertis de notre langue reconnaîtront qu'il se conforme à un usage courant et non-évaluatif, on trouvera toujours d'autres locuteurs pour insister sur le fait que cette analyse ne capture pas comment *eux* « conçoivent la musique ». Et ils auraient bien sûr raison : des personnes différentes conçoivent *en effet* la musique différemment, au sens où elles ont des *conceptions* différentes de la musique.

Que faut-il entendre ici par « conceptions » ? En gros, j'entends par là une manière de structurer le champ musical, compris de manière relativement objective, en termes d'*idéaux*, de *normes* et de *paradigmes*. Des individus différents considèrent certains genres et certains types de musiques (rarement les mêmes) comme plus importants que d'autres, eu égard à l'idée qu'ils se font de ce que la musique est, de ce qu'elle peut et doit faire, et de ce qu'il peut y avoir de meilleur en elle, en tant que musique. Cette idée normative (ce que j'appelle une conception) est parfois exprimée sous la forme d'un jugement portant sur ce qu'est « vraiment » la musique, et sur ce qu'elle n'est pas (du type : « Ah, *ça* c'est de la musique ! »). Nos différentes conceptions de la musique expriment à la fois nos valeurs divergentes quant à ce phénomène et notre sens de ce qui est le plus valable et/ou le plus représentatif dans le champ musical. Pour certains, la musique symphonique sera au centre de leurs conceptions musicales, pour d'autres ce sera le rock progressif, le jazz be-bop, le Bluegrass, les expériences les plus radicales des compositeurs minimalistes, et pour d'autres encore, la musique de l'Inde, de l'Indonésie ou du Japon.

Mais vraisemblablement, dans un moment de lucidité, tous ces individus reconnaîtront indéniablement comme « musique » des genres existants qui n'occupent pas une place très grande (voire pas de place du tout) dans leurs panthéons personnels. Même dire quelque chose comme « si on me parle de musique, ce n'est pas à ça que je pense en premier », c'est déjà reconnaître implicitement un concept de musique large et classificatoire sur le fond duquel se détache une conception normative taillée sur mesure pour chaque individu.

Pour conclure, supposons que dans un élan d'audace nous nous demandions, étant donnée notre analyse du concept fondamental de musique, pourquoi la musique est *importante* à nos yeux. Il semble que répondre à cette question nous amènerait à explorer les modalités et les moyens par lesquels une relation active avec des sons organisés, produits intentionnellement dans cette perspective, peut enrichir notre expérience. Et pour faire cela de manière plus féconde, il nous faudrait considérer des genres plus spécifiques de musique et, à l'intérieur de ces genres, des exemples particuliers. Car des musiques différentes peuvent être importantes à nos yeux pour des raisons différentes. Certaines musiques nous enrichissent avant tout par la transmission d'un contenu émotionnel, d'autres davantage en stimulant la capacité de l'esprit à appréhender des structures complexes. Certaines excitent l'imagination grâce à leurs aspects représentationnels, d'autres produisent une satisfaction par le sentiment qu'elles donnent d'appartenir à une tradition ou à une communauté partagée. À l'écoute de certaines musiques, nous croyons percer les mystères de la psyché humaine alors que d'autres paraissent éclairer la structure sous-jacente de l'univers tout entier. Certaines musiques nous renvoient agréablement à la pleine conscience de notre corps ; d'autres nous font nous sentir de purs esprits. Et certaines musiques semblent même être capables de produire des changements réels et relativement durables dans les attitudes et manières de penser des auditeurs. Mais s'il s'agit bien à chaque fois de *musique*, elles devront toujours, qu'elles soient bonnes, mauvaises ou quelconques, manifester la combinaison de caractéristiques intrinsèques et intentionnelles que nous avons ici cherché à esquisser.

ONTOLOGIE

LES ŒUVRES MUSICALES ET LEUR ONTOLOGIE

Clément CANONNE et Pierre SAINT-GERMIER

En se rendant dans un des nombreux musées qui peuplent la planète, nous avons la possibilité d'approcher au plus près les peintures, sculptures et autres objets produits par les artistes au cours des siècles, ainsi réunis pour notre contemplation. Ces œuvres sont là, devant nous, en personne, pour ainsi dire. Elles ont une présence toute physique : nous pourrions toucher telle ou telle sculpture pour mieux en apprécier la texture, si toutefois le règlement intérieur ne l'interdisait pas. Nous pourrions également la détruire malencontreusement, par exemple en la faisant tomber. Et si d'aventure nous voulions absolument réserver sa contemplation au seul plaisir de nos yeux égoïstes, il serait possible de chercher à l'acquérir. Tout cela tient manifestement à la nature fondamentalement concrète et physique de cette sculpture.

Considérons maintenant le cas de l'amateur de musique, et en particulier des œuvres de la tradition occidentale savante, qui se rend au concert pour écouter le *Quintette pour piano et vents en mi bémol majeur* de Ludwig van Beethoven. L'œuvre de Beethoven, à la différence de la sculpture, ne peut pas être touchée, même si bien sûr elle peut être entendue. La relation que nous avons à chacune de ces deux œuvres passe par une modalité sensorielle différente. Mais même si la perception auditive suppose un stimulus distal de nature physique, cela n'implique pas nécessairement pour autant que l'œuvre musicale ne soit pas fondamentalement de nature physique, comme la sculpture. Une première difficulté apparaît néanmoins : ce que nous entendons lorsque nous nous rendons au concert, ce sont les sons produits par les instrumentistes qui donnent une *exécution* de l'œuvre. Mais les stimuli physiques que constituent ces sons peuvent-ils être *identifiés* à l'œuvre elle-même ? Le premier son de la représentation est apparu à 21h04 et le dernier s'est éteint sur le coup de 21h30. Or cette œuvre a été composée en 1796. Elle ne peut donc pas consister *uniquement* en ces sons : elle existait bien avant qu'ils ne soient produits et elle leur survivra sans difficulté. Si l'on souhaite à tout prix sauver l'idée que l'œuvre de Beethoven est constituée de *sons*, compris comme des événements physiques, il faudrait alors dire qu'il s'agit de la somme des sons qui constituent chacune des exécutions de l'œuvre. Mais cette idée soulève plus de problèmes qu'elle n'en résout. Supposons que le 1er janvier 1900 entre 2h et 2h30 du matin (heure de Paris), aucun ensemble de par le monde ne jouait ce *Quintette*. Si le *Quintette* n'était que la somme des sons produits par ses interprètes, alors il nous faudrait dire que durant cet intervalle de temps le *Quintette* n'*existait* pas. Au mieux donc, le *Quintette* de Beethoven possède une existence intermittente : il n'existe qu'à chaque fois qu'il est interprété et seulement le temps de cette interprétation. Le reste du temps, il repose en silence dans les limbes de l'existence musicale. Une autre difficulté concerne l'ensemble des exécutions qu'il convient de prendre en ligne de compte. Nous ne pouvons nous limiter à ne prendre en compte que les interprétations passées, car dans ce cas l'existence de l'œuvre s'achèverait en même temps que cesse de résonner la dernière note de la dernière exécution en date. D'un autre côté, comment pouvons-nous étendre cette somme à des sons qui n'ont pas encore été joués, et qui, par conséquent, *n'existent pas* en tant que sons à strictement parler. On peut sans doute admettre que les sons entendus au concert font *partie* de l'œuvre, mais il est beaucoup plus difficile de soutenir que ceux-ci puissent *épuiser* l'être de l'œuvre[1]. On ne voit donc pas très bien ce que

---

1. Ce défi a cependant été relevé récemment par Chris Tillman qui a défendu une forme de matérialisme musical qui, selon lui, résiste à ces difficultés. Voir Chris Tillman, « Musical Materialism », *British Journal of Aesthetics*, vol. 51, 2011, p. 13-29. Voir également Chris Tillman et Joshua Spencer, « Musical Materialism and the Inheritance Problem », *Analysis*, vol. 72, n° 2, 2012, p. 252-259. Notons que les sons provenant des exécutions d'une œuvre ne sont pas les seules manifestations physiques concrètes auxquelles un matérialiste musical pourrait avoir envie d'identifier les œuvres

pourrait être le *Quintette* en lui-même, en plus de ces sons : que faut-il ajouter aux sons pour obtenir le *Quintette* ?

Nous pouvons ensuite nous demander comment ce *Quintette* pourrait venir à être *détruit* ? Dans le cas de la sculpture, cela paraissait assez facile : il suffit de porter atteinte à l'intégrité physique de l'objet pour le faire. Mais dans le cas de l'œuvre de musique c'est une question beaucoup plus délicate. On pourrait commencer par imaginer que toutes les partitions et enregistrements existants soient détruits et que personne ne soit en mesure d'exécuter le *Quintette* de mémoire. Mieux, supposons que le *Quintette* ait été effacé de la mémoire de l'humanité. Si nous admettons que l'œuvre est distincte des partitions, de ses enregistrements, de la somme de ses exécutions et des souvenirs que nous en avons, alors il n'est pas clair que cela suffise à garantir sa destruction [2]. Mais quel genre de chose pourrait être cette œuvre pour pouvoir continuer à exister sans être jouée, sans pouvoir être jouée et sans que personne ne puisse avoir la moindre relation auditive ou même cognitive avec elle ? Une solution naturelle serait de faire de l'œuvre de musique un pur objet abstrait. Mais comment pourrions-nous alors *entendre* une telle œuvre ? Le mystère s'épaissit.

Enfin, peut-on s'approprier le *Quintette*, comme on s'approprierait une statue ? Là encore, il faudrait sans doute commencer par s'approprier tous les objets qui entourent l'existence de l'œuvre, c'est-à-dire ses partitions, ses enregistrements, etc. Mais si l'œuvre est bien distincte de toutes ces choses, leur possession ne peut suffire à s'approprier l'œuvre elle-même [3].

---

de musique : on pourrait considérer qu'il faut aussi inclure dans la somme, non seulement les exécutions, mais aussi les partitions et les enregistrements.

2. Tout dépend de la manière dont on conçoit la relation entre l'œuvre et toutes ces entités périphériques distinctes, mais étroitement liées à elles (les partitions, les enregistrements, les exécutions, les souvenirs et plus généralement les représentations mentales que nous pouvons en avoir). On peut très bien considérer que l'existence de l'œuvre (même si cette dernière constitue un objet distinct) reste dépendante de l'existence du réseau formé par ces objets périphériques. Dans ce cas la destruction de ces objets suffira à détruire l'œuvre. Mais pour suivre cette voie, il faut donner un argument indépendant en faveur d'une relation de dépendance existentielle de ce type.

3. On pourrait peut-être imaginer que quelqu'un aime cette pièce avec une jalousie telle qu'il ferait en sorte d'être le seul à pouvoir en apprécier ses exécutions (cette

Ces trois difficultés ne sont pas sans lien les unes avec les autres : les œuvres de musique semblent être des choses d'un genre très différent des œuvres d'art « physiques » que sont les sculptures et les tableaux de maître. Les notions de destruction et de possession, pour peu qu'on les comprenne sur le modèle de la destruction et de la possession d'objets physiques semblent inapplicables à l'entité qu'est le *Quintette en mi bémol*. En même temps, les œuvres musicales doivent pouvoir, comme les statues, être créées et faire l'objet d'une perception sensible. De quelle sorte d'entité peut-il alors s'agir ?

Cette question définit un champ très actif de la philosophie contemporaine de la musique, connu sous le nom d'« ontologie de la musique »[4]. Ce champ est relativement récent puisque la première étude exclusivement consacrée à ce problème précis paraît être l'article de Roman Ingarden, « De l'identité de l'œuvre musicale », publié en 1933[5]. Mais ce sont toutefois les ouvrages de Richard Wollheim,

---

personne se serait appropriée toutes les partitions et tous les enregistrements et ferait en sorte d'être le seul auditeur de toutes les exécutions possibles de l'œuvre). Cela en fait-il le *possesseur* de l'œuvre ? Le fait de posséder une sculpture et le fait d'être le seul à pouvoir en jouir esthétiquement sont deux choses différentes. Je peux posséder une sculpture et accepter que mes proches l'apprécient. Si la possession rend possible la jouissance exclusive, la jouissance exclusive n'implique toutefois pas la possession. La réponse à la question posée semble donc devoir être négative.

4. Littéralement, « ontologie » signifie « science de l'être » (« l'être » se dit *to on* en Grec ancien). On pourrait faire remonter l'idée d'ontologie à Aristote si ce dernier avait été suffisamment précis sur le sens qu'il donnait à l'expression « science de l'être en tant qu'être » (*epistèmè to on hei on*). Le mot « ontologie » semble être apparu au XVIIe siècle pour désigner une enquête sur les propriétés les plus générales appartenant à toute chose existante. Sur l'histoire de ce mot, nous renvoyons à Raul Corazzon, « Birth of a New Science : the History of Ontology from Suárez to Kant », http : // www.ontology.co/history.htm, consulté le 28 janvier 2014.

5. On y trouve une position du problème extrêmement claire que ne renieraient sans doute pas les praticiens contemporains de la discipline. Le contenu de cet article a fourni la matière des quatre premiers chapitres de son ouvrage *Qu'est-ce qu'une œuvre musicale ?*, traduit de l'allemand par Dukja Smoje, Paris, Christian Bourgois, 1989 (voir en particulier les pages 42 et 43). On trouve également une bonne position du problème dans l'*Imaginaire*, de Jean-Paul Sartre, à la différence que la solution proposée par Sartre dans ce texte (les œuvres musicales sont « hors du réel ») n'est pas élaborée avec le même degré de précision et d'argumentation que ne l'est celle

L'art et ses objets[6], et de Nelson Goodman, *Langages de l'art*[7], qui ont relancé la question ontologique dans la philosophie anglo-américaine de la seconde moitié du XXᵉ siècle, indépendamment des recherches d'Ingarden semble-t-il. C'est dans cette seconde tradition, dite « analytique », que s'inscrit la réflexion de Jerrold Levinson, initiée en 1980 dans l'article « Ce qu'est une œuvre musicale ». Il y propose une solution originale à cette question, une solution qui a attiré un nombre abondant de commentaires critiques[8], auxquels Levinson a répondu dans un second texte, « Ce qu'est une œuvre musicale (*bis*) ». Avant de présenter la solution adoptée par Levinson, attardons-nous quelques instants sur la structure du problème ontologique, tel qu'il se pose à l'heure actuelle.

Le problème est de savoir ce que *sont* les œuvres musicales. Mais il faut tout de suite distinguer le problème ontologique du problème de la définition. Certes, si nous recherchions une définition des œuvres musicales, il s'agirait de dire, en un sens, ce qu'elles sont. Mais le verbe *être* n'est pas employé exactement de la même manière dans les deux cas. Chercher une définition de X revient à chercher un ensemble de propriétés individuellement nécessaires et collectivement suffisantes pour qu'un objet soit un X. Mais dans le cas de l'ontologie, il serait plus juste de dire que nous sommes à la recherche de *ce que c'est* que d'être un X, ou de ce en quoi consiste le fait d'être un X. Le problème n'est pas ici de donner une définition vraie de toutes les œuvres musicales et seulement des œuvres musicales, mais plutôt de dire *en quoi elles consistent*.

Le problème de l'ontologie de la musique présente la même structure que de nombreux autres problèmes ontologiques étudiés dans d'autres domaines de la philosophie. On part de l'existence

---

d'Ingarden. Voir Jean-Paul Sartre, *L'imaginaire*, Paris, Gallimard, 1995, p. 368-371.

6. Richard Wollheim, *L'art et ses objets*, traduit de l'anglais par Richard Crevier, Paris, Aubier, 1994.

7. Nelson Goodman, *Langages de l'art*, traduit de l'anglais par Jacques Morizot, Nîmes, Jacqueline Chambon, 1990.

8. Pour une liste (conséquente mais non-exhaustive) de commentaires critiques, voir la note 3 de « Ce qu'est une œuvre musicale (*bis*) ».

supposée d'un certain type d'entité (ici les œuvres musicales, mais cela peut être les objets mathématiques, les couleurs ou les particules élémentaires), cette supposition d'existence étant véhiculée par un ensemble de croyances, de discours et de pratiques fermement enracinées : nous pensons qu'il y a des choses que les compositeurs créent et que nous appelons des œuvres ; nous leur donnons des noms et en parlons de manière plus ou moins élogieuse. Nous nous déplaçons et payons parfois un prix exorbitant pour pouvoir les écouter en concert. De la même manière, les mathématiciens élaborent des théories à propos des nombres auxquels ils donnent parfois des noms (π, i, e) et attribuent certaines propriétés (être pair ou impair, être premier, être irrationnel). Ces mêmes mathématiciens se retrouvent également en congrès internationaux pour discuter de certaines questions les concernant[9].

Une fois admise, au moins de façon provisoire, l'existence de ces entités, nous en venons à nous demander quel *genre* d'entités elles peuvent être. Généralement, mais ce n'est pas toujours le cas, le philosophe qui pose ce genre de question a en tête une liste de *catégories ontologiques*, c'est-à-dire une classification aussi générale que possible de tous les types d'entités qui peuplent le monde. La plupart du temps, ces catégories ontologiques sont présentées à l'aide d'un ensemble de distinctions : entre l'abstrait et le concret, entre l'universel et le particulier, entre le mental et le physique, entre un ensemble et ses éléments, etc. Lorsque aucune option ne paraît satisfaisante, certains philosophes peuvent alors choisir de revenir sur leur supposition initiale, à savoir que ces objets existent bel et bien : on aboutit alors à une position *fictionnaliste* consistant à dire que les entités que l'on tenait pour existantes au départ sont au mieux des fictions commodes, dont nous parlons *comme si* elles existaient, mais qui à proprement parler n'existent pas. Une autre solution serait

---

9. On pourrait dire des choses semblables au sujet des particules élémentaires et aussi des couleurs. Par exemple, nous avons des noms pour les couleurs, nous utilisons les couleurs que nous attribuons aux objets pour les identifier et nous accordons toutes sortes de rôles aux couleurs dans notre commerce quotidien avec les objets qui nous entourent. Il serait absurde, au moins à première vue, de nier l'existence des couleurs.

d'inventer de nouvelles catégories ontologiques, mais il faut alors montrer qu'une telle invention est indispensable et surtout qu'elle n'est pas totalement *ad hoc*, c'est-à-dire qu'il existe des raisons indépendantes d'admettre cette nouvelle catégorie ontologique et que nous ne l'inventons pas seulement pour résoudre le problème particulier qui nous occupe. Une fois l'entité étudiée localisée dans l'une ou l'autre de ces catégories (y compris celle du « non existant »), on dispose d'une réponse à la question posée. Mais pour que cette réponse soit une bonne réponse, il est nécessaire que toutes les propriétés que nos croyances, nos discours et nos pratiques confèrent à l'entité considérée soient cohérentes avec la catégorie ontologique retenue, c'est-à-dire que celle-ci soit capable de supporter les propriétés que nous identifions comme appartenant aux objets considérés. C'est là que gît le cœur du problème. Il s'agira donc souvent de reconsidérer la nature de ces propriétés sous un regard nouveau pour les rendre toutes cohérentes avec la catégorie ontologique retenue [10].

Venons-en maintenant à l'objet qui nous intéresse ici, à savoir les œuvres de musique. Comme nous l'avons déjà évoqué, les œuvres musicales semblent faire partie de notre monde commun : nous les écoutons, les apprécions (ou les critiquons), les jouons sur nos instruments, en composons (au moins pour certains d'entre nous). Mais de quelles œuvres et de quel monde commun parlons-nous ? À y regarder de plus près, la notion d'œuvre de musique est loin d'être évidente en elle-même. Toute la musique existante peut-elle se découper en œuvres ? Toute la création musicale passe-t-elle par la création d'une œuvre ? Les improvisations débridées du *free jazz* et les expérimentations électro-acoustiques sur bandes sont-elles des œuvres de musique ? En un sens, on peut décider d'appeler « œuvre

---

10. Par exemple, si l'on soutient que les objets mathématiques appartiennent à la catégorie des objets abstraits, il faut alors rendre compte de notre capacité à connaître de tels objets : si les objets mathématiques sont abstraits, hors de l'espace et du temps, comment nos facultés cognitives peuvent-elles entrer en contact avec eux pour en prendre connaissance ? Afin de répondre à cette difficulté, il faut ou bien préciser la nature des objets abstraits, ou bien reconsidérer la nature de la connaissance afin de rendre cette catégorisation ontologique des mathématiques compatible avec le fait évident qu'il existe des connaissances mathématiques.

de musique » tout produit de l'art musical, quel qu'il soit. Mais il semble qu'il existe une acception plus étroite du terme « œuvre musicale », et il se trouve que c'est cette notion-là qui a été, au moins dans un premier temps, au centre des débats en ontologie. De façon assez symptomatique, le nom de Beethoven revient indépendamment sous la plume de Ingarden, de Sartre et de Levinson lorsqu'ils cherchent un exemple destiné à illustrer le genre d'objet auxquels ils ont affaire[11]. Les « œuvres musicales » auxquelles ces auteurs pensent sont des compositions ayant fait l'objet d'une notation intégrale sur une partition spécifiant des moyens d'exécutions bien déterminés et pouvant faire l'objet d'exécutions multiples censées se limiter à interpréter ce qui est écrit sur la partition. Lydia Goehr défend ainsi l'idée d'une inéliminable historicité de cette notion d'œuvre de musique, notion qui, selon elle, se cristallise essentiellement avec la figure beethovenienne[12]. Ces œuvres musicales constituent clairement un sous-ensemble assez réduit de l'ensemble de la production musicale de l'humanité, à la fois dans le temps et dans l'espace, et ce serait donc une erreur de confondre l'ontologie de ces objets-là avec l'ontologie de la musique *simpliciter*[13]. Levinson reconnaît pour sa part volontiers que ses analyses ne concernent que la musique savante de la tradition occidentale sur une période allant grosso modo du milieu du XVIII e siècle à nos jours[14].

---

11. Ingarden cite la *Sonate en do mineur*, op. 13, « *Pathétique* », Sartre la *Septième Symphonie* et Levinson le *Quintette pour piano et vents en mi bémol majeur*.

12. Lydia Goehr, *The Imaginary Museum of Musical Works*, Oxford, Oxford University Press, 2007.

13. Stephen Davies a insisté sur le fait qu'il existe une grande diversité d'œuvres musicales stables d'une manifestation à une autre, et que le modèle beethovenien n'est qu'un modèle parmi d'autres. Davies souligne également qu'il existe des formes de création musicale qui ne prennent pas la forme d'œuvres (typiquement les improvisations). Voir Stephen Davies, *Musical Works and Performances*, Oxford, Oxford University Press, 2001.

14. Il faut toutefois préciser que certaines avant-gardes musicales du XX e siècle ont contribué à fissurer le modèle beethovenien de l'œuvre, par exemple *via* l'introduction d'éléments d'indétermination croissants. Voir, par exemple, Umberto Eco, *L'œuvre ouverte*, Paris, Éditions du Seuil, 1979.

Nous avons précisé en quel sens la notion d'« œuvre musicale » sera comprise dans cette enquête ontologique. Parmi les propriétés les plus évidentes qui découlent des discours, des croyances et des pratiques qui prennent ces œuvres pour objet, nous pouvons citer a) la possibilité pour l'œuvre de se manifester à plusieurs reprises lors de ses exécutions et b) la propriété de pouvoir être entendue. Or il se trouve que ces deux propriétés sont déjà en tension : la propriété (a) conduit assez naturellement à assimiler l'œuvre à une entité *générale* [15], ayant la capacité d'être *instanciée* par des entités individuelles qui en sont autant de cas particuliers. De la même manière que chaque action vertueuse instancie la qualité morale qu'est la vertu, on peut dire que chaque exécution du *Quintette en mi bémol majeur* instancie l'œuvre composée par Beethoven. L'œuvre est présente, d'une certaine manière, dans *chacune* de ces exécutions, de la même manière que la vertu, en un sens, est présente dans chacune des actions vertueuses accomplies par tout un chacun. Mais de telles entités générales peuvent-elles être des objets de perception, et de perception auditive en particulier ? On admet généralement que l'entité générale instanciée par des entités individuelles concrètes est de nature abstraite : elle ne possède aucune localisation spatio-temporelle, contrairement à ses instances concrètes. Par ailleurs, il semble clair que les objets de la perception auditive sont les sons, et il est difficile de voir en quoi les sons pourraient être de telles entités abstraites. Ne s'agit-il pas plutôt d'événements concrets, spatio-temporellement localisés ?

Il existe une manière de sortir de cette difficulté en faisant appel à la distinction ontologique entre un *type* et ses *occurrences* ; il s'agit là d'une version particulière de la distinction entre une entité générale et ses instances. Elle a été introduite par le philosophe américain

---

15. La langue philosophique commune dispose de plusieurs termes pour désigner des entités générales en ce sens : genre, espèce, universel, type, etc. Il y a bien entendu des nuances à faire entre ces différents termes. Mais tous désignent des entités capables d'être instanciées.

Charles Sanders Peirce dans le contexte de sa théorie des signes [16].
Si par exemple je demande combien il y a de lettres dans le nom
« Charles Sanders Peirce », on peut me donner deux réponses également
correctes, suivant que l'on compte les différents *types* de lettres (il y
en a onze) ou les différentes *occurrences* de lettres (il y en a vingt).
Un type de lettre est un objet abstrait qui peut être instancié par un
nombre indéfini de marques concrètes sur du papier ou un écran
d'ordinateur [17]. Mais cette lettre abstraite peut néanmoins faire l'objet
d'une discrimination perceptuelle, via l'instance concrète qui est
accessible aux sens. En lisant le mot « symphonie », je perçois non
seulement un ensemble de marques concrètes, mais je perçois aussi
via ces marques concrètes des types de lettre, sans quoi il me serait
impossible de voir cette suite de caractères comme le *mot* « symphonie »
et de lui donner une signification linguistique. La distinction entre
les types et les occurrences promet de concilier la capacité des œuvres
à être instanciées par leurs exécutions avec notre capacité à les
percevoir [18]. Pour cette raison, la conception selon laquelle les œuvres

---

16. Voir Charles Sanders Peirce, *The Simplest Mathematics. Collected Papers*, vol. IV, Cambridge, Harvard University Press, 1933, section 4.537.

17. Il est important de bien distinguer la relation entre un type et ses occurrences de la relation qui lie un ensemble (ou une classe) à ses éléments. L'identité d'un ensemble est uniquement déterminée par les éléments qui le composent : si deux ensembles ont exactement les mêmes éléments, alors il s'agit en réalité d'un seul et même ensemble. Il n'en va pas de même pour les types : deux types peuvent avoir exactement les mêmes objets pour occurrences, sans se confondre. Il peut se faire que tous les musicologues aiment secrètement la *pop star* Beyoncé et que parmi tous les fans de Beyoncé, les musicologues soient les seuls à ne pas l'avouer. Dans ce cas, l'ensemble des musicologues et l'ensemble des admirateurs secrets de Beyoncé sont *un seul et même ensemble*, alors que nous avons affaire à deux types *distincts*. En effet, les propriétés requises pour être une occurrence de musicologue ne sont pas les mêmes que les propriétés requises pour être un fan caché de Beyoncé.

18. Le fait que cette perception soit auditive dans le cas des œuvres de musique et visuelle dans le cas des lettres ne me semble pas poser de problème particulier. Ce qui rend les types de lettres discriminables par le sens de la vision n'a rien de particulier au sens de la vision ; on pourrait dire exactement la même chose des notes de musique. Le *la* 440 est un type que nous pouvons instancier de multiples manières, sur un piano ou une guitare. Et il ne fait pas de doute que nous sommes capables de discriminer à l'oreille le *la* 440 du *la* dièse qui se trouve juste au-dessus ou du *la* bémol qui se trouve juste en-dessous.

de musique peuvent être comprises comme des types dont les exécutions seraient les instances a eu de nombreux partisans [19]. C'est également le point de départ que prend Levinson dans « Ce qu'est une œuvre musicale ».

Mais il reste à préciser quel genre de *type* sont les œuvres musicales. Il semble naturel de juger que le type auquel on va identifier l'œuvre de musique est encodé par la partition signée par le compositeur. Mais il n'est pas forcément évident de déterminer quel *type* exactement est encodé par la partition, tout simplement parce que la *nature* de l'information contenue dans une partition est susceptible de plusieurs interprétations. On peut voir une partition comme indiquant une structure sonore, c'est-à-dire spécifiant un type en termes de propriétés que doivent posséder les sons qui en sont des occurrences. Mais quelles propriétés des sons faut-il prendre en compte ? Une première option, minimale, consisterait à dire que le type défini par la partition ne contient que des informations relatives aux hauteurs, aux durées et aux dynamiques. Le type encodé par la partition est alors quelque chose de relativement abstrait – une organisation de hauteurs et de durées – qui ne tient pas compte, par exemple du timbre [20]. Une conception plus riche consiste au contraire à inclure dans le type des informations très fines sur les propriétés acoustiques de ses occurrences et à ce moment là, le timbre fera partie intégrante du type. Il existe de nombreux arguments pour préférer cette seconde conception, parfois qualifiée de « soniciste ». En effet, il est assez naturel de

---

19. En 1968, cette conception est adoptée par Richard Wollheim dans *Art and Its Objects*. Voir Wollheim, *L'art et ses objets*, sections 35 et suivantes. Le plus ardent défenseur de cette doctrine à l'heure actuelle est sans doute Julian Dodd. Voir en particulier Julian Dodd, *Works of Music. An Essay in Ontology*, Oxford, Oxford University Press, 2007. En vertu de la différence mentionnée ci-dessus entre types et ensembles, la position avancée par Nelson Goodman dans *Langages de l'art*, qui identifie une œuvre à l'ensemble des exécutions conformes à sa notation, ne fait pas partie de cette « famille ».

20. Levinson utilise le terme de « structure tonale » pour désigner cette forme de structure abstraite. Notons que l'adjectif « tonal », dans « structure tonale », renvoie à la notion de « *tone* » en anglais, qui s'applique à un son musical, essentiellement identifié par une hauteur et une durée, sans lien particulier avec la notion de tonalité ou de système tonal.

considérer que certaines propriétés esthétiques des œuvres musicales
– et en particulier leurs propriétés expressives – dépendent très
étroitement des timbres instrumentaux spécifiés par le compositeur.
On pourrait multiplier les exemples, notamment tirés de la musique
du XXᵉ siècle, pour illustrer ce point. Le musicologue Léon Vallas,
qui s'est penché en historien sur l'œuvre de Claude Debussy dès
1927, explique ainsi la singulière instrumentation de sa célèbre *Sonate
pour flûte, alto et harpe* :

> Le compositeur l'avait prévue et esquissée pour flûte, hautbois et
> harpe ; une heureuse inspiration le décida à remplacer le hautbois
> par l'alto ; de ce violon grave le timbre voilé se marie harmonieusement
> avec celui de la flûte. […] Il contribue à donner à la *Sonate à trois*
> un caractère de tendresse désolée, à accentuer le sentiment discret
> de désespérance qui distingue l'ouvrage et l'oppose à l'humour de
> la sonate précédente [21].

Et ailleurs : « le hautbois, trop mordant, fut heureusement remplacé
par l'alto aux sonorités voilées et nostalgiques » [22]. C'est donc
également de l'instrumentation – et en particulier du choix de l'alto
– que provient le caractère « affreusement mélancolique » de l'œuvre,
comme le confessait le compositeur lui-même [23].

Levinson rejette toutefois en bloc cette identification des œuvres
musicales à des types de structures sonores ainsi comprises, quelle
que soit la précision avec laquelle on caractérise celles-ci (incluant
ou non les aspects timbraux) : si les œuvres musicales sont des types,
elles ne peuvent pas être des types *de ce genre-là*. En effet, si elles
devaient être comprises de cette manière, alors certains aspects
essentiels des œuvres qui se manifestent dans nos discours, pratiques

---

21. Léon Vallas, *Claude Debussy et son temps*, Paris, Albin Michel, 1958, p. 416.

22. Léon Vallas, *Achille-Claude Debussy*, Paris, Presses Universitaires de France, 1944, p. 152.

23. Voir Claude Debussy, *Correspondance*, édition établie par François Lesure et Denis Herlin, et annotée par François Lesure, Denis Herlin et Georges Liébert, Paris, Gallimard, 2005, lettre du 11 décembre 1916 à Robert Godet, p. 2057.

et croyances à leur sujet seraient tout simplement inintelligibles. Levinson s'intéresse en particulier à trois des ces aspects.

Le premier concerne le statut de *création* dont jouissent les œuvres musicales, au moins dans notre sens commun musical. Les œuvres de musique sont le fruit du labeur des compositeurs. Il s'ensuit que les œuvres musicales ne sont pas des entités éternelles, mais des entités qui commencent à exister à une certaine date. Or les types encodés par les partitions restent des types éternels, comparables à des objets mathématiques. La structure abstraite des hauteurs du *Quintette en mi bémol* existe de toute éternité, comme une structure abstraite possible qui peut être instanciée par une suite concrète de sons. Il s'ensuit que si les œuvres musicales sont des entités de ce genre, elles ne peuvent littéralement pas être créées. Ce faisant, nous échouons à rendre compte d'une facette des œuvres qui, semble-t-il, est bien ancrée dans nos conceptions de sens commun. Un défenseur des types éternels pourrait toutefois faire l'objection suivante : après tout, ce n'est pas faire affront aux compositeurs que de caractériser leur activité comme une activité de découverte, plutôt que de création ; il peut en effet y avoir de la créativité dans la découverte – pensez à la découverte de théorèmes mathématiques, qui suivant une certaine philosophie des mathématiques au moins [24], précèdent l'activité du mathématicien. C'est la ligne que suit par exemple Peter Kivy [25]. Mais il n'est pas du tout évident que cette conception des œuvres de musique comme objets de découverte plutôt que de création soit

---

24. Il s'agit de la philosophie des mathématiques connue sous le nom de « platonisme », Platon étant, selon certaines interprétations du moins, son premier défenseur. Le platonisme considère que les objets mathématiques sont des objets à part entière qui existent littéralement, même s'ils sont de nature abstraite, dépourvus de coordonnées spatio-temporelles. Notons qu'il existe un parallélisme entre l'ontologie des œuvres musicales et l'ontologie des objets mathématiques, discuté par Levinson dans « Ce qu'est une œuvre musicale (*bis*) », en réponse aux objections de David Pearce. Voir David Pearce, « Intensionality and the Nature of a Musical Work », *British Journal of Aesthetics*, vol. 28, n° 2, 1988, p. 105-118.

25. Peter Kivy, « Platonism in Music : A Kind of Defense », *The Fine Art of Repetition*, Cambridge, Cambridge University Press, 1993, p. 35-58.

compatible avec nos croyances les plus fermement implantées. D'autres auteurs ont cherché une voie médiane entre découverte et création, à l'instar de Gregory Currie, pour lequel « l'artiste ne crée pas l'œuvre, il ne la découvre pas non plus. L'œuvre est le type d'action qu'il accomplit en découvrant la structure de l'œuvre »[26].

La deuxième difficulté concerne la manière dont les types de structure sonore permettent d'individuer les œuvres. En effet, ces types fournissent une réponse à la question : « Qu'est-ce qui fait l'identité propre du *Quintette* et qui le distingue de toute autre œuvre de musique ? » Si l'on estime qu'une œuvre n'est autre que sa structure sonore, alors il faut en conclure que si deux exécutions sont indiscernables d'un point de vue sonore, alors elles sont l'exécution de la *même* œuvre. Et si deux compositeurs spécifient indépendamment, par le plus grand des hasards, la même structure sonore sur les partitions qu'ils rédigent chacun de leur côté, alors il faut considérer qu'ils ont composé une seule et même œuvre.

Les philosophes qui s'intéressent à ce genre de questions portant sur les conditions d'identité de certaines entités aux contours incertains s'appuient souvent sur un principe logique connu sous le nom de « loi de Leibniz »[27], selon lequel si x est identique à y, alors x et y doivent posséder exactement les mêmes propriétés. Lorsque nous disons que deux objets x et y sont identiques, nous voulons dire qu'il s'agit en réalité d'un seul et même objet présenté sous deux aspects différents[28]. La loi de Leibniz peut alors être utilisée pour montrer

---

26. Gregory Currie, *An Ontology of Art*, London, Macmillan, 1989, p. 75. On trouvera les réponses que Levinson adresse aux objections de Currie dans le présent volume, dans les remarques additionnelles qui concluent « Ce qu'est une œuvre musicale (*bis*) ».

27. Sur les origines leibniziennes de ce principe, nous renvoyons à Fred Feldman, « Leibniz and "Leibniz' Law" », *The Philosophical Review*, vol. 79, n° 4, 1970, p. 510-522.

28. L'exemple indémodable qu'utilisent les philosophes pour illustrer ce point est celui de l'identité entre le corps céleste qui brillait le matin et que les Anciens nommaient Phosphorus et le corps céleste qui brillait le soir et que les Anciens nommaient Hespérus. Il s'avère que c'est le même corps céleste à chaque fois, à savoir la planète Vénus.

que deux choses x et y qu'on croyait être une seule et même chose présentée sous deux aspects différents sont en réalité deux choses bien distinctes. Il suffit pour cela de montrer qu'il existe au moins une propriété qui appartient à x mais pas à y. Ce genre de raisonnement peut être utilisé, par exemple, pour démontrer qu'une œuvre littéraire est irréductible et distincte du texte dans lequel elle s'incarne. L'écrivain Jorge Luis Borges a proposé dans la nouvelle « Pierre Ménard, auteur du Quichotte » un exemple imaginaire qui permet d'établir ce point de façon éclatante [29]. Pierre Ménard y est un auteur français du début du XXe siècle qui laisse à sa mort, à côté de son œuvre publiée, des manuscrits dans lesquels se trouvent recopiés mot à mot certains chapitres du *Don Quichotte* de Cervantès. Le narrateur de la nouvelle défend ces manuscrits comme appartenant à l'œuvre de Ménard. Et pour ce faire, il souligne que le *Quichotte* de Ménard a des propriétés que n'a pas celui de Cervantès : « Le texte de Cervantès et celui de Ménard sont verbalement identiques, mais le second est presque infiniment plus riche. (Plus ambigu, diront ses détracteurs ; mais l'ambiguïté est une richesse) [30] ». Le narrateur de la nouvelle de Borges réunit ainsi tous les éléments pour conclure, à l'aide de la Loi de Leibniz, que Ménard, en recopiant ces fragments du *Quichotte* de Cervantès, a composé une œuvre littéraire *distincte*. On peut à partir de là en tirer une conclusion plus générale au sujet de la nature de l'œuvre littéraire : l'œuvre littéraire ne peut pas être simplement un type textuel, ce qui semblerait à première vue être une hypothèse raisonnable. En effet, si le *Quichotte* de Cervantès et le *Quichotte* de Ménard consistaient seulement en un type textuel, alors les deux œuvres seraient une seule et même œuvre (si l'on fait momentanément abstraction du caractère fragmentaire du *Quichotte* de Ménard dans la nouvelle). Or nous avons vu qu'il s'agit de deux œuvres distinctes,

---

29. Voir Jorge Luis Borges, *Fictions*, Paris, Gallimard, 1965, p. 41-52 (« Pierre Ménard, auteur du Quichotte »). Cet exemple est tellement éclatant qu'il est devenu un *topos* de la littérature en philosophie de l'art sur les conditions d'identité des œuvres littéraires. Jacques Morizot y a consacré une monographie, *Sur le problème de Borges. Sémiotique, ontologie, signature*, Paris, Kimé, 1999.

30. Borges, « Pierre Ménard, auteur du Quichotte », p. 49.

puisqu'elles diffèrent au moins par certaines propriétés comme la richesse du sens. Par conséquent, les œuvres littéraires ne peuvent *pas* être des types textuels.

Avant de voir comment ce genre de raisonnement peut menacer, par analogie, la conception des œuvres de musique comme types de structures sonores, arrêtons-nous un instant sur un aspect important de l'exemple de Borges. Le narrateur insiste sur les différences de style entre les deux textes : « Le style archaïsant de Ménard – tout compte fait étranger – pèche par quelque affectation. Il n'en est pas de même pour son précurseur, qui manie avec aisance l'espagnol courant de son époque » [31]. Comment se peut-il que deux textes identiques manifestent deux styles à ce point distincts ? On peut donner une réponse à cette question dès que l'on reconnaît que l'attribution d'un style à un texte dépend de paramètres contextuels liés à l'identité de son auteur, à l'état de la langue au moment où il écrit et, plus généralement, à sa place dans l'histoire de la littérature. Cette réponse, connue sous le nom de contextualisme esthétique, dont Levinson est par ailleurs un fervent défenseur [32], ne consiste pas simplement à dire qu'il faut disposer de ces informations historiques pour identifier correctement et juger adéquatement du style d'un auteur ; elle affirme en plus que les propriétés stylistiques du texte sont *constituées* par ce contexte, de sorte que si le contexte avait été différent, alors le style lui-même aurait été différent. Il est important de noter que c'est l'adoption implicite d'une forme de contextualisme esthétique qui nous permet de voir dans le *Quichotte* de Ménard et celui de Cervantès deux œuvres distinctes [33].

Muni des ressources argumentatives que constituent, d'une part, la loi de Leibniz, et, d'autre part, le contextualisme esthétique, il est facile de construire des contre-exemples imaginaires à la Borges dans

---

31. *Ibid.*, p. 50.

32. Voir Jerrold Levinson, « Le contextualisme esthétique », dans Jean-Pierre Cometti, Jacques Morizot et Roger Pouivet (dir.), *Textes clés d'esthétique contemporaine. Art, représentation, fiction*, Paris, Vrin, 2005, p. 447-460.

33. Et c'est aussi la raison pour laquelle la nouvelle de Borges est devenue en particulier un *topos* philosophique du *contextualisme* esthétique.

lesquels une même structure sonore, plongée dans deux contextes historiques différents, reçoit des propriétés esthétiques et artistiques différentes. Imaginons ainsi qu'un certain Paul Némard, compositeur de son état, signe au début du XXe siècle une partition identique à celle de l'*Officium Defunctorum* de Tomás Luis de Victoria. Ce faisant Némard embrasse explicitement le langage modal et les maniérismes propres à la musique renaissante, ce qui confère à sa composition un caractère éthéré évoquant l'aura d'un passé lointain. Or il est évident que l'*Officium* de Victoria ne possède *pas* cette qualité nostalgique. Il s'ensuit par la loi de Leibniz que les deux compositions, celle de Némard et celle de Victoria constituent des œuvres distinctes. Et comme elles partagent la même structure sonore, on peut en conclure plus généralement qu'il est incorrect d'identifier simplement les œuvres de musiques à des types de structure sonore [34].

Une troisième difficulté, dont la logique est analogue, complique encore les choses. Ces types sonores se contentent en effet de spécifier les propriétés qualitatives des sons dans leurs moindres détails, mais sans rien dire de leur *mode de production*. Supposons qu'un synthétiseur soit capable de simuler n'importe quel instrument de musique sans que l'oreille humaine ne soit capable de percevoir la moindre différence avec le son de l'instrument original. À ce moment-là, les indications d'instrumentation présentes sur les partitions deviendraient de simples suggestions optionnelles : ce serait bien la même œuvre qui serait exécutée, que l'on utilise ce synthétiseur ou l'instrument que le compositeur avait en tête. Or certaines propriétés esthétiques des œuvres musicales semblent irréductiblement liées à certains instruments spécifiques pour lesquels elles sont composées et aux gestes instrumentaux qui leur sont associés. Par exemple, le *caractère héroïque* du *Concerto pour la main gauche* de Ravel dépend précisément

---

34. Il n'est même pas nécessaire de recourir à des exemples fictifs : en octobre 2014, le groupe de jazz avant-gardiste *Mostly Other People Do the Killing* a fait paraître un album conceptuel, intitulé *Blue*, dans lequel les musiciens reproduisent exactement, à la note et au son près, l'album classique de Miles Davis, *Kind of Blue*. Il est pourtant permis de penser que les propriétés esthétiques et artistiques de ces deux œuvres diffèrent largement. La nouvelle de Borges est d'ailleurs explicitement citée dans le livret qui accompagne le disque.

du fait que l'œuvre doit être exécutée *à la main gauche seule*, et donc en limitant considérablement l'ensemble des gestes instrumentaux qui sont normalement accessibles à un pianiste. Une exécution de cette œuvre sur un synthétiseur, par un pianiste utilisant ses dix doigts, aboutirait certes à un résultat sonore identique, mais ne permettrait en aucune manière d'exprimer ces propriétés esthétiques si caractéristiques du *Concerto*. Ces propriétés esthétiques significatives ne dépendent donc pas seulement du timbre instrumental, mais bien de l'instrument utilisé, de ses propriétés organologiques et des gestes exécutifs qui lui sont associés.

Tel est le triple problème dont hérite Levinson dans « Ce qu'est une œuvre musicale ». Un aspect important de sa solution consiste à avoir traité ensemble ces trois difficultés, comme trois symptômes d'une même carence dans la conception identifiant les œuvres de musique à des types de structures sonores. Mais si les œuvres musicales ne sont pas des types de ce genre-là, que peuvent-elles bien être ? Faut-il renoncer à la notion de type dans son intégralité et recourir à une catégorie ontologique totalement différente ? On ne voit pas très bien laquelle pourrait offrir les mêmes avantages que les types tout en contournant les difficultés qu'ils présentent. Il semble que nous soyons ici contraints d'innover si nous voulons rendre compte de toutes les propriétés qui appartiennent aux œuvres de musique, si nous voulons en faire d'authentiques créations, individuées aussi finement que le requiert le contextualisme esthétique, tout en reconnaissant l'importance esthétique de l'instrumentation et du geste instrumental en musique.

Levinson a proposé de résoudre le problème en introduisant une distinction entre deux catégories de types, les types *implicites* et les types *initiés*. Les types implicites existent de toute éternité dès lors que l'on se donne un cadre conceptuel permettant de décrire la structure de certains objets. La géométrie euclidienne permet ainsi de définir l'ensemble des types possibles d'objets matériels macroscopiques. Tout nouvel objet macroscopique constituera, qu'on le veuille ou non, l'occurrence d'un type de structure géométrique qui existait de toute éternité dans le ciel des idéalités mathématiques. De la même manière, tous les types de structures sonores existent implicitement dans la physique du son. Mais il s'agit là de types *implicites*. Les types *initiés* sont au contraire des types qui commencent à exister en vertu d'un acte créatif historiquement situé. Toute la difficulté est de donner un sens précis à l'*initiation* de tels types et à clarifier la nature de l'acte qui permet de les amener à l'existence. Levinson résout le problème à l'aide de la notion d'indication : une œuvre musicale est un type initié par un acte d'indication par lequel un compositeur spécifie un type de structure sonore qui jusque-là était resté implicite, et auquel il ajoute des prescriptions relatives à une instrumentation spécifique. Telle est, dans ses grandes lignes la solution proposée, dans « Ce qu'est une œuvre musicale ».

Aussi suggestive que soit la solution qui émerge de ce premier texte, de nombreux points que Levinson met au centre de sa conception restent discutables. Peter Kivy a cherché à défendre la plausibilité d'une certaine version de la doctrine des œuvres musicales comme types de structures sonores contre des difficultés qui paraissaient rédhibitoires à Levinson ; David Pearce a contesté certaines implications de la solution de Levinson concernant la manière dont les exécutions sont reliées aux œuvres exécutées ; et comme l'a souligné James Anderson, la notion d'indication demande certains éclaircissements pour qu'elle puisse jouer le rôle que Levinson entend lui faire jouer. Ce dernier répond à tous ces critiques dans le second volet de cette série ontologique intitulé « Ce qu'est une œuvre musicale (*bis*) », présenté ici dans une version enrichie d'extraits d'autres textes dans lesquels Levinson est amené à préciser encore ces positions en ontologie de la musique, en réponse aux objections les plus récentes de Gregory Currie, Peter Alward et Guy Rohrbaugh.

Le lecteur non-spécialiste d'ontologie pourra néanmoins se poser quelques questions à l'issue de ce premier tour d'horizon : quelle peut bien être au juste la pertinence esthétique de ces considérations très « métaphysiques » ? Quel impact ce genre d'enquête sur la catégorisation ontologique des œuvres de musique peut-il avoir sur le travail du musicologue, de l'historien de la musique, de l'interprète,

du compositeur et plus généralement sur quiconque participe du
monde de la musique [35] ?

On pourrait déjà faire remarquer que suivant le type de catégorisation
ontologique que l'on opère, on peut concevoir de façon très différente
le travail de l'historien de la musique, par exemple. Si l'on soutient,
à la manière d'un Kivy, une forme de platonisme qui assimile les
œuvres de musique à des objets abstraits éternels, alors le travail de
l'historien de la musique s'apparente pour beaucoup à celui de
l'historien des mathématiques : faire l'histoire de la musique, c'est
faire l'histoire des relations qu'entretiennent des individus
historiquement situés avec des entités abstraites et éternelles (la
forme-sonate, l'accord-Tristan, le système dodécaphonique) qu'ils
découvrent progressivement, les unes après les autres. Si en revanche,
on adopte la conception opposée du matérialisme musicale, l'historien
entre en contact direct avec l'œuvre, sous la forme de ses diverses
parties matérielles. En inspectant les manuscrits de partitions, en
répertoriant les enregistrements, l'historien n'a pas seulement affaire
à des traces, mais à des éléments qui font partie de la constitution
matérielle des œuvres. Plus généralement, une histoire platoniste de
la musique sera plus proche d'une histoire des idées musicales, alors
qu'une histoire matérialiste inscrira plus profondément la musique
dans une culture matérielle.

Il existe cependant une seconde raison, qui touche plus profondément
à nos pratiques musicales, en établissant un lien entre la nature
profonde des œuvres et les critères que nous utilisons pour évaluer

---

35. Aaron Ridley a ainsi radicalement remis en cause la pertinence de l'ontologie
pour l'esthétique musicale (voir Aaron Ridley, « Against Musical Ontology », *Journal
of Philosophy*, vol. 100, 2003, p. 203-220) : pour Ridley, « dans le domaine de
l'esthétique musicale, l'ontologie arrive tout à la fin » (p. 215), puisque les questions
d'ontologie musicale n'ont aucune incidence sur le problème essentiel de l'esthétique
musicale, à savoir l'évaluation des phénomènes musicaux, la saisie de ce qui fait la
valeur d'une musique donnée, voire de la musique en général. Andrew Kania a
récemment répondu aux objections de Ridley, en montrant l'importance que revêt
l'enquête ontologique pour l'esthétique de la musique ou la théorie de la valeur musicale
(voir Andrew Kania, « Piece for the End of Time : In Defence of Musical Ontology »,
British Journal of Aesthetics, vol. 48, n° 1, 2008, p. 65-79).

les interprétations, et en particulier pour juger de leur authenticité. Si les interprètes se donnent comme objectif de faire entendre l'œuvre pour ce qu'elle est *vraiment*, dans son entièreté, il faut en effet pouvoir répondre à la question : qu'est-ce qu'*est* cette œuvre ? En fonction de la manière dont on y répond – et en particulier en fonction des critères d'identité que nous retenons – nous n'aurons donc pas la même manière de considérer l'activité d'interprétation et de concevoir ce que l'interprète *doit* faire exactement lorsqu'il entend exécuter fidèlement telle ou telle œuvre. Cette question est au cœur de l'article « Interprétation authentique et moyens d'exécution », présenté dans la partie de ce volume consacrée à l'interprétation : nous renvoyons donc le lecteur à cette partie pour une plus ample discussion du lien qui peut se tisser entre l'ontologie des œuvres musicales et l'authenticité de leurs interprétations.

CE QU'EST UNE ŒUVRE MUSICALE [1]

Jerrold LEVINSON

Qu'est-ce que Beethoven a composé *au juste*? C'est la question par laquelle je commencerai. Par exemple, Beethoven a composé un *Quintette pour piano et vents en mi bémol majeur*, op. 16 (pour hautbois, clarinette, cor, basson et piano) en 1796. Mais ce *Quintette*, qui fut le résultat de l'activité créatrice de Beethoven, quel genre de chose est-il? En quoi consiste-t-il ou de quoi est-il fait? Devrions-nous dire que Beethoven a composé des *sons* concrets? Non, car les sons disparaissent mais le *Quintette*, lui, subsiste. Beethoven a-t-il composé une *partition*? Non, puisque beaucoup de ceux qui connaissent bien la composition de Beethoven n'ont pourtant jamais eu aucun contact avec sa partition [2].

Les philosophes ont depuis longtemps été perplexes devant l'identité et la nature des objets d'art dans les arts non physiques, comme la musique ou la littérature. Dans de tels arts – à la différence de la peinture ou de la sculpture – il n'y a pas de chose « physique » particulière qui puisse raisonnablement être considérée comme étant

---

1. Jerrold Levinson, « What a Musical Work Is », *Journal of Philosophy*, vol. 77, 1980, p. 5-28 ; repris dans *Music, Art and Metaphysics*, p. 63-88. [Ndt. Ce texte a déjà fait l'objet d'une traduction française dans Jerrold Levinson, *L'art, la musique et l'histoire*, traduit de l'anglais par Jean-Pierre Cometti et Roger Pouivet, Paris, Éditions de l'Éclat, 1998, p. 44-76 (« Qu'est-ce qu'une œuvre musicale ? »). Pour des raisons de cohérence dans les choix de traduction avec les autres textes de ce volume, nous en proposons ici une nouvelle traduction].

2. Il y a bien sûr de multiples autres objections à ces hypothèses, et à l'hypothèse crocéenne mentionnée ensuite. Je n'entends pas suggérer que les hypothèses que j'ai rappelées sont clairement décisives par elles-mêmes.

l'œuvre d'art elle-même. Cette difficulté a parfois conduit des philosophes, Croce par exemple, à soutenir que les œuvres musicales et littéraires sont purement mentales – qu'elles sont en fait des expériences intuitives privées dans les esprits des compositeurs et des poètes[3]. Mais cela n'est pas vraisemblable, puisque des expériences ne peuvent être ni jouées, ni lues, ni entendues. Plus généralement, la thèse crocéenne met en grave péril l'objectivité des œuvres musicales et littéraires – elles deviennent inaccessibles et impossibles à partager. Cependant, il existe heureusement une façon d'accepter la non-physicalité de telles œuvres sans miner leur objectivité.

Le consensus général, bien connu de ceux qui ont suivi le débat récent sur le statut ontologique des œuvres d'art, est de dire qu'une œuvre de musique est en fait un cas particulier d'objet abstrait – à savoir, un type ou une espèce[4] structurels[5]. Et c'est dans les exécutions[6] particulières de l'œuvre que l'on trouvera les instances de ce type. Le type peut être perçu via ses instances, mais cependant il en est indépendant. Je crois que cette idée est fondamentalement

---

3. Ndt. Voir plus spécifiquement Benedetto Croce, *Bréviaire d'esthétique*, traduit de l'italien par Georges Bourgin, Paris, Éditions du Félin, 2005.

4. Ndt. « Espèce » (*Kind*) est employé ici en un sens technique : Nicholas Wolsterstorff (*Works and Worlds of Art*, Oxford, Clarendon Press, 1980), par exemple, a proposé d'identifier les œuvres de musique à des espèces en ce sens, plus précisément à des espèces normatives. Comme le reconnaît Wolterstorff lui-même, la notion d'espèce est difficile à définir précisément. Disons, pour fixer les idées, qu'une espèce est ce qu'ont en commun des objets partageant un grand nombre de propriétés, en particulier celles qui définissent leur nature. Partant, une espèce structurelle est ce qu'ont en commun des objets ayant une même structure.

5. Voir, par exemple, Charles Leslie Stevenson, « Qu'est-ce qu'un poème ? », dans Gérard Genette (dir.), *Esthétique et poétique*, Paris, Éditions du Seuil, 1992, p. 157-201 ; Joseph Margolis, *The Language of Art and Art Criticism*, Détroit, Wayne State University Press, 1965 ; Richard Wollheim, *L'art et ses objets*, traduit de l'anglais par Richard Crevier, Paris, Aubier, 1995.

6. Ndt. Nous avons traduit le terme « performance » par « exécution » lorsqu'il renvoie, au sens le plus général, à l'acte par lequel une œuvre musicale est jouée, transformée en sons concrets, par un musicien. Ce même terme est rendu par « interprétation » dans les contextes où il est plus spécifiquement question de la lecture particulière que le musicien fait de l'œuvre qu'il exécute.

juste. Un morceau de musique est bien une *certaine* sorte de type structurel et, en tant que tel, il est à la fois non physique et publiquement accessible. Mais de *quelle* sorte de type s'agit-il ? Dans cet article, je me propose de déterminer à quel type structurel une œuvre de musique doit être identifiée.

L'hypothèse la plus naturelle et la plus commune à ce sujet est qu'une œuvre de musique est une pure et simple structure *sonore* (une structure, séquence ou agencement de sons)[7]. Mon premier objectif est de montrer que cette hypothèse est profondément insatisfaisante, qu'une œuvre de musique est plus qu'une simple structure sonore *per se.* C'est ce que je ferai en élaborant trois objections distinctes à l'encontre de l'hypothèse de la structure sonore. Dans le développement de ces objections, trois réquisits ou *desiderata* en vue d'une thèse plus adéquate émergeront. Ce qu'il y a de juste dans ces exigences – ou du moins de plausible – ne manquera pas d'apparaître à ce moment-là. Mon second objectif sera alors de proposer un type structurel qui satisfasse réellement ces trois réquisits et puisse donc être identifié à une œuvre de musique[8].

Cependant, je dois préciser d'entrée de jeu que mon enquête se limite à un paradigme d'œuvre de musique qui est celui de la composition « classique » entièrement écrite, propre à la culture occidentale, comme le *Quintette pour piano et vents en mi bémol majeur*, op. 16, de Beethoven. Ainsi, dans cet article, quand je parle

---

7. Il faut comprendre dès le départ que la structure sonore inclut non seulement les hauteurs et les durées, mais aussi les timbres, les dynamiques, les accents, bref, toutes les propriétés purement audibles du son. (Voir la remarque additionnelle 2 à la fin de ce texte).

8. Nous sommes ici redevables de deux théories récentes de l'œuvre de musique : Nicholas Wolterstorff, « Toward an Ontology of Art Works », *Noûs*, vol. 9, 1975, p. 115-142 et Kendall Walton, « The Presentation and Portrayal of Sound Patterns », *In Theory Only*, vol. 2, 1977, p. 3-16. Ces auteurs sont sans doute conscients de certaines des considérations que j'avance en mettant l'accent sur la complexité du type musical. Cependant, je crois qu'ils ne les prennent pas suffisamment au sérieux et qu'ils sont donc enclins à approuver la thèse selon laquelle les œuvres de musique *sont* ou *peuvent être* simplement des structures sonores. Dans le présent article, j'ai résolument pour but de rejeter cette thèse et d'en formuler une plus adéquate.

d'une « œuvre de musique », on doit comprendre que je parle seulement de ce paradigme-là ; toutes les affirmations générales qui concernent les œuvres de musique doivent donc ici être interprétées en gardant à l'esprit cette restriction implicite.

I

La première objection à la thèse selon laquelle les œuvres de musique sont des structures sonores est la suivante : si les œuvres de musique étaient des structures sonores, alors celles-ci ne pourraient pas être *créées*, à proprement parler, par leurs compositeurs. En effet des structures sonores sont des types *purs* existant de tout temps. Cela est rendu manifeste par le fait que ces types – et les types sonores élémentaires [9] qui les composent – peuvent toujours être instanciés, et auraient toujours pu l'être, à quelque instant que ce soit [10]. Un événement sonore se conformant à la structure sonore du *Quintette*, op. 16, de Beethoven, pourrait logiquement être apparu à l'ère paléozoïque [11]. Pour prendre un exemple moins discutable, un tel événement pourrait sûrement avoir pris place en 1760 – dix ans avant la naissance de Beethoven. Mais si cette structure sonore pouvait alors être *instanciée*, il est clair qu'elle devait *exister* à ce moment-là. Il n'était pas nécessaire que Beethoven composât pour qu'existe un certain type de structure sonore ou pour que se produisent certains événements sonores qui soient des instances de cette structure. Les structures sonores *per se* ne sont pas créées en étant écrites – elles existent avant toute activité compositionnelle. Les structures sonores précèdent leur première instanciation ou conception parce qu'elles *peuvent* être instanciées *avant* ce moment [12]. Donc, si les compositeurs

---

9. Par exemple, l'accord de *fa* dièse mineur, les rythmes pointés « à la française », le *do* du milieu avec un timbre de basson.

10. Cette remarque est faite par Wolterstorff, « Toward an Ontology of Art Works », p. 138.

11. Même si bien sûr, l'absence des conditions adéquates de production rend cela impossible, en un sens non logique.

12. On pourrait objecter que la seule chose dont nous ayons besoin pour pouvoir dire qu'une certaine instance sonore nouvelle *i* est possible à *t*, c'est qu'une certaine

créent vraiment leurs œuvres – c'est-à-dire, les amènent à l'existence – alors les œuvres de musique ne peuvent pas être des structures sonores.

Nous pouvons aussi défendre d'une manière quelque peu différente la préexistence des structures sonores pures (c'est-à-dire le fait qu'elles précèdent toute instanciation ou conception). Nous devons seulement nous rappeler que des structures sonores pures sont en fait des objets mathématiques – ce sont des *séquences* d'ensembles d'éléments sonores (hauteurs, timbres, durées, etc.). Maintenant, si l'on admet que les types des simples éléments sonores préexistent – et je ne vois pas comment on pourrait faire autrement – il s'ensuit automatiquement que tous les ensembles et toutes les séquences d'ensembles de ces éléments doivent préexister aussi. Donc, les structures sonores pures préexistent. Mais alors elles ne peuvent pas faire l'objet d'une activité de création. Il s'ensuit donc à nouveau que si les compositeurs sont vraiment des créateurs, leurs œuvres ne peuvent pas être des structures sonores pures [13].

Mais pourquoi devrions-nous insister sur l'idée que les compositeurs créent vraiment leurs compositions ? Pourquoi faudrait-il y voir une exigence raisonnable ? Cette question mérite une réponse. Ce qui suit est donc une défense du *desideratum* de la création véritable.

La principale raison que nous avons de maintenir ce réquisit est qu'il s'agit là de l'une de nos croyances sur l'art les plus fermement

---

structure sonore dont *i* est une instance puisse *venir à l'existence* à *t*, c'est-à-dire puisse venir à l'existence en même temps que sa première instance. Mais je ne crois pas que cette manière de voir les choses soit plausible. En affirmant qu'un certain événement sonore pourrait se produire à *t*, nous disons quelque chose de plus fort que la simple affirmation que la structure qu'il exemplifierait pourrait venir à l'existence à ce moment-là – nous disons que cette structure est d'ores et déjà disponible.

13. Certains résistent cependant à l'idée selon laquelle des structures sonores pures préexistent à l'activité de composition parce qu'ils ne distinguent pas bien, au préalable, entre *structure* et *construction*. Il est vrai que, pour exister, des constructions doivent avoir été construites ; mais il ne s'ensuit pas que des *structures* doivent avoir été construites – c'est-à-dire avoir été réellement assemblées – pour exister. Le Pont de Brooklyn est une construction qui possède une certaine structure. Le Pont de Brooklyn n'existait *pas* avant sa construction. Mais la structure géométrique qu'il incarne, laquelle n'a jamais eu besoin d'être construite, a toujours existé.

enracinées. Il n'y a probablement pas d'idée plus centrale à notre réflexion sur l'art que celle selon laquelle il s'agit d'une activité consistant à créer des choses, des œuvres d'art en l'occurrence. Toute la tradition de l'art affirme que l'art est créatif au sens strict, que c'est une activité quasiment divine par laquelle l'artiste fait *être* ce qui n'existait pas auparavant – tout à fait comme un démiurge forme un monde à partir de la matière inchoative. L'idée que les artistes *ajoutent* vraiment quelque chose au monde, ainsi que les artisans boulangers, les constructeurs de navires, les législateurs, les bâtisseurs de théories, est une idée sûrement très enracinée et qui mérite d'être préservée autant que possible. L'idée contraire que certains artistes, et en particulier les compositeurs, *découvrent* ou *mettent en évidence* des entités qu'ils n'ont aucun moyen de créer est si contraire à cette intuition fondamentale à propos des artistes et de leurs œuvres que nous avons une forte raison *prima facie* de la rejeter si nous le pouvons. S'il est possible de mettre sur le même plan les œuvres de musique et les œuvres d'art susceptibles d'être créées (comme le sont indiscutablement les peintures ou les sculptures), alors autant le faire.

Voici une deuxième raison de préserver la création véritable des œuvres de musique, étroitement liée à la précédente : c'est qu'une partie du statut, de la signification et de la valeur attachés à la composition musicale dérive du fait que nous croyons à une telle création. Si nous concevons la *Cinquième Symphonie* de Beethoven comme existant de façon sempiternelle – et donc avant l'acte de composition de Beethoven – une petite partie de la gloire qui entoure la composition de cette œuvre par Beethoven semble s'évanouir. Les compositeurs (comme les autres artistes) possèdent une aura spéciale parce que nous les considérons comme de vrais créateurs. Nous nous émerveillons devant une grande œuvre de musique *en partie* parce que nous sommes fascinés à l'idée que si son compositeur ne s'était pas employé à une certaine activité, l'œuvre n'existerait très certainement pas. Mais elle existe, justement, ce pourquoi le compositeur reçoit précisément toute notre gratitude. L'Ecclésiaste se trompe : *il y a* toujours des choses nouvelles sous le soleil, et parmi les plus splendides desquelles figurent en bonne place les compositions musicales. Et si elles sont à ce point splendides c'est, au moins pour partie, en vertu de cette absolue nouveauté.

Devons-nous alors accepter l'exigence de créatibilité, comme je le pense ? Avant de s'y résoudre, une dernière réserve doit être levée. Quelqu'un pourrait toujours reconnaître l'importance de caractériser la composition musicale comme un acte de création véritable, sans admettre que les œuvres elles-mêmes puissent véritablement être créées. Il invoquera des entités associées au processus de composition – par exemple, des pensées, des partitions ou des exécutions – que les compositeurs font exister sans équivoque, et soutiendra qu'il n'est pas nécessaire d'aller plus loin pour avoir une véritable création. Il est certain que ces entités sont strictement créées, et nous pouvons donc reconnaître aux compositeurs une certaine créativité à cet égard. Mais le fait est que ce sont les *œuvres* qui sont au cœur de l'entreprise compositionnelle, qui en constituent le but et l'objet principal. Et dans la mesure où l'on ne saurait confondre les œuvres de musique avec des partitions, des exécutions ou des pensées [14], s'il fallait admettre que seules ces choses sont réellement créées, nous perdrions alors beaucoup. L'expression « les compositeurs sont de véritables créateurs » sonnerait alors bien creux, et la création en musique se réduirait à une couche de vernis sur une coquille vide.

Je propose donc qu'une conception plus adéquate de l'œuvre de musique satisfasse un réquisit de *créatibilité* [15] :

> (Cré) Les œuvres de musique doivent être telles qu'elles n'existent pas *avant* l'activité de composition du compositeur, mais qu'elles sont *amenées* à l'existence *par* cette activité.

---

14. Cela n'empêche pas que les compositeurs composent bien leurs œuvres *en* écrivant des partitions, *en* ayant des pensées, ou, de façon moins typique, *en* les exécutant.

15. Remarquons dès à présent que même si on rejette l'exigence de créatibilité, les deuxième et troisième réquisits développés ci-après exigeront de toute façon que l'on abandonne la thèse de la structure sonore en faveur d'une conception proche de celle que je proposerai *in fine*. Et ces deux derniers réquisits me paraissent clairement non-négociables.

II

Voici la deuxième objection à la thèse selon laquelle les œuvres de musique sont des structures sonores : 1) si les œuvres de musique étaient simplement des structures sonores, alors, si deux compositeurs distincts déterminaient la même structure sonore, ils composeraient nécessairement la même œuvre de musique ; 2) mais des compositeurs distincts qui déterminent la même structure sonore produisent de fait inévitablement des œuvres de musique différentes [16]. Par conséquent, les œuvres de musique ne peuvent pas être des structures sonores *simpliciter*. Le reste de cette section est consacré à la justification et à l'élucidation de la seconde prémisse de cet argument.

Les compositeurs qui produisent des partitions identiques dans le même système notationnel, avec les mêmes conventions d'interprétation, détermineront la même structure sonore. Mais les œuvres de musique qu'ils composent ainsi ne seront généralement pas les mêmes. La raison en est que certains attributs des œuvres de musique dépendent d'autre chose que de la seule structure sonore contenue dans l'œuvre. En particulier, les attributs esthétiques et artistiques d'une œuvre de musique sont en partie fonction du contexte musico-historique global dans lequel le compositeur est situé quand il compose son œuvre, et ils doivent être appréciés en fonction de ce contexte. Mais puisque les contextes musico-historiques dans lesquels évoluent les compositeurs seront toujours différents, alors même si leurs œuvres sont identiques du point de vue de la structure sonore, elles différeront largement par leurs attributs esthétiques et artistiques.

---

16. Remarquons que si nous affirmons que composer des œuvres de musique c'est, au sens strict, les créer, il s'ensuit immédiatement que deux compositeurs ne peuvent pas composer exactement la *même* œuvre de musique (quelles que soient les structures sonores qu'ils déterminent par ailleurs) à moins qu'ils ne la composent conjointement ou qu'ils ne la composent indépendamment mais simultanément. C'est simplement une conséquence du fait que la même chose ne peut être créée à la fois en *t* et à un moment ultérieur *t'* (il en va de même pour un compositeur pris à différentes étapes de sa carrière ; si composer c'est créer, alors un compositeur ne peut pas composer la même œuvre deux fois). Néanmoins, je ne soutiendrai pas dans cette section que composer est une création au sens strict.

Mais alors, selon la loi de Leibniz [17], les œuvres de musique elles-mêmes ne pourront être identiques : si O_1 possède un attribut qui manque à O_2 ou vice-versa, alors $O_1 \neq O_2$.

Je n'essaierai pas ici de définir rigoureusement la notion de contexte musico-historique, et me contenterai d'indiquer ce qui le constitue en grande partie. On peut dire que le contexte musico-historique global d'un compositeur P à un moment t suppose au moins :

a) toute l'histoire culturelle, sociale et politique jusqu'à t [18] ;

b) toute l'histoire de la musique jusqu'à t ;

c) les styles musicaux qui ont cours en t ;

d) les influences musicales dominantes en t ;

e) les activités musicales des contemporains de P en t ;

f) le style manifeste de P en t ;

g) le répertoire musical [19] de P en t ;

h) le corpus de P en t ;

i) les influences musicales opérant sur P en t.

Ces facteurs contribuant au contexte musico-historique global peuvent opportunément être divisés en deux groupes : (a-d) d'un côté et (e-i) de l'autre. Le premier, que nous pourrions appeler le contexte musico-historique *général*, consiste en facteurs pertinents pour n'importe qui composant en t ; le second, que nous appellerons le contexte musico-historique *individuel*, consiste en facteurs pertinents spécifiquement pour P composant en t. Dans tous les cas, tous ces

---

17. Ndt. La loi de Leibniz est un principe logique qui gouverne la notion d'identité. Il affirme que deux objets identiques ont nécessairement toutes leurs propriétés en commun : si $x = y$ alors, pour toute propriété P, si x possède P, alors y possède P.

18. Voir Borges, « Pierre Ménard, auteur du Quichotte » pour une démonstration fictionnelle éclatante de la manière dont la signification artistique dépend du contexte historique de création. [Ndt. On pourra également se reporter à notre texte introductif].

19. Voir Wollheim, *L'art et ses objets* (p. 60-66), pour une discussion de la manière dont l'expression d'une œuvre dépend du répertoire artistique de l'artiste. La notion de « répertoire » est en gros celle d'un ensemble de décisions alternatives ou de choix à l'intérieur desquels un artiste semble opérer en créant ses œuvres. Wollheim extrait cette idée des discussions sur l'expression artistique proposées par Ernst Hans Gombrich dans *L'art et l'illusion*, traduit de l'anglais par Guy Durand (Paris, Gallimard, 1996) et dans *Méditations sur un cheval de bois*, traduit de l'anglais par Guy Durand, Paris, Phaidon, 2003.

facteurs opèrent pour différencier esthétiquement ou artistiquement des œuvres de musique identiques du point de vue de leurs structures sonores, ce qui rend impossible l'identification de l'œuvre à sa simple structure sonore. Je vais maintenant proposer quelques illustrations de l'influence de ces paramètres contextuels [20].

1) Une œuvre identique, du point de vue de sa structure sonore, au *Pierrot lunaire* d'Arnold Schönberg (1912) mais composée par Richard Strauss en 1897, serait esthétiquement différente de l'œuvre de Schönberg. Appelons cette œuvre *Pierrot lunaire**. En tant qu'œuvre straussienne, le *Pierrot lunaire** suivrait de près *Un Requiem allemand* de Johannes Brahms, serait contemporain des *Nocturnes* de Claude Debussy et serait considéré comme l'étape suivante dans le développement artistique de Strauss après *Ainsi parlait Zarathoustra* [21]. Il serait même plus *bizarre*, plus *inquiétant*, plus *angoissant*, plus *mystérieux*, que l'œuvre de Schönberg ; on percevrait en effet ce *Pierrot lunaire** en le rapportant à une certaine tradition musicale, à la palette des styles musicaux alors en vigueur et aux précédents opus straussiens, au vu desquels les caractéristiques musicales de la structure sonore du *Pierrot lunaire* seraient considérées comme deux fois plus extravagantes [22].

---

20. Pour être convaincu par ces exemples, il est essentiel d'accepter un principe que l'on pourrait plus ou moins formuler ainsi : « Les œuvres d'art ont vraiment les attributs qu'elles semblent avoir quand elles sont correctement perçues ou considérées ». Je ne peux développer ici une justification détaillée de ce principe, mais il a été bien défendu par Charles Stevenson, « Interpretation and Evaluation in Aesthetics » dans Max Black (dir.), *Philosophical Analysis* (Englewood Cliffs, Prentice Hall, 1950, p. 319-358) et par Kendall Walton, « Catégories de l'art » dans Gérard Genette (dir.), *Esthétique et Poétique* (Paris, Éditions du Seuil, 1992, p. 83-129), entre autres.

21. C'est une erreur de considérer cet exemple comme portant sur ce qu'aurait été le *Pierrot Lunaire* s'il avait lui-même été composé par Strauss (je ne suis d'ailleurs même pas certain du sens qu'il conviendrait de donner à cette supposition). L'exemple porte plutôt sur une œuvre de musique possible qui possède la même structure que le *Pierrot Lunaire*, mais qui est composée par Strauss en 1897. Cette œuvre serait distincte du *Pierrot Lunaire* parce qu'esthétiquement divergente. Mais si les œuvres de musique étaient identifiées à leurs structures sonores, ce *Pierrot Lunaire* de 1897 ne pourrait tout simplement *pas* être distinct du *Pierrot Lunaire* de Schönberg.

22. Voici une présentation alternative de cet argument, fondé sur le même exemple : considérons un monde possible *W* dans lequel le *Pierrot Lunaire* de Schönberg et le

2) L'ouverture du *Songe d'une nuit d'été* de Felix Mendelssohn (1826) est unanimement considérée comme une œuvre de musique tout à fait *originale*. Une musique d'une délicatesse si féerique et d'une telle sensibilité aux couleurs sonores n'avait jamais été écrite auparavant. Mais une partition écrite en 1900, proposant exactement la même structure sonore constituerait clairement une œuvre totalement *dépourvue d'originalité*.

Pierrot Lunaire* de Strauss existent tous les deux, et appelons la structure sonore qu'ils ont en commun *K*. Dans *W*, les œuvres divergent esthétiquement et ne sont donc pas identiques. Il est alors clair que les œuvres ne peuvent être toutes les deux identifiées à leur structure sonore commune ; en effet il serait parfaitement arbitraire d'identifier l'une plutôt que l'autre à cette structure sonore. Donc, dans *W*, *Pierrot Lunaire ≠ K*. Mais alors, dans le monde réel aussi, *Pierrot Lunaire ≠ K*. Pourquoi ? En raison de la nécessité qui s'attache à l'identité et à la différence. Si deux choses ne sont pas identiques dans un quelconque monde possible, alors elles ne seront identiques dans aucun des mondes possibles dans lesquels elles existent. Pour le dire autrement, les énoncés d'identité et de différence qui contiennent des désignateurs rigides sont nécessaires. « *Pierrot Lunaire* » et « *K* » désignent rigidement : ce sont des noms propres, et pas des descriptions définies. Donc « *Pierrot Lunaire ≠ K* » est nécessairement vrai, puisque vrai dans *W*. Dès lors, *Pierrot Lunaire ≠ K* dans le monde réel ; on peut aussi très bien reformuler l'argument de cette façon, *mutatis mutandis*, pour les exemples (2)-(5). [Ndt. La notion de « désignateur rigide » est empruntée à la philosophie du langage de Saul Kripke. Un désignateur rigide est un terme singulier qui fait référence au même objet dans tous les mondes possibles, à la différence des descriptions définies (description qui ne s'applique qu'à un seul et unique objet, comme « le précepteur d'Alexandre ») dont la référence peut varier d'un monde possible à l'autre : l'homme qui a pris en charge l'éducation d'Alexandre le Grand se trouve avoir été Aristote ; mais dans un monde possible où Philippe de Macédoine préfère confier son fils à un autre précepteur, la description définie « le précepteur d'Alexandre » ne fait plus référence à Aristote. Kripke soutient, dans *La logique des noms propres*, traduit de l'anglais par Pierre Jacob et François Recanati (Paris, Éditions de Minuit, 1982), que les noms propres sont des désignateurs rigides. Par exemple, même si nous associons à Aristote la propriété d'être le précepteur d'Alexandre (dans le monde réel), le nom « Aristote » désigne toujours le même individu dans tous les mondes possibles, y compris ceux dans lesquels Aristote n'a jamais croisé le chemin d'Alexandre. Kripke soutient également que les énoncés d'identité contenant deux désignateurs rigides sont nécessaires s'ils sont vrais, thèse sur laquelle Levinson s'appuie ici. Sur la relation entre les désignateurs rigides et la nécessité de l'identité, voir Saul Kripke, « Identity and Necessity », dans *Philosophical Troubles*, Oxford, Oxford University Press, 2011, p. 1-26].

3) La *Sonate pour piano*, op. 2, de Brahms (1852), une œuvre de jeunesse, est profondément *influencée par Franz Liszt*, comme tout auditeur attentif peut s'en rendre compte. Cependant, une œuvre qui lui serait identique du point de vue de la structure sonore, mais écrite par Beethoven, pourrait difficilement avoir eu la propriété d'être influencée par Liszt. En revanche, elle aurait eu une qualité *visionnaire* que l'œuvre de Brahms n'a pas.

4) Les symphonies de Johann Stamitz (1717-1757) sont généralement considérées comme des œuvres séminales dans le développement de la musique orchestrale. Elles emploient plusieurs caractéristiques, nouvelles pour leur époque, qui ont retenu l'attention de ses contemporains. L'une d'entre elles est connue sous le nom de « fusée de Mannheim » – essentiellement une figure arpégée ascendante jouée par les cordes à l'unisson. Une symphonie de Stamitz contenant des fusées de Mannheim (et autres figures similaires) est une œuvre de musique *enthousiasmante*. Mais si un compositeur écrivait aujourd'hui une œuvre identique du point de vue de sa structure à une des symphonies de Stamitz, contenant des fusées de Mannheim et autres figures de cet acabit, le résultat ne serait pas tant enthousiasmant qu'excessivement *comique*. La symphonie originale de Stamitz doit être écoutée dans le contexte des ses œuvres précédentes, en tenant compte de la persistance du style baroque tardif, des activités contemporaines du jeune Mozart et des guerres napoléoniennes. La symphonie du « néo-Stamitz » serait écoutée quant à elle dans le contexte de ses œuvres de jeunesse (probablement dodécaphoniques), de l'existence de la musique aléatoire et électroacoustique, des aventures musicales de Pierre Boulez mais aussi d'Elton John, et de la menace d'un anéantissement nucléaire.

5) L'un des passages du *Concerto pour orchestre* de Béla Bartók (1943) est une satire de la *Septième Symphonie « Leningrad »* de Dmitri Chostakovitch, qui date de 1941 et dont l'emphase n'était apparemment pas du goût de Bartók. On ne peut pas ne pas remarquer qu'un thème de cette symphonie est cité et commenté musicalement dans le passage en question. Mais remarquez que si Bartók avait écrit

exactement la même partition en 1939, l'œuvre qu'il aurait alors composée n'aurait pas pu posséder cette même propriété d'être une satire de la *Septième Symphonie* de Chostakovitch. Et l'on parviendrait à la même conclusion si c'est Chostakovitch qui avait écrit sa partition en 1943.

Ces exemples devraient permettre de convaincre le lecteur que des différences esthétiques ou artistiques entre des compositions structurellement identiques surgissent inévitablement si ces œuvres s'inscrivent dans des contextes musico-historiques distincts. Même des petites différences dans le contexte musico-historique – par exemple, une œuvre supplémentaire dans le corpus du compositeur *P*, un changement minime dans le style musical dominant du milieu dans lequel évolue *P*, une influence musicale qui disparaît et ne participe donc plus au développement de *P* en tant que compositeur – semblent devoir induire un changement de nature ou de degré pour au moins l'une des qualités esthétiques ou artistiques de l'œuvre en question, quelle que soit par ailleurs la difficulté que l'on puisse avoir à mettre des mots précis sur un tel changement.

Par exemple, supposez qu'il y ait eu un compositeur en 1912 (appelons-le « Tönburg »), identique à Schönberg pour tout ce qui a trait au contexte musico-historique – date de naissance, pays, style, développement musical, intentions artistiques – si ce n'est que Tönburg n'a jamais écrit quoi que ce soit qui ressemble à *La Nuit transfigurée*. À cette exception près, son œuvre ne comporte donc que des pièces structurellement identiques à tout ce que Schönberg écrivit avant 1912. Supposons maintenant qu'il esquisse en même temps que Schönberg la structure sonore du *Pierrot lunaire*. Je soutiens que Tönburg ne produit alors pas la même œuvre de musique que Schönberg, ne serait-ce que parce que son œuvre possède un contenu esthétique/artistique légèrement différent, dû à l'absence d'une pièce comparable à *La Nuit transfigurée* dans l'œuvre de Tönburg. Le *Pierrot lunaire* de Schönberg doit être écouté en fonction du corpus de Schönberg en 1912, et le *Pierrot lunaire de* Tönburg doit l'être en fonction de celui de Tönburg en 1912. On entend, dans cette œuvre de Schönberg, parce qu'elle entre en résonance avec *La Nuit transfigurée*, un surcroît d'accents expressionnistes, peut-être, qui n'existent pas dans la pièce de Tönburg.

Avant de formuler notre deuxième réquisit – découlant du problème insoluble que posent les différences contextuelles pour la réduction des œuvres de musique à de pures structures sonores – il nous faut encore régler son compte à une objection qui nous attend au tournant : en bref, les différences esthétiques et artistiques que j'ai discutées ne sont pas réellement un obstacle pour identifier les œuvres aux structures sonores parce que ces différences hypothétiques existant entre des *œuvres* en raison de différences dans le contexte compositionnel se réduisent en réalité à des faits relatifs à leurs *compositeurs*, et ne sont donc aucunement des attributs des œuvres. L'objection est compréhensible, mais pour plusieurs raisons que je vais examiner brièvement, je ne la trouve pas convaincante :

1) Les attributions artistiques et esthétiques faites au sujet des œuvres de musique sont aussi directes et transparentes que celles qui sont habituellement faites au sujet des compositeurs. Il est tout aussi manifestement vrai de dire que l'*Eroica* est noble, audacieuse, originale, révolutionnaire, influencée par Haydn, et qu'elle reflète les idées de Beethoven sur Napoléon, que de dire que Beethoven avait certaines qualités personnelles, qu'il était un génie, qu'il a changé le cours de la musique occidentale, qu'il a étudié avec Haydn, et qu'il a idolâtré Napoléon à un moment donné.

2) Alors que nous pouvons admettre la plausibilité de la réduction des attributions artistiques (du type : « original » ou « influencé par Haydn ») aux attributs de personnes, il est beaucoup moins plausible de réduire ainsi les attributions esthétiques ; il est absurde de soutenir que « O est étincelant », par exemple, est en réalité une autre manière de dire : « Le compositeur de O est étincelant ».

3) Enfin, non seulement les attributions artistiques apparaissent tout aussi enracinées et légitimes que les attributions qui peuvent être faites parallèlement au sujet des compositeurs ; mais ces attributions semblent également bien souvent jouir d'une certaine priorité.

Considérons l'originalité, par exemple, et imaginons un compositeur et une œuvre qui possèdent cette qualité. Il est clair que le compositeur est original parce que *ses œuvres* le sont ; mais ses œuvres ne sont pas originales parce qu'il l'est, *lui*.

Je propose donc un deuxième réquisit – celui d'*individuation fine* – que doit satisfaire toute théorie acceptable de l'œuvre de musique :

> (Ind) Les œuvres de musique doivent être telles que des compositeurs déterminant des structures sonores identiques dans des contextes musico-historiques différents [23] composent inévitablement des œuvres de musique distinctes.

III

Voici maintenant la troisième objection que l'on peut faire à la thèse selon laquelle les œuvres de musique sont des structures sonores : si les œuvres de musique étaient simplement des structures sonores, alors elles ne comporteraient essentiellement aucun moyen d'exécution particulier. Mais les œuvres de musique paradigmatiques que nous examinons dans ce texte – par exemple, le *Quintette*, op. 16, de Beethoven – comportent bien *clairement*, et de façon essentielle, des moyens spécifiques d'exécution, c'est-à-dire des instruments particuliers. L'instrumentation des œuvres de musique fait partie intégrante de celles-ci. Les œuvres de musique ne peuvent donc pas simplement être des structures sonores *per se*. Voici les arguments qui permettent de défendre l'affirmation selon laquelle les moyens d'exécution sont un composant essentiel des œuvres de musique :

1) Les compositeurs ne décrivent pas de purs agencements de sons en termes qualitatifs, en laissant leurs moyens de production indéterminés. C'est plutôt qu'ils spécifient directement les moyens de production, à travers lesquels un pur agencement de sons se trouve indirectement indiqué. La partition du *Quintette*, op. 16, de Beethoven n'est pas une recette pour produire une instance d'une structure sonore

---

23. Cela vaut pour un même compositeur considéré à différentes étapes de sa carrière.

per se, qui vous laisserait toute latitude quant à la manière d'y parvenir. Au contraire, elle nous donne les instructions pour produire une instance d'une certaine séquence sonore en exécutant certaines opérations bien précises sur certains instruments bien précis. Quand Beethoven écrit un *do* médium pour le hautbois, il ne se contente pas de prescrire un son de hautbois à une certaine hauteur – il demande qu'un tel son émane de cet instrument à anche double bien particulier qu'on appelle un « hautbois ». L'idée que les compositeurs des trois derniers siècles ont généralement composé de pures structures sonores, mais qu'ils étaient suffisamment aimables pour y adjoindre des suggestions sur la façon dont elles pouvaient être réalisées, n'est absolument pas plausible. Les timbres et les couleurs sonores ne sont familiers aux compositeurs que dans la mesure où les instruments possédant ces couleurs et ces timbres leurs sont également familiers. Nous ne trouverions aucun compositeur qui crée de pures combinaisons de timbres, et qui cherche ensuite les instruments permettant de réaliser ces canevas sonores, ou du moins de s'en approcher ; une telle démarche serait passablement vaine, ou en tout cas particulièrement décourageante. Souvent, les compositeurs en appellent à des sons complexes qu'ils n'ont jamais entendus auparavant et peuvent à peine imaginer – par exemple, le son de deux trombones et de trois piccolos entonnant un *do* naturel alors que quatre saxophones et cinq xylophones jouent le *do* dièse un demi-ton au-dessus ; il est évident ici que ce qui est d'abord composé n'est pas un son pur abstrait, mais une certaine combinaison instrumentale[24].

---

24. On ne manquera pas d'objecter que certains compositeurs, à certaines périodes, n'ont pas composé avec des instruments bien précis à l'esprit et n'ont pas considéré l'instrumentation comme faisant partie intégrante de leurs œuvres. C'est peut-être vrai jusqu'à un certain point ; mais il faut remarquer deux choses. La première, c'est que mon intention est de caractériser la nature de la composition musicale paradigmatique dans la culture occidentale, composition dont le *Quintette*, op. 16 de Beethoven est un exemple. Il suffit donc pour mon propos que la plupart des compositions de la musique « classique » intègrent comme partie leurs moyens d'exécution – et c'est effectivement le cas depuis 1750 environ. Deuxièmement, même pour Jean-Sébastien Bach – au sujet duquel il y a longtemps eu une controverse pour déterminer l'instrumentation qu'il avait en tête, celle qu'il aurait appelé de ses vœux ou qu'il aurait autorisée dans des compositions telles que *Le Clavier bien tempéré* ou le

2) Les partitions sont généralement considérées comme définissant les œuvres de musique, au moins en conjonction avec les conventions d'interprétation notationelle supposées être en vigueur au moment de la composition. Or, il est difficile de ne pas voir que ces partitions font explicitement référence à des instruments spécifiques. Quand nous lisons dans une partition de Beethoven qu'il prescrit une « clarinette » (ou plutôt une « Klarinett »), nous pouvons certes nous demander si une clarinette fabriquée en 1970 fera aussi bien l'affaire qu'une clarinette de 1800, mais on nous aura déjà donné une idée assez bien définie du type d'instrument requis. Il n'y a rien dans les partitions elles-mêmes qui indique que les spécifications instrumentales doivent être considérées comme optionnelles – pas plus que ne le sont les spécifications de hauteur, de rythme ou de dynamique ; et la pratique musicale en vigueur à l'époque ne le suggère pas davantage [25]. Si nous ne voulons pas abandonner le principe selon lequel les partitions, correctement comprises, ont un rôle central dans la détermination de l'identité des œuvres de musique, alors nous devons insister sur le fait que le *Quintette*, op. 16 sans clarinette n'est pas la même œuvre – même si toutes les caractéristiques de la structure sonore (y compris le timbre) sont par ailleurs préservées. Se sentir libre d'éliminer un aspect des partitions aussi proéminent que les moyens d'exécution, c'est laisser ouverte la possibilité pour quelqu'un de ne pas tenir compte des aspects de la partition auxquels il ne

---

Deuxième Concerto brandebourgeois – il est clair qu'il y a encore des restrictions sur les moyens d'exécution qui doivent être considérés comme appartenant à ces compositions. Ainsi, *Le Clavier bien tempéré* n'est peut-être pas une œuvre qui appartient seulement au clavecin (par différence avec le clavicorde ou le piano-forte) ; mais c'est clairement une œuvre pour clavier, et pour cette raison une exécution de sa structure sonore par cinq violons ne serait pas une exécution du *Clavier bien tempéré*. Et même si le choix de confier la partie principale du *Deuxième Concerto brandebourgeois* à une trompette ou à un cor naturel reste indéterminé, cela exclut certainement le saxophone alto. En fin de compte, une composition telle que *L'Art de la fugue* de Bach, pour laquelle il n'y a peut-être aucun moyen d'exécution qui soit prescrit ou proscrit, apparaît bien, dans ce contexte, comme l'exception qui confirme la règle.

25. À ne pas confondre avec le fait que de nombreux compositeurs furent prêts à adapter leurs œuvres en réponse à certaines demandes (et ce de leur plein gré) – en bref, à autoriser des transcriptions.

souhaite pas se conformer – par exemple le tempo, les altérations, les accents, l'articulation, l'harmonie – et d'affirmer ensuite qu'il s'agit néanmoins de la même œuvre [26]. Il n'y a, semble-t-il, qu'une manière de défendre la thèse selon laquelle la spécification des moyens d'exécution n'est qu'une caractéristique optionnelle de la partition : c'est tout simplement de *présupposer* dès le départ que les œuvres de musique ne sont rien d'autre que des structures sonores *per se*.

Considérons un événement sonore qui ne peut acoustiquement être distingué d'une exécution caractéristique du *Quintette*, op. 16 de Beethoven, alors que cet événement provient d'un synthétiseur polyvalent ou peut-être d'un piano auquel s'ajoutent des instruments à vent d'un genre nouveau, au nombre de deux cents, mais capables chacun d'émettre seulement deux ou trois notes. Si les moyens d'exécution n'étaient pas une partie intégrante de l'œuvre de musique, alors il ne ferait aucun doute que cet événement sonore constitue bien une exécution du *Quintette*, op. 16 de Beethoven. Mais la question se pose bien : il est parfaitement sensé de nier qu'il s'agit là d'une exécution du *Quintette*, en raison du fait que les sons entendus ne proviennent pas d'un piano et de quatre bois standards. Nous ne pouvons considérer une exécution comme une instance du *Quintette* de Beethoven que si elle implique la participation des instruments pour lesquels l'œuvre a été écrite – ou, mieux encore, des instruments qui ont été intégrés dans l'écriture même de l'œuvre.

3) Considérer les moyens d'exécution comme essentiels aux œuvres de musique revient à soutenir que la structure sonore d'une œuvre ne peut pas être séparée des instruments et des voix par lesquels cette structure sonore est fixée et considérée comme étant l'œuvre elle-même. La raison la plus forte pour laquelle elle ne peut être ainsi séparée, c'est que le contenu esthétique d'une œuvre de musique n'est pas seulement déterminé par sa structure sonore, et pas seulement

---

26. Cela ne revient pas à dire que *tout* ce que l'on trouve dans les partitions est constitutif des œuvres de musique. Certaines indications ne fixent pas l'identité de l'œuvre, mais ont plutôt une nature de recommandation, d'inspiration, d'instruction utile. Cependant, l'idée que les spécifications relatives aux instruments sont de cet ordre est totalement indéfendable.

par son contexte musico-historique, mais aussi en partie par les moyens de production effectifs choisis pour rendre la structure audible. Le caractère d'une composition musicale – par exemple, le *Quintette*, op. 16 pour piano et vents de Beethoven – est partiellement fonction de la façon dont sa structure sonore se rapporte aux potentialités d'un certain instrument ou d'un ensemble d'instruments destinés à rendre audible cette structure. Pour cerner correctement ce caractère, on doit prendre connaissance non seulement de la nature qualitative des sons entendus, mais aussi de leur source ou origine. Dans l'ensemble, les compositions musicales ont des caractères raisonnablement bien définis ; c'est-à-dire que nous pouvons effectivement leur attribuer de nombreuses qualités esthétiques assez précises. Mais si les moyens d'exécution prescrits n'étaient pas intrinsèques aux compositions musicales, alors celles-ci n'auraient pas ces caractères bien définis que nous leur attribuons. Les qualités esthétiques d'une œuvre risquent de perdre en détermination si les moyens d'exécution sont perçus comme inessentiels, du moment que la structure sonore exacte est préservée.

Considérons une œuvre de musique O pour laquelle sont prescrits les moyens d'exécution M et possédant une qualité esthétique suffisamment précise F. La structure sonore de O, si elle venait à être produite par d'autres moyens d'exécution N, nous semblera invariablement ou bien ne pas manifester F du tout, ou bien manifester F à un degré plus grand ou au contraire moindre qu'auparavant. Dès lors, si les moyens de production ne sont pas considérés comme partie intégrante des œuvres de musique, alors on ne peut pas dire de O qu'il possède l'attribut F de façon déterminée. Donc, si nous souhaitons préserver un large éventail d'attributions esthétiques déterminées, nous devons admettre que les moyens d'exécution sont un composant essentiel des œuvres de musique. Je proposerai maintenant deux illustrations de cette thèse [27] :

a) La *Sonate « Hammerklavier »* de Beethoven est une œuvre de musique sublime, heurtée et orageuse. Le passage conclusif (marqué

---

27. Voir Walton, « Catégories de l'Art », pour des exemples du même genre.

par des trilles parallèles ascendants) fait sûrement partie des moments les plus imposants et les plus impressionnants de toute la musique. Cependant, si nous imaginons que les sons qui composent précisément la sonate « *Hammerklavier* » proviennent non pas d'un simple piano de métal, de bois et de feutre, avec quatre-vingt-huit touches, mais d'un synthétiseur très puissant, cela ne nous semble plus, du coup, si sublime, si heurté et si impressionnant. Les qualités esthétiques de la *Sonate « Hammerklavier »* dépendent en partie de la tension qui s'instaure entre ce que sa structure sonore impose et les possibilités sonores du piano; si nous n'entendons pas sa structure sonore *comme* produite par un piano, alors nous ne ressentons pas cette tension, et donc notre estimation de son contenu esthétique est altérée. Si le passage conclusif de la *Sonate « Hammerklavier »* est impressionnant, c'est qu'il nous semble entendre le piano se fissurer, le clavier comme au bord de l'épuisement. Sur un synthétiseur électronique à dix octaves, un tel passage n'a pas vraiment cette qualité, et l'entendre en ayant connaissance de la source est une expérience esthétiquement différente. Je crois que la leçon s'applique à toutes les œuvres de musique (appartenant au paradigme qui nous intéresse ici): leurs attributs esthétiques dépendent toujours en partie, même si ce n'est pas toujours de façon aussi dramatique, des moyens d'exécution considérés.

b) Considérons un concerto baroque pour deux violons, comme le *Concerto en ré mineur*, BWV 1043 de Bach. Dans de telles œuvres, on trouve souvent une phrase (A) assignée à un violon, immédiatement suivie par *exactement la même* phrase (B) assignée à l'autre violon. Quand donc on entend de tels passages *comme* provenant de *deux* violons (même si dans une exécution donnée il n'y a pas de différences discernables de timbre ou de phrasé entre A et B), ce qui est communiqué est une impression de question/réponse, de détente et de tranquillité. Mais si l'on s'imaginait que de tels passages proviennent d'un *unique* violon, cette qualité serait absente, et à sa place les passages prendraient un tour plus emphatique, plus insistant et répétitif.

4) La dépendance des attributs esthétiques aux moyens d'exécution supposés ou imaginés devrait maintenant être manifeste. Mais la dépendance des attributs artistiques [28] est encore plus évidente.

a) Considérons le *Caprice n° 17*, op. 1, de Niccolo Paganini. Cette œuvre mérite incontestablement l'attribut « virtuose ». Mais si nous ne concevions pas le *Caprice n° 17* comme essentiellement une pièce *pour violon*, une pièce intrinsèquement *violonistique* (et pas seulement comme une pièce *avec une sonorité de violon*), alors elle ne mériterait pas cette attribution. Car, exécutée par un ordinateur ou par un nouvel instrument à cordes n'utilisant aucune technique violonistique, sa structure sonore pourrait bien n'être pas particulièrement difficile à rendre.

b) Imaginons maintenant une pièce écrite pour violon et composée de telle manière que certains passages se rapprochent davantage de la flûte que du violon. Une telle pièce serait sûrement considérée comme *inhabituelle*, mais aussi *originale*, à un certain degré. Cependant, considérée comme une pièce pour violon et flûte intermittente, elle pourrait n'avoir absolument rien d'inhabituel ou d'original. Maintenir la structure sonore tout en laissant aller à la dérive les moyens d'exécution réels dissout complètement une partie de la portée artistique de la pièce.

c) Selon un éminent critique, dans le *Quintette*, op. 16, Beethoven cherchait à résoudre les problèmes d'équilibre entre piano et instruments à vents – une combinaison d'instruments qui sur le papier semblent incompatibles – et il y est parvenu d'une façon toute personnelle [29]. Il n'est pas difficile de tomber d'accord avec ce jugement ; donc, « résoud les problèmes d'équilibre entre piano et vents » est un attribut

---

28. Ndt. Les propriétés esthétiques d'une œuvre sont des propriétés de haut niveau directement perceptibles comme la grâce, l'équilibre, l'unité. Les propriétés artistiques d'une œuvre sont des propriétés pertinentes pour son appréciation, mais qui ne peuvent pas être directement perçues ; elles sont intrinsèquement dépendantes des relations que cette œuvre entretient avec d'autres œuvres (l'originalité ou la dimension révolutionnaire en sont des exemples typiques). Voir Jerrold Levinson, *L'art, la musique et l'histoire*, Paris, Éditions de l'Éclat, 1998, p. 114-159 (« Les œuvres d'art et le futur »), notamment p. 118-119.

29. James Lyons, notes de pochette du disque Nonesuch 71054, 1967.

vrai du *Quintette* de Beethoven. Il est difficile de voir comment ce pourrait être le cas si le *Quintette* était une pure structure sonore, si piano et vents ne faisaient en rien partie de l'œuvre[30]. Je propose donc un troisième réquisit que doit satisfaire toute conception de l'œuvre de musique : *l'inclusion des moyens d'exécution.*

> (Exé) Les œuvres de musique doivent être telles que des moyens spécifiques d'exécution ou de production sonore en soient des parties intégrantes.

IV

Si les œuvres de musique ne sont pas des structures sonores *simpliciter*, que sont-elles alors ? L'œuvre de musique est un type qui doit pouvoir être créé, être individué par un contexte de composition et inclure des moyens d'exécution. Le troisième *desideratum* est le plus facile à satisfaire : on commencera donc par là.

Je propose qu'une œuvre de musique soit considérée comme comprenant non seulement une structure sonore pure, mais aussi une structure de moyens d'exécution. Si la structure sonore d'une pièce est fondamentalement une séquence de sons qualitativement définis, alors la structure de moyens d'exécution est une séquence parallèle spécifiant les moyens d'exécution pour la réalisation des sons à chaque moment. Une œuvre de musique consiste donc au moins en deux structures. C'est un composé ou une conjonction d'une structure sonore et d'une structure de moyens d'exécution. Ce composé lui-même n'est rien d'autre qu'une structure plus complexe : appelons-la une structure « S/ME »[31], pour faire court. Le *Quintette*, op. 16, de

---

30. Tout ce que l'on pourrait dire, c'est que le *Quintette* est parvenu à une fusion satisfaisante de *sons* de piano et de *sons* de bois.

31. On pourrait aussi parler d'une structure unique qui, pour peu qu'on la définisse correctement, implique à la fois les sons et les moyens de production sonore prescrits. Ce serait une structure de *sons exécutés*, à la différence de sons « purs ». Par exemple, un *son exécuté* de ce genre pourrait correspondre à la spécification suivante : « *do* du milieu d'une durée d'une blanche, jouée par un hautbois ». Il est clair que cela implique à la fois un certain son d'une qualité définie et un moyen de le réaliser.

Beethoven est fondamentalement une structure S/ME ; la manière de produire les sons qui lui appartiennent n'est pas moins indispensable à son identité en tant que composition que ne le sont la nature et l'ordre de ces sons eux-mêmes. Le réquisit (Exé) est ainsi satisfait.

Pour satisfaire les deux premiers réquisits auxquels nous sommes parvenus, il est nécessaire de bien comprendre qu'une œuvre de musique ne peut pas être une structure *pure*, et donc qu'elle n'est même pas une structure S/ME *simpliciter*. Une structure S/ME ne peut pas plus être créée ou individuée contextuellement que ne peut l'être une structure sonore. Je propose donc que nous concevions les œuvres de musique comme des entités plus complexes du type :

(OM) Une structure S/ME-en-tant-qu'indiquée-par-X-en-t

où X est une personne – le compositeur – et t la date de composition. Pour les œuvres paradigmatiques qui nous concernent, le compositeur indique (fixe, détermine, sélectionne) habituellement une structure S/ME en créant une partition. L'*œuvre* qu'il compose ainsi est la structure S/ME en tant qu'indiquée par lui à cette occasion.

Une structure S/ME en-tant-qu'indiquée-par-X-en-t, à la différence d'une structure S/ME *simpliciter*, ne préexiste pas à l'activité de composition et est donc susceptible d'être créée. Quand un compositeur θ compose un morceau de musique, il indique une structure S/ME ψ, mais il ne fait pas advenir ψ à l'existence. Cependant, à travers l'indication de ψ, il fait advenir quelque chose qui n'existait pas auparavant : ψ-en-tant-qu'indiquée-par-θ-en-t_1. Avant l'acte compositionnel qui a lieu en t_1, il n'y a aucune relation pertinente entre θ et ψ. C'est la composition qui établit la relation d'indication entre θ et ψ. Il découle de l'acte compositionnel, d'après ce que je propose, que le monde contient une nouvelle entité : ψ-en-tant-qu'indiquée-par-θ-en-t_1. J'appellerai de telles entités des *structures indiquées* ; et je représenterai les structures indiquées par des expressions de la forme « S/ME*x*t ». Il est important de bien voir que les structures indiquées sont des entités distinctes des structures pures *per se* desquelles elles sont dérivées. Ainsi, en particulier, ψ*θ*t_1 n'est pas *simplement* la structure ψ avec la propriété accidentelle d'avoir été indiquée par θ à t_1 ; $\psi*\theta*t_1$ et ψ sont strictement non identiques, même si elles ne sont évidemment pas sans rapport l'une avec l'autre. À la différence de ψ, $\psi*\theta*t_1$ peut être créée, et est *effectivement* créée, par l'acte compositionnel de θ. Le réquisit (CRÉ) se trouve ainsi satisfait.

Les structures indiquées servent aussi à satisfaire notre deuxième réquisit (IND). Si les œuvres de musique sont des structures indiquées du genre que nous avons proposé, alors deux œuvres de ce genre, $\psi*\theta*t_1$ et $\alpha*\varphi*t_2$ sont identiques si et seulement si (i) $\psi = \alpha$; (ii) $\theta = \varphi$; et (iii) $t_1 = t2$ – c'est-à-dire si et seulement si les structures sonores, les personnes et les dates impliquées sont identiques. Mais si des œuvres de musique sont nécessairement distinctes lorsqu'elles sont composées par des personnes différentes ou bien à des dates différentes, alors il s'ensuit certainement que des œuvres composées dans des contextes musico-historiques différents seront distinctes, puisque toute différence de contexte musico-historique d'une œuvre à une autre se traduira par une différence de compositeur ou de date de composition, ou les deux à la fois. Autrement dit, le contexte musico-historique (comme on l'a expliqué dans la section II) est fonction de la date (de composition) et de la personne (du compositeur) ; une date et une personne étant données, le contexte musico-historique est fixé. Le réquisit (IND) se trouve ainsi satisfait (la question de savoir si notre hypothèse propose une individuation encore plus fine que ne l'exige (IND) sera discutée dans la section V). À présent, je m'efforcerai de rendre plus clair pour le lecteur ce que sont les structures indiquées.

Les structures indiquées forment une classe de type distincte de la classe des structures pures. Nous appellerons types *implicites* les types qui appartiennent à celle-ci, et types initiés ceux qui appartiennent à celle-là. Les types implicites comprennent toutes les structures purement abstraites qui ne sont pas contradictoires – par exemple, des figures géométriques, des relations de parenté, des suites de mots, des séries de coups aux échecs, des manières de ranger cinq balles dans trois paniers, etc. En les appelant des « types implicites », je veux suggérer que leur existence est implicitement garantie dès lors qu'un cadre général de possibilités est donné. Par exemple, étant donné un espace, toutes les configurations spatiales possibles existent ; étant donné le jeu d'échecs, toutes les combinaisons possibles de coups autorisés existent. Il est clair que les structures sonores *simpliciter* sont des types implicites. Dès lors qu'il existe différentes sortes de sons, on doit immédiatement admettre l'existence de toutes les combinaisons et séquences de sons possibles. En effet, il est toujours possible pour une structure sonore, comme pour toutes les structures pures, d'avoir été instanciée avant que quelqu'un ne la remarque, ne la reconnaisse, ne la mentionne ou ne l'identifie. Et son existence doit donc précéder ce moment. Il en va de même pour une structure de moyens d'exécution *simpliciter*. Dès lors qu'il existe différentes sortes de moyens d'exécution (c'est-à-dire des instruments), alors toutes les combinaisons et séquences possibles de moyens d'exécution existent aussi. Le composé des deux, une structure sonore/structure de moyens d'exécution, constitue donc également, bien sûr, un type implicite.

On appelle l'autre classe de types les types *initiés* parce que c'est seulement quand ils sont initiés par un acte intentionnel humain d'un genre particulier qu'ils commencent à exister. Je pense que tous les types initiés dignes d'intérêt peuvent être compris comme découlant d'une opération, comme l'indication, exécutée sur une structure pure. Habituellement, cette indication est effectuée en produisant un exemplaire ou une représentation schématique de la structure pure en question. En indiquant (ou en déterminant) ainsi la structure, l'exemplaire ou la représentation schématique inaugure le type que l'on identifie à la structure *indiquée*, la structure-en-tant-qu'indiquée-par-*x*-en-*t*. Toutes les structures indiquées sont *ipso facto* des types initiés.

Les types initiés comprennent des types comme la « Ford Thunderbird », le « penny Lincoln » ou le « hérisson ». La Ford Thunderbird n'est pas simplement une pure structure de métal, de verre et de plastique. La structure pure qui est incorporée dans la Thunderbird a existé *au* moins depuis l'invention du plastique (1870) ; il aurait certainement pu y en avoir des instances dès 1900. Mais la Ford Thunderbird fut créée en 1957 ; il n'y aurait donc pas pu avoir des instances de la Thunderbird en 1900. La Ford Thunderbird est un type *initié*; c'est une structure de métal/verre/plastique-en-tant-qu'indiquée (ou déterminée) par la Ford Motor Company à telle ou telle date. C'est en vertu d'un acte humain d'indication ou de détermination qu'elle commence à exister. Les instances de ce type ne sont pas simplement les instances d'une structure pure : ce sont les instances d'une structure indiquée. De la même façon, le penny Lincoln n'est pas une structure pure, une simple forme abstraite, mais une structure-en-tant-qu'indiquée, un modèle-de-pièce-en-tant-que-spécifié-par-le-gouvernement-des-États-Unis. Des objets se conformant à ce modèle abstrait mais existant en 100 après Jésus-Christ dans la Rome impériale ne seraient pas des instances du penny Lincoln. Même le hérisson est probablement mieux compris non pas comme une pure structure biologique, mais plutôt comme une structure biologique-en-tant-que-déterminée-ou-fixée par l'évolution naturelle à un moment particulier dans l'histoire terrestre. Les créatures que nous appelons des « hérissons » possèdent une certaine structure et entretiennent certaines relations causales avec des créatures particulières qui sont venues à l'existence à une date antérieure donnée. La structure biologique du hérisson pourrait avoir été instanciée à l'ère mésozoïque, ou sur Uranus, mais rien de ce qui existe à ce moment-là, ou à cet endroit-là, ne pourrait être une instance du hérisson tel que nous le comprenons. Comme je l'ai déjà mentionné, les œuvres de musique sont elles aussi des structures indiquées et donc des types qui n'ont pas toujours été là mais doivent être initiés. Cela est également vrai des poèmes, des pièces de théâtre, des romans – dont chacun est une entité plus finement individuée et plus étroitement liée à un moment donné du temps que la pure structure linguistique qu'il incorpore.

Peut-être la distinction entre structure pure et structure indiquée peut-elle être rendue plus claire par une analogie avec la distinction entre phrase et énoncé, consacrée depuis longtemps par la philosophie du langage [32]. Les raisons qui ont présidé à cette distinction sont

---

32. Ndt. Une phrase est définie comme une séquence de mots alors qu'un énoncé est un événement par lequel un locuteur, dans un contexte donné, prononce une phrase. Ainsi, l'énoncé d'une même phrase peut être vrai dans un contexte, et faux dans un

similaires. C'est en partie pour répondre au besoin d'entités qui soient individuées à certains égards plus finement que les phrases, qu'on a reconnu l'existence d'énoncés, et cela afin que les diverses valeurs de vérité que peut recevoir une même phrase prononcée dans des occasions différentes trouvent à chaque fois un porteur[33]. De la même façon, il faut reconnaître l'existence des structures indiquées pour répondre au besoin d'entités plus finement individuées que les structures pures, afin d'avoir des substrats pour les multiples ensembles incompatibles de propriétés esthétiques, artistiques, culturelles, sémantiques et génétiques. Nous acceptons qu'une phrase donnée puisse produire différents énoncés quand elle est proférée dans des circonstances différentes. De la même façon, il faut admettre qu'une structure sonore/structure de moyens d'exécution offre différentes structures indiquées, ou œuvres de musique, si elle est indiquée dans différents contextes musico-historiques[34].

V

J'ai proposé d'identifier les œuvres de musique à des structures indiquées relativement spécifiques, dans lesquelles une personne et une date particulières figurent de façon inéliminable. Rappelons que la proposition OM était faite pour satisfaire les réquisits de créabilité et d'individuation. Cependant, comme je le remarquais à ce moment là, OM satisfait le réquisit d'individuation avec peut-être plus de force logique qu'il n'en faudrait : peut-être est-il possible de satisfaire aux deux réquisits sans invoquer des types qui soient à ce point

---

autre. Pour cette raison, certains auteurs estiment que la vérité et la fausseté sont avant tout des propriétés qui caractérisent les énoncés plutôt que les phrases. On dit alors que les énoncés sont les porteurs des valeurs de vérité.

33. Voir, par exemple, John Langshaw Austin, « La vérité », dans *Écrits philosophiques*, traduit de l'anglais par Lou Aubert et Anne-Lise Hacker, Éditions du Seuil, Paris, p. 92-112, 1994.

34. L'analogie pourrait même être renversée, de telle façon qu'elle éclaire la nature des énoncés. Si les œuvres de musique sont des structures-en-tant-qu'indiquées-par-..., alors il est possible que les énoncés soient simplement des-phrases-en-tant-que-proférées-par-...

singularisés. Par exemple, on pourrait définir une œuvre de musique comme :

> (OM′) Une structure S/ME-en-tant-qu'indiquée-dans-un-contexte-musico-historique-C

Un tel type serait susceptible d'être créé, et son individuation aurait la finesse requise. De plus, comme un type du genre OM, il commence à exister avec l'indication *effective* d'une structure S/ME faite par une personne à une date donnée – une personne qui, à cette date, est située dans un contexte particulier. Mais l'identité de ce type n'est pas intrinsèquement liée à celle d'un individu particulier. Ainsi, deux compositeurs composant simultanément, mais indépendamment, dans le même contexte musico-historique et qui déterminent la même structure S/ME, créent des types OM *distincts*, mais bien le *même* type OM′.

Dès lors, étant données ces deux hypothèses qui satisfont toutes deux nos *desiderata*, avons-nous une raison de préférer l'une à l'autre ? J'examinerai un argument en faveur de OM′ et trois arguments en faveur de OM.

1) Selon l'hypothèse OM′, il est au moins logiquement possible pour une œuvre de musique d'avoir été composée par une personne autre que la personne qui l'a effectivement composée : si A est le compositeur d'une œuvre de musique ψ-en-tant-qu'indiquée-en-C_1, alors il nous suffit d'imaginer qu'un autre individu que A a indiqué la structure S/ME ψ dans le contexte musico-historique C_1, et qu'il a été le premier à le faire. Au contraire, selon l'hypothèse OM, il devient *logiquement impossible* pour une œuvre d'avoir été composée par quelqu'un d'autre que son compositeur réel. Quelqu'un d'autre que Beethoven (Hummel, par exemple) aurait-il pu composer le *Quintette*, op. 16, selon OM ? Non, car si ψ est la structure S/ME du *Quintette*, op. 16, alors tout ce que Hummel aurait pu avoir composé est ψ-en-tant-qu'indiquée-par-Hummel-en-1797, et non ψ-en-tant-qu'indiquée-par-Beethoven-en-1797[35]. Et il faut bien admettre qu'il

---

35. Je suppose évidemment qu'il n'est pas possible que Hummel ait *été* Beethoven. S'il avait *pu* l'être, je suppose alors que le *Quintette* de Beethoven pourrait avoir été composé par Hummel, même selon OM.

serait quelque peu contre-intuitif pour une théorie que de rendre le compositeur d'une œuvre essentiel à cette œuvre.

2) On peut cependant renverser cette conclusion. On pourrait présenter comme une vertu de la proposition OM qu'elle donne aux compositeurs l'*assurance logique* que leurs œuvres sont bien les leurs, que personne d'autre n'a, et ne pourra jamais, avoir composé une œuvre identique à une des leurs. Si l'œuvre de musique composée par A est un type OM, alors même un compositeur similaire situé dans un contexte musico-historique identique, déterminant la même structure S/ME, compose une œuvre de musique distincte. Il me semble qu'il s'agit là d'une conséquence souhaitable si l'on désire préserver l'unicité de chaque acte de composition. Pourquoi les compositeurs devraient-ils craindre (aussi abstraite que soit cette peur) que leurs œuvres ne leur appartiennent pas *exclusivement* ? Ils ne devraient pas être davantage inquiets que les peintres ou les sculpteurs, dont les œuvres sont au moins numériquement distinctes de celles de n'importe quel autre artiste. Pourquoi alors ne pas adopter une notion d'« œuvre de musique » (et de « poème », de « roman », de « chorégraphie », etc.) qui tout en continuant d'en faire un type abstrait, garantisse aussi son individuation par l'artiste ? Les arguments (1) et (2) semblent se neutraliser mutuellement, sans que l'un ne l'emporte véritablement sur l'autre.

3) Il y a cependant une raison encore plus décisive de garantir, à l'aide de OM, que deux compositeurs A et B qui déterminent la même structure S/ME dans le même contexte musico-historique composent cependant deux œuvres distinctes O_1 et O_2 : c'est que même s'il semble que O_1 et O_2 ne diffèrent pas structurellement, esthétiquement ou artistiquement au moment t de la composition, des différences de nature artistique se développeront de façon presque certaine après t. Dès lors, à moins que nous ne préférions nous mettre dans l'embarras en acceptant que deux œuvres de musique puissent être identiques au moment de la composition et ne plus l'être par la suite, il y a là une incitation réelle à adopter OM. O_1 et O_2 divergeront presque certainement du point de vue artistique simplement en vertu de l'infime probabilité pour que A et B continuent à subir exactement les mêmes

influences, au même degré, et que les œuvres de A et B postérieures à O_1 et O_2 continuent à se montrer parfaitement identiques. Si les carrières artistiques de A et de B manifestent des différences de cet ordre après t, alors O_1 et O_2 seront amenées à acquérir une signification artistique quelque peu différente, puisque l'on appréhendera correctement O_1 en la rapportant à l'évolution globale de A, et O_2 en la rapportant à celle de B. O_1 pourra s'avérer être une *œuvre séminale*, alors que O_2 aura été un *faux départ*. Ou O_1 peut se révéler avoir *bien plus d'influence* que O_2, parce que A finit par être un compositeur bien plus connu que B. Quoi qu'il en soit, il y aura toujours *une* divergence dans les attributions artistiques, même si elle n'est pas toujours aussi marquée – à moins que A et B ne restent de parfaits doubles artistiques pendant toutes leurs vies (et même après). Puisque les circonstances postérieures à la composition d'une œuvre ne font pas partie du contexte musico-historique de composition, la proposition OM′ s'expose à la difficulté qui vient d'être mentionnée, alors que OM l'empêche tout simplement de surgir[36].

4) Un dernier argument peut nous inciter à préférer OM ; il mobilise certaines intuitions relatives aux conditions auxquelles on peut dire qu'une exécution donnée est bien l'exécution de telle œuvre. Pour

---

36. Je saisis maintenant l'occasion de préciser un point : si les attributs esthétiques et artistiques ont joué un grand rôle dans notre raisonnement, ce n'est pas parce qu'ils seraient *essentiels* aux œuvres de musique, mais seulement parce qu'ils sont pertinents pour les *individuer* – au même titre que tous les autres attributs des œuvres. À aucun moment, l'argument ne requiert comme *prémisse* que les attributs esthétiques ou artistiques soient essentiels. Il est seulement supposé que ces attributs *appartiennent* aux œuvres à un degré *raisonnablement déterminé*. Pour ce qui est de savoir quels attributs sont *véritablement essentiels* aux œuvres de musique, étant donné OM, il semble qu'il faille compter parmi eux certains attributs structuraux et génétiques : la structure S/ME, le compositeur, la date de composition. Mais il n'est pas évident que les attributs esthétiques/artistiques se révèlent être essentiels, c'est-à-dire possédés par l'œuvre dans tous les mondes possibles où elle se trouve. Considérons un monde possible dans lequel Schönberg détermine la structure S/ME de *La Nuit transfigurée* en 1899, mais aussi dans lequel Wagner n'a jamais existé. L'œuvre qui en résulte pourrait encore être *La Nuit transfigurée*, même si certains de ses attributs esthétiques/artistiques seraient subtilement différents. D'un autre côté, si nous adoptions OM′, on pourrait défendre l'idée que les attributs esthétiques deviennent essentiels, puisque les contextes d'appréciation qui les fixent le seraient.

qu'une exécution soit une *exécution de O*, il semble qu'elle doive non seulement correspondre à la structure S/ME de l'œuvre *O* composée par *A*, et que cela soit intentionnel, mais il doit aussi y avoir une *connexion* plus ou moins directe entre l'événement sonore produit et l'activité créatrice du compositeur *A*. Qu'il s'agisse là d'une connexion plutôt intentionnelle ou plutôt causale est une question délicate ; mais quoi qu'il en soit exactement, je pense que si une telle connexion venait à faire défaut, nous répugnerions à dire qu'il s'agit bien d'une exécution de l'œuvre composée par *A*[37]. Considérons deux compositeurs fictifs, Sterngrab et Grotesteen, qui écriraient des quatuors dont les structures S/ME sont identiques ; supposons même qu'ils évoluent dans le même contexte musico-historique. Maintenant, imaginons que l'Ensemble Aloysius, de grands amis de Sterngrab, donne, devant un public clairsemé, la première de son *Quatuor*, op. 21. L'Ensemble Aloysius a évidemment exécuté le *Quatuor*, op. 21 de Sterngrab ; mais a-t-il aussi exécuté le *Quatuor*, op. 21 de Grotesteen ? Il me semble que non. Pourquoi ? Pour plusieurs raisons : ils ne connaissent pas Grotesteen, ils n'utilisaient pas les partitions de Grotesteen, eux-mêmes ne pensaient pas qu'ils donnaient une interprétation de l'œuvre de Grotesteen ; bref, il n'y avait aucune connexion entre leur exécution et l'activité créatrice de Grotesteen. L'événement « Grotesteen créant son *Quatuor*, op. 21 » n'a aucun lien avec l'événement sonore produit par l'Ensemble Aloysius à l'occasion du concert mentionné ci-dessus. De plus, s'il y a des exécutions du quatuor de Sterngrab qui ne sont pas des exécutions de celui de Grotesteen, et vice versa, alors de nouveau, par la loi de Leibniz, les quatuors de Sterngrab et de Grotesteen ne peuvent pas être identiques. Mais si l'on suit OM′, Sterngrab et Grotesteen ont composé la *même* œuvre de musique ; alors que si l'on adopte OM, leurs œuvres sont bien distinctes. Le

---

37. Des difficultés apparaissent quand ces deux types de connexions entrent en conflit, mais je n'essaierai pas de les résoudre ici. Par exemple, supposons que les membres de l'Ensemble Aloysius lisent réellement des copies de la partition de Grotesteen tout en croyant qu'ils jouent la partition de Sterngrab : exécutent-ils le quatuor de Sterngrab, le quatuor de Grotesteen, ou les deux ? Pour plus de détail, voir Jerrold Levinson, *Music, Art and Metaphysics*, Oxford, Oxford University Press, 2011, p. 89-106 (« Autographic and Allographic Art Revisited »).

fait que OM s'accorde avec cette intuition au sujet de l'identification des exécutions est donc un point de plus en sa faveur.

J'en reste donc à la conception des œuvres de musique représentée par OM. Dans la section suivante, je propose pour finir quelques remarques sur les exécutions et les transcriptions formulées à la lumière de cette conception.

VI

1) À mon sens, il est nécessaire de distinguer : (a) les instances de O ; (b) les instances de la structure sonore de O ; (c) les instances de la structure S/ME de O ; (d) les exécutions de O. Une *instance* d'une œuvre de musique O est un événement sonore qui se conforme *complètement* à la structure sonore/de moyens d'exécution de O et qui manifeste la connexion requise [38] avec l'activité d'indication par laquelle le compositeur A crée O. Une instance de O est habituellement produite, directement ou indirectement, à partir d'une partition qui peut être causalement reliée à l'acte de création de O par A, et au moyen de laquelle l'interprète entretient une relation intentionnelle avec cet acte de création. Par conséquent, toutes les instances de O sont des instances de la structure sonore de O et de la structure S/ME de O – mais la réciproque n'est pas vraie.

Les instances d'une œuvre forment une sous-classe de l'ensemble de ses exécutions. Une *exécution* d'une œuvre de musique O est un événement sonore produit avec l'intention d'instancier O (représentant ainsi une tentative d'exemplifier la structure S/ME de O conformément à l'indication qu'en donne A [39]) et qui *y parvient à un degré raisonnablement satisfaisant* [40]. On ne peut pas instancier une œuvre

---

38. Je supposerai ici que la connexion requise est principalement, sinon exclusivement, intentionnelle.

39. Et donc une tentative pour exemplifier une structure S/ME-en-tant-qu'indiquée-par-X-en-t.

40. Ce qui constitue un « degré raisonnablement satisfaisant », et donc ce qui fait la différence entre une mauvaise exécution, ou une exécution limite, et une non-exécution, est sans doute déterminé, pour de nombreuses compositions, par la capacité qu'aurait un auditeur informé et sensible de saisir, au moins approximativement, la structure

de musique, c'est-à-dire une structure S/ME-en-tant-qu'indiquée-par-X-en-t, sans en avoir l'intention, parce qu'instancier *ce genre de chose* demande que l'on soit consciemment guidé par des instructions, des souvenirs, etc., que l'on considère dériver de l'acte d'indication de A en t. Il en découle logiquement que les instances de O doivent toutes se trouver parmi les exécutions de O. Cependant, toutes les exécutions de O ne sont pas des instances de O ; seule une infime partie des tentatives d'exemplification de structures S/ME y parviennent (quand elles y parviennent). Celles qui échouent (la plupart) ne peuvent donc pas compter comme instances de O, mais elles sont bien des *exécutions*, à savoir des exécutions incorrectes. (Bien sûr, qu'elles soient au sens strict incorrectes n'entraîne en aucun cas qu'elles soient mauvaises). Cependant, il n'y a rien de tel qu'une *instance* incorrecte de O ; les instances sont les exécutions *correctes* de O et il n'y en a pas d'autres [41].

J'ajouterai enfin que les œuvres de musique, telles que je les comprends, peuvent être *entendues* à travers leurs exécutions, ou par leur intermédiaire. On *entend* une structure S/ME-en-tant-qu'indiquée-par-X-en-t chaque fois que l'on entend une instance de cette structure

---

S/ME que l'interprète s'efforce de rendre. Par exemple, un auditeur, même parfaitement informé et hautement sensible, ne saisirait à peu près rien de la *Sonate « Hammerklavier »* à partir de *ma* tentative de présenter sa structure, puisque mon aisance pianistique est proche de zéro : aucune exécution (et encore moins une instance) de la *Sonate « Hammerklavier »* ne peut provenir de moi ou de personnes de mon acabit.

41. Je suis donc en opposition avec la proposition de Wolterstorff, dans « Toward an Ontology of Art Works », selon laquelle les œuvres de musique sont des espèces normatives (*norm-kinds*) – c'est-à-dire ayant des instances correctes et incorrectes, adéquates et inadéquates, conformes et défectueuses. Je pense que ce que nous disons au sujet des œuvres de musique peut être interprété, de façon plus éclairante, dans les termes d'une distinction entre instance et exécution. De plus, se représenter les instances comme exigeant une complète conformité à la partition (et donc adopter une position de type « tout ou rien ») a la vertu, comme Goodman l'a noté dans *Langages de l'art*, d'assurer la préservation de l'identité de l'œuvre, quand on passe de l'œuvre à ses instances et des instances à l'œuvre. Mais si l'on fait aussi la distinction entre instance et exécution (ce que Goodman ne fait pas), l'affirmation selon laquelle Arthur Rubinstein n'instancie pas la *Ballade n° 3* de Frédéric Chopin parce qu'il commet deux malheureuses fausses notes, peut être adoucie en admettant de bon cœur qu'elle en est au moins une exécution (et même, sans doute, une très grande interprétation).

S/ME exécutée par des interprètes qui, pour le dire vite, sont guidés par l'indication de cette structure S/ME par *X*. Et l'on *sait* précisément quelle œuvre de musique – c'est-à-dire quelle structure-en-tant-qu'indiquée – on entend, si l'on sait quel acte créateur est la source directrice effective de l'événement sonore produit.

2) Il suit immédiatement de ma conception de ce qu'est une œuvre de musique (dans la tradition qui nous sert de paradigme) qu'une transcription est une œuvre distincte de l'original, dans la mesure où elle implique (comme c'est le plus souvent le cas) une altération de sa structure sonore, mais c'est aussi vrai dans le cas où seule la structure de moyens d'exécution est modifiée. C'est une vertu de ma conception que de donner une réponse claire à cette question, dont on pense souvent qu'elle ne peut être réglée que de façon arbitraire. Si nous voulons que de telles œuvres aient bien les qualités esthétiques précises qu'elles nous semblent posséder, alors on doit considérer que l'instrumentation en est inséparable. Ainsi, il n'est pas nécessaire, pour adopter la thèse selon laquelle les transcriptions constituent des œuvres distinctes de leurs originaux, de s'en tenir au seul principe de fidélité à l'instrumentation souhaitée par le compositeur : nous devons également tenir compte de considérations d'un ordre supérieur concernant la préservation de l'intégrité esthétique de ces œuvres.

En conclusion, j'insisterai sur quelques-unes des conséquences qui découlent clairement de la théorie que j'ai proposée. Premièrement, les compositeurs conservent le statut de créateur au sens strict. Deuxièmement, la composition musicale s'avère être une activité intrinsèquement et nécessairement liée aux individus qui l'effectuent. Troisièmement, la composition musicale ne peut pas ne pas être considérée comme une activité enracinée dans l'histoire, dont les produits doivent être compris en référence à leur point d'origine. Quatrièmement, on doit reconnaître que même si la pure structure sonore d'une œuvre de musique peut être saisie à part, elle n'épuise pas toute la structure de l'œuvre : les moyens d'exécution sous-jacents doivent aussi être pris en compte si l'on veut appréhender l'œuvre pour ce qu'elle est[42].

Remarques additionnelles[43]

1. On trouvera dans mon article « Ontology of Music » (dans Hans Burkhardt et Barry Smith (dir.), *Handbook of Metaphysics and Ontology*, Munich, Philosophia Verlag, 1990, p. 582-584) un exposé très condensé de la théorie que j'ai défendue ici, et qui la met en relation avec les théories concurrentes.

2. Il me faut préciser que, tout au long du texte, par *structure sonore*, je ne voulais rien désigner de plus abstrait que « tel son complexe suivi de tel autre, suivi de tel autre... », c'est-à-dire une *séquence* déterminée de sons, comprenant toutes les caractéristiques audibles de ces sons. En particulier, je n'entends pas identifier une œuvre de musique à quelque structure *réductrice* que ce soit, comme celles que décrivent les diagrammes d'Heinrich Schenker ou les analyses ensemblistes de Babbitt, pas plus qu'à une classe de structures de ce type. Mes « structures » sont des agencements transparents à l'audition de qualités et de relations très spécifiques, directement déterminées par la partition et les conventions d'interprétation qui lui sont associées.

---

42. Il vaut la peine d'observer que, si la position développée dans les pages qui précèdent est correcte, elle a des implications intéressantes non seulement pour l'identité d'autres genres d'œuvres d'art (ce que je considère comme allant de soi), mais aussi pour l'identité d'une grande diversité d'objets culturels abstraits – par exemple, les théories scientifiques, les discours, les lois, les jeux... Une théorie physique, par exemple, ne peut pas être *simplement* un ensemble de phrases, de propositions ou d'équations *si* elle doit réellement posséder des propriétés telles que celles d'être remarquablement intelligente, d'être révolutionnaire, de dériver d'une autre théorie, d'être immédiatement acceptée... Car on pourrait trouver ce même ensemble de phrases, de propositions ou d'équations dans une autre théorie, apparue cinquante ans auparavant ou cinquante ans plus tard, et qui serait pourtant dépourvue de telles propriétés.

43. Ndt. Ces remarques ont été ajoutées lors de la republication en 1990 de « Ce qu'est une œuvre musicale » dans : Jerrold Levinson, *Music, Art and Metaphysics*, Ithaca, Cornell University Press, 1990 ; Oxford, Oxford University Press, 2011.

Je souhaiterais aussi mettre l'accent sur le fait que la *structure sonore* comprend toutes les caractéristiques audibles couramment spécifiées, à savoir bien sûr les caractéristiques mélodiques, rythmiques et harmoniques, à quoi s'ajoutent les caractéristiques de timbre, de dynamique et d'articulation, jusqu'au *tempo*. On a souvent exclu ce dernier de la structure audible pertinente d'une œuvre de musique (notamment Goodman), mais à mon sens c'est une erreur. Le tempo, même quand il est spécifié de façon large (par exemple, *allegro*), fait partie intégrante du genre d'événement sonore désigné, et constitue donc un ingrédient à part entière de la structure sonore. Pour moi, jouer la partition du final (*allegro con brio*) de la *Septième Symphonie* de Beethoven à une vitesse qui est clairement celle d'un *adagio*, tout en respectant chaque note, ce n'est *pas* réaliser sa structure sonore.

3. Dans l'argument (4) de la section V, défendant OM contre OM′, j'ai parlé des divergences artistiques entre O_1 et O_2 qui peuvent surgir après qu'elles ont été composées, et cela d'une façon qui est quelque peu en porte-à-faux avec l'argument contre le changement de contenu artistique au cours du temps que j'ai avancé dans « Les œuvres d'art et le futur », écrit entre-temps. Les incompatibilités peuvent toutefois être minimisées si l'on met l'accent, d'une part, sur les œuvres qui *rendent manifeste* au cours du temps des différences artistiques déjà implicitement présentes, par opposition à celles qui par le simple jeu de l'histoire *en viennent à se distinguer*, et si l'on se souvient, d'autre part, que dans « Les œuvres d'art et le futur » je soutiens que toutes les significations acquises de façon subséquente – bien que pertinentes sous le rapport de l'individuation logique – ne font pas automatiquement partie du contenu *artistique* des œuvres.

CE QU'EST UNE ŒUVRE MUSICALE (*BIS*) [1]

Jerrold LEVINSON

Dix années se sont écoulées depuis la publication de mes réflexions originales [2] visant à élucider la nature exacte du *Quintette en mi bémol*, op. 16, de Ludwig van Beethoven, et plus généralement des œuvres musicales qui figurent régulièrement dans nos programmes de concerts. J'ai donc largement eu le temps de me demander si tout ce que j'avais dit était parfaitement juste. En cela, j'ai été aidé par l'attention flatteuse portée par de nombreux commentateurs avisés sur ce que j'avais écrit [3] ; je tâcherai donc ici de répondre aux critiques

---

1. Jerrold Levinson, *Music, Art and Metaphysics*, Ithaca, Cornell University Press, 1990 ; Oxford, Oxford University Press, 2011, p. 215-263 (« What a Musical Work Is, Again »). [Ndt. Avec l'accord de l'auteur, ce texte est ici présenté dans une version augmentée de « Remarques additionnelles », constituées de textes postérieurs à *Music, Art and Metaphysics* (1990) dans lesquels Jerrold Levinson répond à de nouvelles objections qui ont pu lui être adressées ou clarifie certains points de ses conceptions en ontologie de la musique, poursuivant par là la démarche entreprise dans « Ce qu'est une œuvre musicale (*bis*) »].

2. Voir, dans le présent volume, « Ce qu'est une œuvre musicale », initialement publié en 1980.

3. Voir James Anderson, « Musical Identity », *The Journal of Aesthetics and Art Criticism*, vol. 40, 1982, p. 285-291 et « Musical Kinds », *British Journal of Aesthetics*, vol. 25, 1985, p. 43-49 ; David Pearce, « Intensionality and the nature of a musical work », *British Journal of Aesthetics*, vol. 28, n° 2, 1988, p. 105-118 et « Musical Expression : Some Remarks on Goodman's Theory », dans Veikko Rantala (dir.), *Essays on the Philosophy of Music*, Helsinki, Acta Philosophica Fennica, 1988, p. 228-243 ; Peter Kivy, « Platonism in Music : A Kind of Defense », *Grazer Philosophische Studien*, vol. 19, 1983, p. 109-129, « Platonism in Music : Another Kind of Defense », *American Philosophical Quarterly*, vol. 24, 1987, p. 245-252, et « Orchestrating Platonism », dans Thomas Anderberg (dir.), *Aesthetic Distinction*,

les plus pressantes. Je dois admettre d'entrée de jeu que je reviens très peu sur ce que j'ai écrit. Je profite cependant des occasions qui se présentent ici et là pour offrir quelques clarifications et prendre en compte certaines suggestions amicales qui m'ont été adressées.

I

Je commence par les attaques menées en divers endroits par Peter Kivy, mon critique le plus acharné. De fait, une grande partie des pages qui suivent vise à répondre à ses objections. Selon moi, souvenez-vous[4], une œuvre musicale n'est pas une pure structure sonore – un universel platonicien, pour reprendre l'expression de Kivy[5] – mais plutôt une sorte d'universel descendu du ciel et ramené

Lund, Lund University Press, 1988, p. 42-55 ; David Carrier, « Interpreting Musical Performances », *The Monist*, vol. 66, 1983, p. 202-212 et « Art without its Artists », *British Journal of Aesthetics*, vol. 22, 1982, p. 233-234 ; Renée Cox, « Are Musical Works Discovered ? », *The Journal of Aesthetics and Art Criticism*, vol. 43, 1985, p. 367-374 ; Veikko Rantala, « Musical Works and Possible Events » dans *Essays on the Philosophy of Music*, p. 97-109. Voir également Lydia Goehr, *The Imaginary Museum of Musical Works*, Oxford, Oxford University Press, 2007 et Gregory Currie, *An Ontology of Art*, Londres, Macmillan, 1989, deux ouvrages qui proposent un examen critique de mon article de 1980. Dans les pages qui suivent, je répondrai seulement à Kivy, Carrier, Pearce, et Anderson.

4. Voir, dans le présent volume, « Ce qu'est une œuvre musicale » et Jerrold Levinson, *Music, Art and Metaphysics*, Oxford, Oxford University Press, 2011, p. 89-110 (« Autographic and Allographic Art Revisited »).

5. Il n'est pas facile d'attribuer à ma conception une dénomination qui la mette en relation avec les pères de la métaphysique occidentale. Bien que Kivy se soit approprié la dénomination de « platonisme » pour décrire la position qu'il défend et selon laquelle une œuvre musicale est une structure sonore pure, existant de toute éternité, il y a aussi quelque chose d'assez platonicien dans ma conception : une œuvre musicale y est considérée comme une entité *abstraite* et *indépendante* et non comme une entité qui existe simplement *dans* des choses concrètes, ce qui correspondrait à la conception qu'Aristote se faisait des Formes. D'un autre côté, je soutiens bien évidemment que les œuvres musicales ont la possibilité d'être créées, et par conséquent qu'elles ne sont pas éternelles, mais qu'elles viennent à l'existence *par l'intermédiaire* d'individus concrets et de leurs actions, et cette idée-là possède une résonance aristotélicienne. En outre, j'attribue à l'œuvre achevée des propriétés *relationnelles* significatives, et pas seulement des propriétés *internes-structurales*. Par conséquent,

à terre : un objet abstrait contextuellement déterminé, attaché à une personne et à une date, ce que j'appelle un *type initié*. La première objection[6] concerne l'exigence de créatibilité (CRÉ) posée dans « Ce qu'est une œuvre musicale ». C'est l'une des trois exigences qui, disais-je, mènent presque inévitablement à la conception des œuvres musicales que j'ai fini par adopter.

Kivy suggère que mes raisons d'insister sur cette exigence ne sont guère convaincantes[7]. Il y a du vrai dans ce qu'il dit, comme nous allons le voir. Mais ce qui mérite d'être souligné (et que Kivy a l'air de perdre de vue, dans son dépeçage en règle de mes arguments) c'est que les conditions d'adéquation que j'ai formulées étaient censées former un *tout*, et qu'aucune d'entre elles ne devait peser à elle seule de façon décisive dans la balance. Il se trouve que l'exigence de créatibilité est peut-être celle des trois qui possède le fondement le moins solide – les autres étant l'individuation fine (IND) et l'inclusion des moyens d'exécution (EXÉ). Mais il suffit d'admettre que cette exigence est plus solidement fondée que son opposée (que la créatibilité, par opposition à la non-créatibilité, est au moins un *desideratum* positif) pour que la créatibilité et les deux autres exigences aillent dans le même sens et se renforcent mutuellement. Telles que je vois les choses, bien entendu, c'est bien cela qui se passe : ces trois exigences conduisent conjointement à une conception selon laquelle une œuvre musicale est quelque chose de plus complexe qu'une simple structure sonore. En bref, si (IND) et (EXÉ) nous poussent dans cette voie et jouissent d'un fondement solide, alors (CRÉ) ne manquera pas de renforcer les implications de (IND) et (EXÉ) en direction d'une conception plus complexe de l'œuvre. En retour, nos efforts pour au

---

je pourrais indifféremment qualifier ma conception de platonisme modéré ou d'aristotélisme modéré. J'opterai ici pour la première dénomination.

6. Kivy, « Platonism in Music : A Kind of Defense » ; voir en particulier les pages 114 à 119. Il s'agit du premier d'une série de trois textes consacrés aux questions de métaphysique musicale.

7. On retrouve ce sentiment dans Cox, « Are Musical Works Discovered ? », p. 368. Son article, cependant, se montre globalement favorable à mon approche et finit par défendre la créatibilité des œuvres musicales, bien que sur des bases quelque peu différentes.

moins *essayer* de satisfaire (Cré) se trouvent légitimés, et ce quand bien même (Cré) ne serait pas une exigence aussi fermement ancrée que les deux autres, pourvu seulement qu'elle ne soit pas totalement dépourvue de fondement[8].

Venons-en à ces raisons. Selon Kivy, la croyance selon laquelle les œuvres d'art sont rigoureusement créées, selon laquelle les artistes amènent littéralement les œuvres d'art à l'existence, ne fait pas du tout partie des croyances « les plus fermement ancrées » de la tradition artistique occidentale. Il conteste également l'affirmation supplémentaire selon laquelle une partie « du statut, de la signification et de valeur que nous attachons aux compositions musicales dérive de cette croyance »[9]. Concernant le premier élément de désaccord, je pense que Kivy marque un point en nous rappelant que cette croyance ne s'enracine vraiment dans le discours sur l'art qu'après, disons, le milieu du XVIIIe siècle et qu'elle constitue sans doute une idée quintessentiellement romantique. Pour ce qui est du second, il marque également un point en nous rappelant que nous attachons un statut, une signification et une valeur particulièrement élevés aux actes de découvertes non moins qu'aux actes d'invention, pour autant que les premiers fassent preuve de créativité, comme en témoigne abondamment l'histoire des sciences.

Cela tempère sans doute la force de mes remarques, mais cela ne les annule pas pour autant. Pour commencer par le second point, même si les découvertes font souvent l'objet d'une estime aussi haute que les créations, il ne s'*ensuit* pas que la manière toute particulière que nous avons d'apprécier les œuvres de musique – et, j'ajouterais, toutes les œuvres d'art – ne dépende pas au moins en partie du fait que nous les considérions comme des choses créées au sens strict, c'est-à-dire amenées à l'existence. En effet, c'est seulement lorsque nous les considérons ainsi qu'elles acquièrent une aura faustienne, qu'elles se présentent comme des symboles de notre capacité à

---

8. J'ai esquissé cet avertissement stratégique dans la note 15 de « Ce qu'est une œuvre musicale », mais Kivy semble l'avoir négligée.

9. Kivy, « Platonism in Music : A Kind of Defense », p. 114. Kivy cite ici mon article original.

« rivaliser avec les dieux ». Bien entendu, les compositeurs tout comme leurs homologues scientifiques, se sont toujours efforcés de découvrir et de révéler aussi, mais il s'agissait, comme Kivy lui-même le fait remarquer, de la découverte et de la révélation de *vérités*. Souvent il s'agissait de vérités pour lesquelles l'art était, pensait-on, particulièrement approprié. Ceci est parfaitement compatible avec l'intention de *créer* des œuvres d'art, et de transmettre *par là-même* ces vérités au public impatient de les recevoir. Révéler à notre attention des aspects du monde est une chose admirable, et les compositeurs ne doivent pas être moins loués que les scientifiques lorsqu'ils le font. Mais faire exister ces petits mondes que sont les œuvres d'art reste une des prérogatives distinctives des artistes. Ce serait vraiment rabaisser les compositeurs que de leur retirer cela, surtout sans raison valable.

Une chose mérite d'être ajoutée : il y a une *intimité* essentielle, si je puis dire, qui entoure la création artistique et qui fait partie de ce que nous estimons le plus dans l'art. Je pense à cette relation « de toi à moi » qu'entretient l'artiste avec son œuvre, une relation de possession exclusive. Si les œuvres d'art doivent *appartenir* aux artistes au sens plein du terme, être *leurs* sans ambiguïté, alors c'est la notion de création, plutôt que celle de découverte qui s'impose. Certes, l'acte de *découverte* leur appartient aussi – c'est bien le leur, à supposer qu'il ne soit question que de découverte. Mais *ce qui est découvert* ne leur appartient pas de la même manière. C'est Christophe Colomb qui a découvert l'Amérique, c'est sa découverte ; il ne s'ensuit pas pour autant que l'Amérique lui appartienne. En revanche l'essai symphonique de Charles Ives, *The Fourth of July*, lui appartient irrévocablement et exclusivement, précisément en vertu du fait que c'est lui qui l'a composé.

Les compositeurs créent des œuvres musicales en combinant des matériaux – des notes, des accords, des progressions, des motifs, des instruments, des styles – dans un contexte particulier. Ils ne créent pas les structures sonores (ou d'autres structures abstraites) qu'ils manipulent dans leur travail, mais ils créent néanmoins les œuvres – les structures-en-contexte – investissant ainsi ces œuvres de significations que ne possèdent pas les structures abstraites *tout court*. On pourrait dire que créer une œuvre musicale, ce n'est rien de plus que sélectionner et assembler des sons ou d'autres structures dans le but de créer des significations musicales particulières (formelles, expressives, représentationnelles, allégoriques), en s'appuyant sur des structures et des matériaux qui, conçus abstraitement, sont disponibles dans un système musical ou une tradition. Mais si l'on rapporte cet assemblage à une tradition musicale préexistante, il produit réellement quelque chose de nouveau, quelque chose qui n'existait pas antérieurement dans le monde.

Revenons maintenant à mon premier argument, à savoir que la notion de création est fermement ancrée dans notre pratique musicale. Comme je l'ai déjà admis, Kivy a peut-être raison lorsqu'il dit que cette notion a des racines peu profondes, qui ne remontent à guère plus de 250 ans. Mais Kivy a sans doute tendance à sous-estimer la *vigueur* de ces racines, même si, indiscutablement, elles ne remontent pas à l'aube de la musique occidentale. Il nous suffit de prendre en compte la place centrale qu'occupent les locutions contenant l'expression « création » dans notre pensée et notre pratique musicale. Les musiciens « font » de la musique, ils ne la « trouvent » pas ; les pièces résultent d'un travail d'« écriture » ou de « composition », et non d'une activité de « description » ou d'« observation » ; nous avons des titres de biographies tels que « Beethoven le Créateur », mais pas « Beethoven le Découvreur » ; les œuvres musicales, comme d'autres œuvres d'arts, font l'objet de « commandes » avec l'idée que c'est en amenant quelque chose de nouveau à l'existence que seront satisfaites les attentes du commanditaire, et pas seulement en mettant au jour quelque chose qui existait déjà ; etc. Nous considérons à chaque fois que les compositeurs ajoutent quelque chose à la culture – leurs compositions, justement – et qu'ils ne se contentent pas de dévoiler des possibilités combinatoires préexistantes – il est en tout cas difficile d'échapper à cette impression.

Mais Kivy va plus loin. Il soutient que non seulement il n'est pas *exclu* que les œuvres musicales soient découvertes, mais qu'à la réflexion, cette conception *s'impose* en réalité d'elle-même :

Prenez l'accord de *Tristan*. Il me semble assez plausible de le considérer comme une découverte de Richard Wagner, plutôt que comme une invention de sa part, bien qu'il ait évidemment fallu plus d'une vie de compositeur pour parvenir à cette découverte. Notre imagination métaphysique n'est pas non plus choquée par l'idée que l'accord de *Tristan* – cette relation particulière entre quatre notes – préexiste à sa découverte, à la manière d'un objet platonicien. Mais, après tout, l'accord de *Tristan* fait partie d'un réseau plus vaste de notes appelé *Tristan und Isolde*. Et si vous admettez que cette partie, petite mais vitale, préexiste à la composition de l'ensemble, il semble que vous soyez inévitablement conduit à admettre que l'ensemble lui aussi préexistait à la découverte compositionnelle de Wagner [10].

Les observations correctes et les jugements erronés sont si étroitement entrelacés dans ce passage qu'il est difficile de les séparer. Mais essayons. Premièrement, si l'on considère que l'accord de *Tristan* consiste uniquement en cette combinaison particulière de quatre notes – ce que je suis tout à fait disposé à faire – est-il *vraiment* plausible de penser qu'il s'agit là d'une découverte de Wagner ? Doutons-nous réellement que Bach, Beethoven ou Brahms aient été capables de constater – ou simplement d'admettre – que *fa*, *sol* dièse, *si* et *ré* dièse sont quatre notes qui peuvent sonner ensemble ? Ou qu'une telle combinaison existait d'une certaine manière dans le système tonal commun à eux tous ? On peut dire, tout au plus, que Wagner a découvert l'*emploi* musical d'un tel accord, son *potentiel* syntaxique et expressif.

Deuxièmement, lorsque Kivy dit que cet accord « fait partie d'un réseau plus vaste de notes appelé *Tristan und Isolde* », il commet manifestement une pétition de principe en décrivant les choses ainsi, dans la mesure où il *présuppose* tout simplement la conception selon laquelle *Tristan und Isolde* est un objet platonique, une structure sonore (ou plutôt tonale [11]). Selon moi, c'est précisément sur ce point

---

10. Kivy, « Platonism in Music : A Kind of Defense », p. 118.

11. La structure *tonale* d'une pièce traditionnelle, selon mon usage de ce terme, est sa structure sonore moins ses spécifications de timbre. (La structure sonore, cependant, exclut encore les spécifications d'instrumentation). Kivy entend généralement par « structure sonore » ce que j'appelle « structure tonale » ; lorsque la différence est

que Kivy se trompe, lorsqu'il met sur le même plan une *œuvre* musicale achevée, occupant une place dans une culture et une tradition en devenir, et un simple *accord* – un quadruplet ordonné – appartenant à un système combinatoire de notes préexistant et déjà entièrement défini. Certes, il y a un sens à dire que cet accord est tout sauf simple. Mais en insistant sur cela, nous changeons une nouvelle fois de registre, et parlons non plus d'un simple accord toujours déjà disponible, mais de l'appropriation compositionnelle par Wagner de cet accord, de son fonctionnement artistique et de sa signification dans ce passage, dans la composition prise comme un tout, et dans le contexte plus global de l'histoire de la musique. Et rien de tout ceci, bien évidemment, n'est antérieur à l'acte compositionnel de Wagner, mais lui est au contraire contemporain. Troisièmement, on peut admettre que l'objet plus vaste consistant dans la séquence totale des notes de *Tristan und Isolde* (et contenant le célèbre accord un certain nombre de fois) *préexiste* véritablement à l'activité compositionnelle de Wagner. J'aurais même tendance à insister sur ce point. Mais cet objet n'est pas encore l'*œuvre Tristan und Isolde*. Kivy ne peut pas se contenter de *présupposer* que celle-ci se réduise à celui-là.

Il y a, enfin, une dernière raison de chercher à satisfaire (CRÉ) si nous le pouvons, une raison qui n'a été mentionnée que brièvement dans « Ce qu'est une œuvre musicale » : l'*unité théorique*. Il semble incontestable que dans les beaux-arts aussi bien que dans un certain

---

importante, comme dans la discussion ci-dessous du troisième texte que Kivy consacre à la critique de mes positions, j'ai tendance à parler de « structure tonale » pour bien la différencier des « structures sonores » telles que je les comprends (voir sections V à VIII).

Cette divergence s'explique par le fait que Kivy refuse malheureusement d'observer clairement la distinction entre les propriétés de *timbre per se*, et les propriétés d'*instrumentation*, celles-ci étant, comme le montre très bien l'exemple du synthétiseur, logiquement et physiquement séparables de celles-là. (Voir la distinction de Nicholas Wolterstorff entre les propriétés acoustiques et les propriétés instrumentales, dans *Works and Worlds of Art*, Londres, Oxford University Press, 1980, p. 69). Les propriétés de timbre sont généralement à la fois spécifiées et garanties par des propriétés d'instrumentation, mais il est théoriquement et pratiquement possible de défaire cette relation. Comme nous le verrons plus en détail dans « Interprétation authentique et moyens d'exécution », ces deux types propriétés ont une importance esthétique.

nombre d'autres disciplines artistiques, les œuvres, en tant qu'objets ou événements physiques (ou en tant qu'entités logiquement ancrées dans des objets ou des événements physiques) sont littéralement créées. Il faudrait donc être tordu pour maintenir une conception des œuvres musicales, et peut-être aussi des œuvres littéraires, qui les sépare de leurs homologues dans les autres domaines de l'art, si toutefois nous pouvons l'éviter. Et d'autant plus tordu qu'il y a, au bout du compte, des raisons positives d'adhérer à la condition de créatibilité. Peintures, dessins, gravures, sculptures, palais, danses, films, etc., seraient tous créables, au plein sens du terme, mais pas les symphonies et les romans ? Un bien mauvais calcul théorique, pour de bien maigres bénéfices.

II

J'en viens maintenant à l'objection la plus substantielle que Kivy ait formulée, dans un deuxième texte qu'il consacre à la réfutation de ma position [12]. C'est la condition d'individuation fine qui en est (à bon droit) la cible ainsi que les conséquences que j'en tire : si nous voulons pouvoir rendre compte d'un éventail significatif de nos discours critiques et des propriétés artistiques et esthétiques que nous attribuons aux œuvres musicales, alors celles-ci doivent être comprises comme des entités plus spécifiques que de simples structures sonores, de sorte qu'il est possible que deux œuvres distinctes possèdent la même structure sonore. Dès le départ l'objection de Kivy repose sur un malentendu dont il n'est pas la seule victime [13]. Selon lui mon

---

12. Kivy, « Platonism in Music : Another Kind of Defense ». Je tiens ici à exprimer ma gratitude envers Kendall Walton : les objections qu'il a formulées à la suite de la présentation de Kivy au congrès de la division Pacifique de l'American Philosophical Association de 1987, et dont cet article est issu, m'ont conforté dans l'élaboration de cette section. Un exposé plus complet des réflexions de Walton sur l'ontologie de la musique peut être trouvé dans la version remaniée de son article « The Presentation and Portrayal of Sound Patterns », dans Jonathan Dancy (dir.) *Human Agency : Language, Duty and Value*, Stanford, Stanford University Press, 1988, p. 237-57.

13. On en trouve également quelques traces dans l'article de Carrier, « Art Without Its Artists ». J'avais dès le départ anticipé cette confusion assez naturelle et tenté de

argument repose sur la prémisse que les propriétés esthétiques des œuvres musicales leur sont *essentielles* :

> C'est, poursuit-il, une conséquence de l'identification des œuvres à leur structure sonore que « si deux compositeurs distincts déterminent la même structure sonore, ils composent nécessairement la même œuvre musicale ». Or, soutient Levinson, ceci ne saurait être le cas parce que l'identité particulière du compositeur et la date particulière de la composition déterminent des propriétés esthétiques qui sont essentielles aux œuvres qui les possèdent[14].

Mais il n'en est rien en réalité. Ce n'est pas l'*essentialité* de ces propriétés – le fait qu'elles soient possédées par l'œuvre dans tous les mondes possibles et concevables – qui est en question, mais plus simplement que l'œuvre les possède tout court. Il suffit simplement que ces propriétés traduisent la subtilité qu'implique notre compréhension de la musique. L'idée est qu'une œuvre musicale, débarrassée de ses coordonnées contextuelles dans l'espace musico-historique – ce qui donne, en gros, une stricte séquence sonore – est incapable de recevoir un grand nombre des propriétés esthétiques déterminées que nous lui attribuons dans nos discours critiques (sans que l'essentialité de ces propriétés n'entre en jeu). Et la meilleure manière de le constater est de remarquer que deux œuvres pourraient très bien posséder (ou incarner) une même séquence sonore tout en présentant cependant des différences esthétiques non triviales ; rien en tout cas ne permet de l'exclure *a priori*. Il s'ensuit inévitablement que ces deux œuvres, si elles diffèrent véritablement par au moins un aspect esthétique significatif, ne peuvent être identifiées à leur seule structure sonore, ce qui peut se généraliser à toutes les œuvres musicales de notre tradition : pour toute œuvre musicale concrètement située, il est toujours possible de concevoir un *Doppelgänger* sonore qui appartienne à un autre contexte musical responsable de nouveaux attributs esthétiques. La démonstration est ainsi faite que l'œuvre

---

la désamorcer en y consacrant une longue note de bas de page (voir, dans le présent volume, « Ce qu'est une œuvre musicale », note 36). Mais je reconnais qu'il s'agit là d'une question difficile.

14. Kivy, « Platonism in Music : Another Kind of Defense », p. 245.

n'est pas la séquence sonore : il y a bien deux œuvres, mais une seule séquence [15].

Un élément-clé de cette démonstration, bien entendu, est le principe connu sous le nom de « loi de Leibniz » qui, étant donné les buts que nous poursuivons ici, peut être formulée simplement par la règle suivante : si A et B diffèrent par un quelconque aspect, alors A et B ne peuvent tout simplement pas être identiques [16]. Ce principe apparemment inoffensif, Kivy le trouve « effrayant » et soutient que celui-ci

> impose des contraintes bien trop fortes sur la relation d'identité dans le présent contexte. [...] En effet, il est bien connu que la loi de Leibniz ne fait aucune distinction entre les propriétés essentielles et les propriétés accidentelles. [...] D'après le principe de Leibniz, *Don Giovanni*, dans un monde possible où Mozart a été empoisonné par Antonio Salieri, est une œuvre différente du *Don Govianni* composé par Mozart dans un monde possible où celui-ci ne l'a pas été. En effet quelque chose serait vrai de cette œuvre dans le premier cas, mais faux dans le second, à savoir « *Don Giovanni* a été écrit par le compositeur que Salieri a empoisonné » [17].

Je suis d'accord pour dire que la loi de Leibniz s'applique à toutes les propriétés, qu'elles soient essentielles ou pas, mais cela ne suffit pas à générer les conséquences fâcheuses auxquelles Kivy fait allusion. La loi de Leibniz ne nous dit pas à quelles conditions deux choses *seraient* distinctes dans différentes situations contrefactuelles. Elle nous dit seulement à quelles conditions elles se distinguent *dans le monde actuel*. La loi de Leibniz ne concerne pas l'identité des objets,

---

15. La preuve donnée dans « Ce qu'est une œuvre musicale », note 22 constitue en fait une formulation soigneuse de cet argument. Kivy ne semble pas y avoir prêté une grande attention.

16. Le principe selon lequel si *A* et *B* sont identiques, alors ils doivent avoir toutes leurs propriétés en commun, est logiquement équivalent. La proposition réciproque selon laquelle des choses qui ont toutes leurs propriétés en commun sont identiques, est un principe distinct appelé l'identité des indiscernables. Ainsi, dans ma terminologie, la loi de Leibniz et l'identité des indiscernables sont deux principes qu'il faut bien distinguer.

17. Kivy, « Platonism : Another Kind of Defense », p. 245.

par exemple des opéras, *d'un monde possible à un autre*, ce à quoi l'exemple de Kivy fait référence ; sa portée se limite à *un monde donné*. Ce que l'exemple de Kivy met bien évidence, cependant, c'est que la propriété d'*avoir été composé par quelqu'un qui a été empoisonné par Salieri* n'est pas une propriété essentielle de *Don Giovanni*, quelles que soient les propriétés que cette œuvre puisse posséder par ailleurs. Bien entendu, *Don Giovanni*, comme toute autre entité contingente, diffère par certaines propriétés dans d'autres mondes possibles [18], mais c'est simplement une autre manière de dire que certaines de ses propriétés actuelles sont *accidentelles*. Cela ne saurait empêcher cet opéra d'être identique à lui-même ; et nul besoin d'enfreindre la loi de Leibniz ! Si les doutes de Kivy concernant la loi de Leibniz et l'opéra de Mozart étaient fondés, il nous faudrait également nous inquiéter de ce que mon abri de jardin, fraîchement peint en mauve, puisse ne pas être identique à lui-même, puisque j'aurais très bien pu le peindre en marron, ce que j'aurais été sans doute très heureux de faire dans un autre monde possible. Les propriétés que *Don Giovanni* possède ou ne possède pas dans d'autres mondes possibles ne sont pas en question ; ce sont plutôt les propriétés qu'il possède dans *ce monde-ci*. Ces propriétés-là, indépendamment de celles que *Don Giovanni aurait eues* dans d'autres circonstances, suffisent à le distinguer de tout autre opéra réel à qui ces propriétés font défaut, ou de tout opéra *possible* à qui ces propriétés manqueraient, s'il venait à exister.

David Carrier exprime des inquiétudes comparables à celles de Kivy dans ce passage amusant :

> L'argument [de Levinson] ne prouve-t-il pas trop ? Certains traits de l'œuvre [une sonate de Beethoven] sont sans nul doute contingents. La sonate que Beethoven a écrite à Vienne en mars à l'encre noire aurait pu être composée par lui à Salzbourg en avril. Il aurait pu avoir besoin d'encre rouge pour finir de la coucher sur le papier. Les descriptions « écrite à Vienne », « écrite en mars » et « écrite à l'encre noire » ne pourraient alors pas s'y appliquer. Mais il ne fait aucun

---

18. C'est la seule signification que l'on peut donner à une expression du type « *Don Giovanni* est une œuvre différente dans un monde possible où … ».

doute que cette sonate hypothétique n'est pas une œuvre distincte de la sonate originale.

Supposons que Beethoven ait éternué 866 fois en composant sa sonate et que dans le même laps de temps l'homme le plus grand de Pékin ait mangé 69 raviolis. Si Beethoven avait éternué 867 fois, ou si notre pékinois avait mangé 70 raviolis, alors les descriptions « composée dans un laps de temps où Beethoven éternue 866 fois » et « composée alors que le plus grand pékinois mange 69 raviolis » ne s'appliqueraient plus à la sonate. C'est relativement déroutant. Il ne fait aucun doute que le nombre de fois que Beethoven a pu éternuer ou que le nombre de raviolis avalés par cet homme à Pékin n'ont rien à voir avec l'identité de la sonate[19].

Bien évidemment, je veux suivre Carrier lorsqu'il souligne l'absence de pertinence des éternuements, des raviolis, de la couleur de l'encre et de la localisation géographique des écritoires[20]. Mais contrairement à ce qu'il semble croire, mon argument ne m'empêche pas d'être d'accord avec lui sur ce point. Il n'y a aucune difficulté à affirmer que la sonate – la structure-sonore-plus-les moyens-d'exécutions-plus-le-compositeur-plus-le-moment-de-composition, si j'ai raison – a été composée alors que Beethoven faisait étape à Vienne, était victime d'un rhume des foins, disposait d'une bonne réserve d'encre noire et que de grandes quantités de raviolis étaient ingurgitées sur le territoire de Deng, tout en refusant d'intégrer des propriétés comme celles-ci dans le genre d'entité que constitue, selon moi, une œuvre musicale. Bien entendu, la sonate aurait pu voir le jour à Salzbourg, sans ces éternuements, partiellement notée à l'encre rouge, et alors que les appétits à Pékin étaient mieux contenus ; ce sont là des propriétés accidentelles de l'œuvre, s'il en est. L'idée est que la structure-sonore-et-les-moyens-d'exécutions-en-tant-qu'indiqués-par-Beethoven-en-mars-1806, à la différence de la simple

---

19. Carrier, « Art without its Artists », p. 233.

20. Je laisse de côté la question de la date (avril plutôt que mars), car c'est un exemple extrême de quelque chose qui, de manière générale, peut être extrêmement pertinent selon moi pour juger de l'identité d'une œuvre musicale. J'ai plus précisément en tête la date de composition d'une œuvre par rapport à d'autres du même compositeur ou par rapport à d'autres œuvres d'autres compositeurs de la même tradition musicale.

séquence de notes, est une entité *suffisamment fine* pour posséder de façon intelligible, essentiellement ou pas, les propriétés artistiques et esthétiques que nous attribuons à la sonate, sans pour autant manquer d'admettre les propriétés relationnelles marginales que Carrier a portées à notre attention comme autant d'accidents.

III

La manœuvre suivante de Kivy, toujours dans sa deuxième attaque, consiste à tenter de discréditer deux des principaux exemples que j'ai proposés afin de rendre évidente l'inadéquation de la conception des œuvres comme structures sonores. Ces exemples portent sur des couples d'œuvres ayant en commun une même structure sonore. Une première paire comprend une œuvre composée par Richard Strauss en 1897 et une autre composée par Arnold Schönberg en 1912 ; une seconde contient une œuvre composée par Johann Stamitz au XVIIIe siècle et une autre composée au XXe siècle par un épigone moderne de Stamitz (que Kivy appelle opportunément « Damitz »). Les œuvres musicales de chaque paire sont clairement distinctes parce qu'elles ont des propriétés esthétiques ou artistiques distinctes : le mélodrame attribué (fictivement) à Strauss est plus étrange, plus inouï que celui de Schönberg, la symphonie de Stamitz est enthousiasmante, exaltante, alors que celle de Damitz est amusante ou idiote [21].

À propos du cas Strauss/Schönberg, Kivy se contente de dire qu'un tel scénario est « purement et simplement impossible » [22]. Je

---

21. Comme le note Kivy, deux cas de figures sont ici possibles : un Damitz s'appropriant la symphonie en la recopiant sciemment ou un autre, ignorant l'histoire de la musique, parvenant accidentellement à la même structure sonore. Il se trouve que ma caractérisation du morceau correspond mieux au second Damitz. Cependant, je dois remercier Kivy d'avoir ajouté, quoique involontairement, au répertoire de cet exemple une œuvre supplémentaire, distincte de la symphonie de Stamiz, et de celle de mon Damitz, une œuvre qui possède certes la structure sonore de la symphonie, mais qui procède d'une sensibilité post-moderne, exigeant un abord et une écoute entièrement différents et donnant ainsi naissance à un troisième ensemble de propriétés esthétiques et artistiques.

22. Kivy, « Platonism : Another Kind of Defense », p. 246.

ne sais pas trop quoi faire de cette assertion. Bien entendu, ce cas de figure est *extrêmement improbable* ; il résulte d'un acte d'*imagination* (ou de supposition). Mais cela ne suffit pas à le rendre causalement *impossible*. Rien dans les notes et les instruments du *Pierrot Lunaire* [23] n'était étranger à Strauss, comme en témoignent ses compositions antérieures. N'aurait-il donc pas pu coucher sur le papier cette séquence de notes et l'instrumentation qui va avec ? Sans doute, s'il en avait eu l'idée, direz-vous. Mais vous soutiendrez peut-être qu'il n'aurait tout simplement pas pu en avoir l'idée, car cette idée précisément se trouve au-delà des limites de son style. N'aurait-il pas pu toutefois bénéficier d'une inspiration soudaine ? Les dieux, ou une modification brutale de l'équilibre chimique de son cerveau, n'auraient-ils pas pu lui accorder une vision singulière et fulgurante ? Des changements radicaux de style n'ont-ils pas lieu parfois ? La « pure et simple » impossibilité de Kivy pourrait être moins pure et moins simple qu'il ne veut bien le croire.

Kivy a cependant plus de choses à dire sur le cas Stamitz/Damitz. Dans sa discussion de l'*enthousiasme* présent dans l'Allegro initial de la symphonie de Stamitz, Kivy commence par chercher à y substituer la propriété, clairement non équivalente, d'être *enthousiasmant-pour-l'auditeur*, ce qui, bien évidemment, varie d'un public à l'autre. Mais Kivy admet ensuite, après avoir initié cette fausse piste, qu'il est néanmoins possible de discerner dans ce passage une propriété invariante, qui de surcroît intéresse de près les critiques et les musicologues :

> Il ne fait pas de doute que la « véritable » symphonie de Stamitz possède, en un sens éternel, un caractère enthousiasmant que ne possède pas son clone. Cette propriété lui a été conférée par son

---

23. Le *Pierrot Lunaire* est un mélodrame sur des textes d'Albert Giraud (traduits en Allemand par Otto Hartleben). Il se trouve que cette composante littéraire introduit une complication inutile. Je propose donc de modifier rétroactivement l'exemple en substituant au *Pierrot* les *Cinq Pièces pour orchestre* de Schönberg, op. 16, composées en 1909, chef-d'œuvre atonal de la même époque, et d'imaginer que Strauss ait devancé Schönberg avec une œuvre note pour note identique, ses propres *Cinq Pièces pour orchestre*, op. 35A, composées en 1897, succédant au *Zarathoustra* et précédant son *Heldenleben*.

histoire particulière : sa place particulière dans l'histoire de la musique. Elle était enthousiasmante pour ses premiers auditeurs, ce qui n'est pas vrai de son clone. Nous voyons là une propriété musico-historique de première importance [24].

Bien entendu, Kivy déforme et amoindrit ici encore le caractère *enthousiasmant* de l'Allegro en le tenant pour équivalent à son caractère enthousiasmant *pour ses auditeurs initiaux*, plutôt que pour des auditeurs qui l'écoutent *de manière adéquate*, en tenant compte de sa provenance et de sa place dans l'histoire de la musique. (Ces deux types d'auditeurs ne sont pas nécessairement identiques dans la mesure où les tout premiers auditeurs d'une œuvre peuvent ne pas être convenablement préparés ou disposés ; pensez au public de la première du *Sacre* d'Igor Stravinsky.) On pourrait penser cependant que cette concession suffit à régler la question : la simple structure sonore ne peut plus constituer un critère d'identité de l'œuvre. Mais ce n'est pas le cas ; Kivy déclare simplement, sans réelle justification, que cela ne suffit pas à remettre en cause l'identité entre la symphonie originale et les contreparties fictives qui sont ses semblables d'un point de vue strictement sonore. Le seul soutien qu'il apporte à cette affirmation provient d'animadversions à l'égard des cas imaginaires qui sortent trop de l'ordinaire, d'« exemples de science-fiction » qu'il convient selon lui de ne pas trop prendre au sérieux. Il est permis de suspecter que c'est encore une fois le spectre de la loi de Leibniz qui est ici à l'œuvre, et sans doute aussi le sentiment propre à Kivy que son application sans restriction constitue un affront au sens commun. Mais ce sont là des choses de la vie – ou peut-être simplement des choses de la logique – auxquelles nous ne pouvons rien : si de deux œuvres l'une possède une certaine propriété et pas l'autre, alors il s'agit de deux œuvres distinctes, et le fait que la propriété discriminante soit essentielle ou accidentelle, relationnelle ou non relationnelle, importante ou négligeable ne change rien à l'affaire !

Avant d'aller plus loin, il vaut la peine de remarquer que Kivy a choisi d'ignorer mes autres exemples du même acabit. Or ceux-ci,

24. Kivy, « Platonism : Another Kind of Defense », p. 247.

en évitant d'invoquer des compositeurs fictifs, ne peuvent être aussi aisément taxés de « virtuellement impossibles ». Ces exemples se bornent en effet à considérer les conséquences qu'auraient sur l'identité de diverses œuvres du xixe et du xxe siècles, des changements imaginaires relatifs à leur auteur ou à d'autres propriétés ou relations (par exemple temporelles). Dans son laïus sur la non-identité des symphonies de Damitz et Stamitz, il n'y a que peu d'indications sur la façon dont Kivy rendrait compte des relations d'influence ou des propriétés satiriques respectivement présentes dans les exemples de Johannes Brahms et de Béla Bartók ; et on voit encore moins comment on pourrait espérer faire passer ces exemples pour suspects ou futiles.

Mais considérons pour finir un exemple fermement enraciné dans le monde réel, fourni par Kivy lui-même, dans le but de tester ses intuitions :

> Il y a un petit prélude suivi d'une fugue chromatique en *mi* bémol, longtemps attribués au jeune Jean-Sébastien Bach, dont nous savons maintenant, grâce à la découverte des autographes, qu'elle est une œuvre de maturité de Johann Christoph Bach [son cousin plus âgé]. Faut-il dire alors que nous avons découvert qu'il s'agissait d'une *autre* œuvre ? Nous l'écoutons sans doute différemment, prise comme l'œuvre de maturité d'un compositeur antérieur et de moindre importance, que lorsque nous y entendions une pièce de jeunesse du grand Johann Sebastian. [...] D'une certaine façon, elle semble maintenant plus audacieuse, plus puissante, et faire preuve, bien entendu, d'une plus grande maturité. [...] Elle a « perdu » certaines de ses propriétés sonores et en a « gagné » d'autres. Mais ces propriétés sont-elles suffisamment essentielles pour que nous disions qu'elle a perdu son « identité » et en a reçu une autre ? Pensons-nous qu'il s'agit d'une autre œuvre ou simplement de la même œuvre ayant eu une histoire différente [25] ?

S'agit-il *maintenant* d'une œuvre distincte ? Nous n'avons aucune raison, ni aucun besoin, de dire une chose pareille. La découverte de l'identité exacte du compositeur n'en fait pas une œuvre différente de celle qu'elle était *antérieurement* à cette découverte, mais seulement

---

25. *Ibid.*, p. 246.

une œuvre différente de celle que nous *pensions*. Possède-t-elle par conséquent des *propriétés* différentes de celles qu'elle avait ? Non : c'est *nous* qui avons changé, en améliorant notre relation épistémique à cette musique, mais pas la musique elle-même. Ce qui s'est passé, c'est que nous avons acquis une connaissance plus complète de l'œuvre à laquelle nous avions affaire depuis le début, en saisissant plus étroitement certaines de ses propriétés contextuellement dépendantes les plus subtiles. Il ne fait aucun doute que c'est la même œuvre que nous identifions lorsque nous parlons de ce prélude et fugue, que ce soit avant ou après cette découverte. Ce qui a changé, c'est notre familiarité avec cette même et unique pièce, et la compréhension que nous en avons. Il en va avec les morceaux de musique, comme il en va avec les gens : nous les connaissons d'autant mieux que nous connaissons leurs origines, ou leur *background* comme nous dirions aujourd'hui.

IV

La dernière partie du deuxième article de Kivy retourne au débat création *versus* découverte. Kivy tente tout d'abord de rendre la perspective « découvertiste » plus attractive en suggérant, pour compléter les efforts menés dans son premier article, que la découverte et la création ne sont peut-être pas si éloignées l'une de l'autre[26] ; son idée principale est encore une fois de souligner la créativité inhérente à de nombreuses découvertes. Mais ceci est à proprement parler hors-sujet : la question n'est pas celle de la créati*vité*, mais celle de créati*bilité*, et la différence entre amener quelque chose à l'existence et créer quelque chose avec, ou en se servant de, quelque chose qui existe déjà ne peut tout simplement pas être esquivée, si du moins nous avons le souci de ne pas changer le sens des mots en cours de route.

---

26. *Ibid.*, p. 248-49.

Mais Kivy se lance alors dans une entreprise nouvelle, en cherchant à résoudre ce qu'il estime être une difficulté embarrassante pour le « découvertiste » :

> Même si l'on parvient à redonner une certaine plausibilité à la conception des œuvres musicales comme découvertes plutôt que comme créations, une difficulté supplémentaire semble en découler inévitablement. En effet, il est clair que la même découverte peut être faite par plus d'une seule personne. Le calcul infinitésimal, par exemple, a été découvert indépendamment par Leibniz et Newton [...] alors qu'il semble extrêmement peu plausible, et à vrai dire impossible, que Haydn et Mozart aient tous les deux découvert – c'est-à-dire composé – la structure sonore de la *Quarantième Symphonie* de Mozart [27].

Je suis surpris de voir Kivy essayer d'offrir, d'un point de vue platoniste, une explication de cette impossibilité présumée. Il aurait été beaucoup plus facile, semble-t-il, d'admettre la possibilité de principe d'une telle découverte duale, tout en reconnaissant sa très grand improbabilité, compte tenu de la complexité des structures sonores que l'on trouve généralement dans les symphonies. Toutefois, dans la mesure où il a renoncé à emprunter le chemin le plus facile, nous ne pouvons guère nous empêcher de percevoir les obstacles qu'il rencontre en s'efforçant d'expliquer l'inexplicable. En s'appuyant sur une comparaison exagérée entre les œuvres musicales et des entités comme les quarks, considérés d'un point de vue instrumentaliste [28] comme des « constructions théoriques » et que des physiciens travaillant indépendamment auraient pu développer à peu près au même moment, Kivy soutient l'idée suivante :

> [α] le *simple fait* pour une chose d'être une création, par opposition à une découverte, n'implique pas, *en soi*, que cette chose ne puisse être le résultat des efforts indépendants d'individus distincts, les

---

27. *Ibid.*, p. 249.

28. Ndt. L'instrumentalisme, en philosophie des sciences, est la doctrine selon laquelle les termes théoriques, comme « quark » ou « boson », ne réfèrent pas à des entités non observables, mais sont seulement des outils conceptuels qui permettent d'organiser la description des phénomènes observables et de les prédire efficacement.

« créations » scientifiques étant, d'un point de vue instrumentaliste, des exemples caractéristiques. Par symétrie de raisonnement, cela pourrait bien montrer aussi que [β] le simple fait d'être une découverte, plutôt qu'une création, n'implique pas automatiquement la possibilité que cette découverte soit partagée ; [...] ce qui suggérerait à son tour l'existence d'une autre raison pour que les structures musicales ne puissent être des résultats atteints indépendamment par des compositeurs distincts, en dehors de celle qui consiste à en faire des créations [29].

La réponse la plus facile serait d'observer que le simple usage des guillemets suffit à rejeter l'exemple comme non pertinent : « créer » des quarks n'est pas véritablement créer *des quarks* (les particules elles-mêmes), mais bien plutôt créer une nouvelle *catégorie* théorique, *le quark*. Il se trouve que cette catégorie a été pour l'essentiel créée par un seul homme, à savoir Murray Gell-Mann, en 1963. Elle *aurait pu* avoir été cocréée par un autre théoricien au même moment, mais *n'aurait pas* pu être *créée* par un autre scientifique après cette date, bien qu'il soit toujours possible que d'autres théoriciens par la suite arrivent à la même idée indépendamment. Si Gell-Mann avait véritablement créé les *quarks* – et pas simplement l'idée de quark – en les postulant dans sa théorie, alors les millions de dollars dépensés par la suite en accélérateurs linéaires pour vérifier si les quarks existent véritablement auraient été un investissement bien inutile.

Mais admettons que la conclusion intermédiaire de Kivy – α – soit correcte pour les cas de création simultanée. Comment cela peut-il bien, par symétrie de raisonnement ou quelque autre chemin, conduire à β ? Pourquoi le caractère *partageable* de certaines *créations* (ou choses créées) peu communes donnerait-il la moindre raison de penser que certaines *découvertes* (ou choses découvertes) peu communes peuvent être *impartageables* ? S'il y a une place, dans l'espace logique, pour que quelque chose soit découvert par une personne, comment ne pourrait-il pas y avoir de place pour que cette même chose soit

---

29. *Ibid.*, p. 250.

découverte simultanément par une autre[30] ? Il devient évident que le platonisme de Kivy n'a pas les moyens de répondre adéquatement à cette difficulté quand on le voit insister inconsidérément sur ce point et partir à la recherche d'une raison qui, comme il le dit lui-même, illuminerait « la différence entre les découvertes qui peuvent être partagées et celles qui ne le peuvent pas, les structures musicales [...] appartenant à la seconde catégorie »[31]. Voici ce qu'il nous offre :

> Pourquoi certains « objets » ne pourraient-ils pas être si uniques qu'ils ne puissent être découverts que par des personnes tout particulièrement disposées à les identifier ? [...] La *Septième Symphonie* de Beethoven ne pourrait pas émaner d'une autre personnalité que celle de Beethoven lui-même, pas plus que deux personnes différentes ne peuvent avoir la même écriture manuscrite [...] ; nous ne savons pas pourquoi, mais nous sommes intuitivement certains [...] que seul Beethoven aurait pu être responsable de la structure sonore que nous connaissons comme [sic] la *Septième Symphonie*[32].

Certes, il est *vrai* que certains objets musicaux sont « si uniques » qu'ils ne peuvent être rattachés qu'à un seul et unique individu. Mais ces objets, comme je l'ai soutenu, sont des *œuvres* et c'est parce que ces individus *créent* de tels objets, par une fusion de leur travail et de leur identité dans l'œuvre elle-même, que ces objets sont uniques et que des individus uniques leur sont attachés. Ils ne peuvent donc pas être de simples structures sonores, pas plus qu'ils ne peuvent être intelligiblement conçus comme tels. Il est en effet parfaitement possible que la structure sonore en question « émane » d'une personne numériquement distincte (pensons à des jumeaux parfaitement identiques), voire d'un individu ayant une personnalité et une histoire

---

30. Remarquons que des complications ayant trait au fait que cette personne doive être la *première* à trouver ou à parvenir à la chose en question, ainsi qu'à l'existence d'un sens étroit de « découvrir » selon lequel seule la première personne à trouver ou à parvenir à quelque chose peut être dite *découvrir* cette chose, sont étrangères à la présente discussion, qui concerne des découvertes multiples simultanées. De toute façon Kivy ne fait pas appel à ce sens étroit de « découvrir » dans son argument.

31. Kivy, « Platonism : Another Kind of Defense », p. 250.

32. *Ibid.*, p. 250-51.

totalement différentes (pensons à Pierre Ménard[33]). Ce qu'affirme Kivy au sujet des structures (verbales ou musicales) qui pourraient provenir des personnalités particulières de leurs auteurs est soit une exagération rhétorique, soit hors-sujet. C'est une exagération si l'on estime qu'il y est question d'impossibilités logique, physique ou même simplement comportementale. C'est hors-sujet s'il s'agit simplement de remarquer que de tels événements seraient extrêmement improbables. (Ce qui est hautement improbable ne peut être simplement écarté d'un revers de main si ce qui est en jeu est la non-partageabilité *de principe* des œuvres musicales).

En guise de bouquet final, Kivy décide d'introduire, pour faire accepter au sens commun que certains objets ne peuvent être découverts que par un seul individu, l'une des créations les plus sublimes de Pablo Picasso, et qui en même temps semble avoir demandé le moins d'efforts : la *Tête de Taureau* (Paris, 1943). L'interprétation que Kivy donne de cette œuvre veut que Picasso ait simplement

> « découvert » la forme d'une tête de taureau dans la selle et le guidon d'une bicyclette – la *Tête de Taureau*, comme vous le savez, n'est rien d'autre que cela, un guidon et une selle. Il n'y avait rien, véritablement, à « créer » : le guidon et la selle étaient déjà là[34].

Bien entendu, Kivy va trop loin. Ce n'est pas là *tout* ce que Picasso a fait. Si Picasso, en créant la *Tête de taureau*, n'avait pas strictement *créé* un objet unique, alors *qui* crée ? Je ne nie pas cependant qu'au cours de la création Picasso ait pu faire d'importantes découvertes cognitives ou ait pu donner corps à une découverte faite antérieurement, peut-être ne serait-ce que quelques minutes plus tôt. Mais tant qu'il n'est pas passé à l'étape consistant à assembler ces parties « pré-existantes » de cette façon bien précise, leur donner ce titre bien précis et les ériger en objet d'art, il n'y a tout simplement aucune œuvre à contempler. Or, souvenez-vous, c'est à cette œuvre elle-même, et pas seulement aux idées et perceptions qu'elle incorpore, que Kivy espère assimiler la *Septième Symphonie* de Beethoven. Considérons le cas

33. Ndt. Voir la note 18 de « Ce qu'est une œuvre musicale ».
34. *Ibid.*, p. 250-251.

de Bigasso, compatriote et grand rival de Picasso, qui aurait très bien pu avoir été à ses côtés lors de la matinée décisive. Il aurait alors remarqué les mêmes choses que lui, avant toutefois de s'éclipser pour une petite *siesta*. Picasso et Bigasso aurait alors fait ensemble la même découverte ce jour là, mais Picasso aurait élaboré seul son œuvre. Je veux bien croire que les bons jours, je découvre quantité de choses comparables (probablement pas aussi géniales il est vrai) à propos des ressemblances, des résonances et des possibilités visuelles des biens manufacturés qui nous entourent au quotidien, mais je n'ai jamais, à ma connaissance, réalisé pour cela la moindre sculpture[35] de quelque sorte que ce soit.

V

Dans son troisième article[36], c'est ce que j'appelle la condition d'*inclusion des moyens d'exécution* (Exé)[37] qui est la cible des attaques de Kivy. Dans la mesure où Kivy défend la conception selon laquelle une œuvre de musique se réduit à une pure structure tonale[38], il doit refuser que l'instrumentation soit essentielle aux œuvres musicales de la tradition occidentale. Pour justifier cela, il met en place un certain nombre de stratagèmes argumentatifs, auxquels je vais tâcher de répondre, au moins pour la plupart d'entre eux.

Commençons par évoquer un faux problème auquel Kivy consacre une bonne part de ce troisième article, et qu'il a déjà abordé par des voies détournées dans les deux précédents : il s'agit de la période de l'histoire de la musique à laquelle s'applique mon analyse. Je veux croire qu'il était relativement clair dans « Ce qu'est une œuvre

---

35. L'article de Richard Wollheim, « Minimal Art », *Arts Magazine* (janvier 1965, p. 26-32) contient des enseignements importants au sujet de certaines présuppositions inhérentes à la pratique des beaux-arts. Le traitement que Kivy réserve à cette œuvre de Picasso suggère qu'il ne les a pas pleinement intégrés.

36. Kivy, « Orchestrating Platonism ».

37. « Les œuvres de musique doivent être telles que des moyens spécifiques d'exécution ou de production sonore en soient des parties intégrantes. » (« Ce qu'est une œuvre musicale », p. 96).

38. Ndt. Sur la notion de structure tonale, voir la note 11 ci-dessus.

musicale » que je cherchais à saisir les éléments des œuvres les plus représentatives du répertoire tel qu'il est pratiqué à l'heure actuelle ; et je ne prétendais aucunement parvenir à une analyse suffisamment générale pour s'appliquer à la musique antérieure à 1750 environ. L'exemple que j'avais pris pour fil rouge, le *Quintette*, op. 16, de Beethoven (composé en 1797), aurait dû au moins suggérer à quel niveau se situe la limite chronologique inférieure de mon analyse. En outre, si vous demandez à un mélomane *lambda* de nommer une ou plusieurs œuvres musicales, il ne citera vraisemblablement que très peu de pièces antérieures au XVIII e siècle. Si mon analyse est adéquate pour la période qui va en gros de J. C. Bach à John Cage, mon objectif aura été pleinement atteint [39]. Donc, sur ce point, je suis prêt à abandonner à Kivy toute la musique composée avant 1750, et avec cela, sans doute n'importe quelle partition indiquant simplement « pour trois dessus et basse continue » ; je ne parlais tout simplement pas de ces musiques-là [40]. Je répondrai néanmoins brièvement aux

---

39. En fait, il semble relativement clair qu'une théorie qui serait adéquate à la nature de la composition musicale en Occident de 1300 à nos jours, ou dans les cultures musicales du monde entier, serait selon toute vraisemblance *moins* éclairante que celle que j'ai proposée, en raison de la trop grande étendue des objets dont elle devrait rendre compte.

40. Une autre raison que l'on pourrait avancer pour considérer les compositions datant en gros du XVIII e siècle comme le paradigme des œuvres musicales de la tradition classique et donc pour focaliser notre attention exclusivement sur ces dernières serait que le *concept* même d'œuvre musicale ne s'est pas cristallisé avant 1800 environ et n'est pas identifiable en tant que tel avant cette date. De plus, si nous identifions des œuvres musicales *per se* avant le milieu du XVIII e siècle, ou dans des musiques d'autres traditions (par exemple le jazz ou le gamelan javanais), c'est par une sorte de projection rétrospective ou d'une extension du concept qui n'est complètement exemplifié que dans la tradition savante occidentale à partir de la période classique. Cette thèse a été défendue de façon convaincante par Lydia Goehr dans un récent et important article, « Being True to the Work », *The Journal of Aesthetics and Art Criticism*, vol. 47, 1989, p. 55-67. Si une thèse de ce genre est recevable, alors cette focalisation sur des exemples empruntés aux deux derniers siècles dans mon effort pour isoler les paramètres essentiels de l'œuvre musicale possède une certaine justification historico-conceptuelle, en plus de la justification pragmatique que j'avais initialement à l'esprit en écrivant « Ce qu'est une œuvre musicale ».

remarques de Kivy concernant la portée de ce répertoire plus ancien sur la question qui nous préoccupe.

Au sujet du prétendu contre-exemple que constituent les nombreuses pièces de Giovanni Gabrieli (1554-1612) intitulées *Canzona per sonar*, Kivy pose à un certain point la question rhétorique suivante :

> Un musicien ou un mélomane pense-t-il vraiment que lorsque le New York Brass Ensemble « interprète » une *Canzona per sonar* de Gabrieli sur des cuivres modernes, cette formation n'a pas présenté une instance de *cette* œuvre, mais d'une œuvre différente[41] ?

Je réponds à cela que la disjonction n'est pas exhaustive : ces musiciens peuvent avoir « interprété » cette pièce sans l'avoir instanciée, et ce sans non plus instancier aucune *autre* œuvre. Il est également curieux que Kivy termine sa tirade sur la musique ancienne par l'affirmation suivante :

> Si l'essor de la musique instrumentale remonte au dernier quart du XVIe siècle, alors c'est une approche non essentialiste, radicalement *ad libitum*, de l'instrumentation qui a dominé au moins la moitié de l'histoire de la musique écoulée depuis lors[42].

Mais cela semble présupposer, ou au moins fortement suggérer, la validité, ou la plausibilité, de la position essentialiste pour les deux siècles qui constituent l'autre moitié. Pour finir, Kivy met en avant quelques difficultés que pourrait rencontrer mon affirmation, pourtant prudente, selon laquelle *Le Clavier bien tempéré* de J. S. Bach, s'il n'est peut-être pas exclusivement une œuvre pour clavecin, n'en reste pas moins une œuvre pour *clavier*. Son objection la plus pertinente fait valoir qu'une interprétation au luth pourrait être « tonalement [c'est-à-dire timbralement] indiscernable d'une interprétation au clavecin avec un *arpichordum* »[43], de sorte que les moyens de productions des sons, abstraction faite du timbre qu'ils véhiculent, pourraient ne pas être considérés comme essentiels. Ce raisonnement

---

41. Kivy, « Orchestrating Platonism », p. 43.
42. *Ibid.*, p. 44.
43. *Ibid.*, p. 45.

fournit un bon exemple de la tendance qu'a Kivy de dissocier les propriétés timbrales des propriétés instrumentales seulement quand cela l'arrange : il utilise ici les propriétés timbrales pour attaquer l'essentialité des propriétés instrumentales, alors qu'il répudie ailleurs les propriétés timbrales elles-mêmes.

Lorsqu'il en vient enfin à la musique qui fait réellement l'objet de mon analyse, Kivy observe que de nombreuses œuvres musicales, issues d'une période allant de la fin de XVIII e siècle à nos jours, existent sous des formes différentes de celles qu'elles avaient initialement lorsqu'elles furent composées et que c'est souvent le compositeur lui-même qui en est le responsable : elles sont appelées *transcriptions* (ou *arrangements*) et impliquent la reconception et la réécriture d'une œuvre en vue de nouveaux moyens d'exécution. Kivy déclare en toute confiance que, du point de vue des musiciens au moins, il s'agit toujours de la « même œuvre ». Mais les musiciens peuvent-ils se satisfaire si facilement de ce jugement cavalier, à supposer qu'il soit aussi répandu que Kivy le prétend ? Notons que l'on attribue généralement aux transcriptions complètes des numéros d'*opus* différents (et « *opus* » en latin ne signifie-t-il pas précisément « œuvre » ?). On peut sans doute préférer une œuvre à sa transcription ou vice versa. Mais s'il s'agit de la même chose, il en résulte alors une absurdité logique – on ne peut préférer une chose à elle-même. En outre, il est évident que certaines transcriptions « défigurent » l'œuvre originale, alors que l'original ne saurait se défigurer lui-même [44]. Quelqu'un qui ne connaît d'abord qu'une transcription avant de découvrir seulement ensuite l'œuvre originale (ou vice versa), dira vraisemblablement qu'il s'agit de la même *musique* – je suis prêt à l'admettre – mais il jugera très peu probablement qu'il s'agit là de la même *composition* [45]. Pour finir, ceux qui rechignent

---

44. L'orchestration par Schönberg du *Quatuor pour piano et cordes en sol mineur* de Brahms, ou celle de la *Grosse Fuge* de Beethoven par Leonard Bernstein fournissent selon moi de bons exemples de ce genre de défiguration.

45. Par exemple, si vous écoutez la *Fantasia cromatica*, pour alto seul, de Zoltán Kodály, vous vous direz probablement : « Je connais cette musique », puisqu'il s'agit effectivement de la musique de la *Fantaisie chromatique* pour clavier, BWV 903, de J. S. Bach ; vous reconnaîtrez sans doute l'une et l'autre comme la « même » musique.

à acheter le disque d'une nouvelle *interprétation* d'une œuvre dont ils possèdent déjà un enregistrement, sont souvent plus enclins à se procurer l'enregistrement d'une *transcription* réussie de la même œuvre : par exemple le *Quintette à cordes*, K. 406, de Wolfgang Amadeus Mozart (adapté de la *Sérénade pour vents*, K. 388), ou la version orchestrale des *Valses nobles et sentimentales* de Maurice Ravel (1912), adaptée des *Valses nobles et sentimentales* pour piano (1911), un exemple que Kivy mentionne d'ailleurs lui-même.

Ce n'est pas ici le lieu pour développer une théorie complète des transcriptions et des versions [46], mais je m'aventurerai cependant à avancer quelques remarques qui suffiront à indiquer quels sont les points de désaccord entre Kivy et moi à ce sujet. Il est préférable, selon moi, de voir dans une transcription une œuvre musicale *distincte* mais *secondaire*, qui reste subsidiaire ou dérivée par rapport à l'œuvre originale. Il est d'ailleurs toujours bon de s'en souvenir lorsqu'on l'écoute ou l'évalue. On peut bien dire, cependant, qu'une transcription et son original constituent la même œuvre, mais il ne s'agit là que d'une formule approximative pour dire réellement que les œuvres appartiennent à un même *type* plus large, défini par la structure tonale formant le noyau de l'œuvre originale. Il peut être utile de réserver le terme de *version* pour une variante mineure qui ne constitue pas (comme dans le cas de la transcription) une seconde élaboration de l'œuvre en vue de nouveaux moyens d'exécution [47]. La relation qui existe entre différentes *versions*, prises en ce sens, d'une même œuvre (par exemple, le fait qu'une ligne de basse soit doublée ou non, ou qu'un cor anglais soit ajouté ou non aux hautbois dans un passage donné) n'est pas la même que celle qui lie une *transcription* à son *original* : les versions constituent différents raffinements d'une même

---

Mais il est peu probable que vous considériez qu'il s'agit de la même pièce de musique, d'autant plus que Kodály préserve essentiellement la ligne supérieure agrémentée ici et là de quelques doubles et triples cordes.

46. Une théorie de ce genre a été proposée récemment par Stephen Davies (« Transcriptions, Authenticity and Performance », *British Journal of Aesthetics*, vol. 28, 1988, p. 216-227), mais je ne peux en rendre compte ici.

47. Naturellement, une ligne de démarcation entre les *transcriptions* et les *versions* serait relativement flexible.

conception fondamentale alors qu'une transcription est une conception essentiellement *nouvelle*, nécessitée par l'existence de capacités et de contraintes propres aux nouveaux moyens d'exécution visés mais qui reste liée à l'original par le maintien, autant que faire se peut, de sa structure tonale.

Ce n'est pas la seule manière d'envisager les transcriptions, cependant. Selon une conception alternative, une transcription est une *expansion* ou une *extension* de l'original qui introduit un choix entre deux moyens d'exécutions possibles, respectivement associés à l'ancienne et à la nouvelle instrumentation. L'œuvre a ainsi été *modifiée* : alors que c'était auparavant l'instrumentation i_1 qui était requise pour une exécution (correcte), nous avons maintenant le choix entre l'instrumentation i_1 *et* l'instrumentation i_2, – mais l'étendue de ce choix, bien évidemment, s'arrête là et ne s'applique pas à toute instrumentation possible et imaginable. S'il reste vrai qu'une instrumentation spécifique fait intégralement partie de l'œuvre, il faut à présent simplement admettre que cette instrumentation puisse être explicitement *disjonctive*[48]. Mais l'œuvre ainsi élargie verrait en conséquence ses propriétés esthétiques se dilater elles aussi, c'est-à-dire perdre en spécificité, ce qui pourrait s'avérer problématique sur le plan de la description critique.

Si, en revanche, nous nous en tenons à la conception des transcriptions comme œuvres distinctes, elles n'en restent pas moins des œuvres relativement mineures d'un point de vue artistique : elles manifestent habituellement bien moins de créativité, d'originalité et d'importance que leurs originaux, et les processus créatifs qui conduisent à la composition des unes et des autres sont évidemment

---

48. Il y a un cas bien connu, datant du XIXe siècle, d'œuvre incluant dès le départ une instrumentation disjonctive (et que Kivy cite d'ailleurs à l'appui de son propos) : il s'agit des deux *Sonates pour clarinette ou alto et piano* de Brahms, op. 120. Remarquez cependant que la disjonction indiquée par Brahms concerne deux instruments qui, abstraction faite de leur appartenance à deux familles distinctes, se ressemblent assez par leur couleur timbrale – « velouté » étant l'un des termes les plus couramment employés pour la décrire. Kivy peut difficilement négliger ce point dans le cadre de cette discussion.

incomparables. Mais cela ne veut pas dire, encore une fois, que l'instrumentation ne joue qu'un rôle accessoire dans la créativité, l'originalité et l'importance de l'œuvre originale.

Kivy soulève ensuite une question intéressante au sujet de l'identité des œuvres au cours de leur processus de création :

> Felix Mendelssohn a continuellement bricolé, au fil des ans, l'orchestration de l'ouverture de sa *Schöne Melusine*. Composait-il une nouvelle œuvre à chaque fois qu'il changeait quelque chose à cette orchestration [49] ?

Je n'ai pas de théorie générale à proposer qui rende compte des vicissitudes qu'une œuvre musicale peut subir pendant le temps de sa création, tout en restant la même œuvre que celle dont la composition a été entreprise un peu plus tôt. J'observerai simplement que toutes les difficultés soulevées par de tels cas d'indétermination n'affectent pas moins les structures tonales chéries par Kivy (la mélodie, le rythme, l'harmonie, le phrasé, etc.) dans leur capacité à fixer l'identité d'une œuvre musicale. Mendelssohn composait-il une nouvelle œuvre à chaque fois qu'il bidouillait la disposition des arpèges initiaux, saupoudrait son second thème de quelques notes de passage chromatiques, ou ajustait la durée d'une transition ? Il est évident que non. Que ce soit la structure tonale ou l'orchestration qui ait subi des retouches de cette ampleur ne change rien au fait que Mendelssohn, ce faisant, modifiait ce qui allait *devenir* cette œuvre dans toute sa complexité.

VI

Admettons que l'on propose une « exécution » du *Trio à cordes*, op. 9, de Beethoven (une œuvre contemporaine du *Quintette*, op. 16) à l'aide de trois flûtes irlandaises de registres différents – une telle exécution se situerait assurément à la limite des tentatives raisonnables et raisonnablement satisfaisantes d'instanciation. Mais cela ne prouve

---

49. Kivy, « Orchestrating Platonism », p. 46.

pas que l'instrumentation pour cordes n'est pas cruciale à l'identité de l'*Opus 9*. En effet, l'identité de l'œuvre est conceptuellement liée à ce qui est exigé d'une exécution *correcte* ou à l'idée qu'on peut se faire d'une exécution correcte [50]. Après tout, on pourrait très bien proposer une « exécution » de l'*Opus 9*, reconnaissable comme telle, jouée au violon, à l'alto et au violoncelle, mais dans laquelle un tiers des notes auraient été omis. Cela ne montrerait pas que ces quelques milliers de notes étaient non essentielles. Elles sont au contraire nécessaires, tout comme l'instrumentation spécifiée par le compositeur, pour qu'une exécution donnée soit bien une *instance* de l'œuvre [51]. À plusieurs reprises, dans son troisième article, Kivy semble tout près de confondre la question des critères de reconnaissance avec celle de l'identité artistique. Le fait que l'on puisse plus facilement reconnaître quelque chose comme étant l'exécution d'une œuvre lorsqu'on altère l'instrumentation que lorsqu'on change la structure tonale (en restant généreux, comme je l'ai été, sur ce qui constitue une exécution) ne montre pas que son essence musicale tient uniquement à cette structure tonale. Ce qui peut être considéré, en comptant très large, comme l'exécution d'une œuvre illumine moins ce qui définit cette œuvre que la robustesse ou l'indestructibilité de certains de ses traits audibles.

Lorsque Kivy affirme que l'on pourrait sans difficulté *identifier* les œuvres auxquelles ces exécutions atypiques correspondent (par exemple une fugue de Bach exécutée par un « chœur de kazoos » [52]), nous ne sommes pas plus convaincus que si l'on faisait remarquer que vous pourriez, devant deux bonnes reproductions en taille réelle du *Portrait de Saskia* de Rembrandt et du *Portrait de Mme d'Haussonville* d'Ingres, dire avec certitude laquelle est une

---

50. Je suis ici d'accord avec Wolterstorff, *Works and Worlds of Art*, II.

51. Si l'instrumentation, dans l'ensemble d'œuvres pertinent (post-bachien pour faire vite) fait partie des éléments qui définissent à quelles conditions une exécution est correcte, alors cela veut dire que l'exigence d'instrumentation adéquate est constitutive de l'espèce et lui est essentielle. (Voir Wolterstorff, *Works and Worlds of Art*). Elle se situe donc sur le même plan que les prescriptions de hauteurs, de rythmes, de dynamiques et de *tempi*.

52. Kivy, « Orchestrating Platonism », p. 55.

reproduction du Rembrand et laquelle est une reproduction du tableau d'Ingres. Mais vous ne diriez en aucun cas que ce que vous avez sous les yeux, ce sont les tableaux eux-mêmes ou des exemplaires authentiques de ces œuvres picturales. Par conséquent, le fait que nous puissions rapporter la musique jouée par les kazoos à l'œuvre de Bach ne veut certainement pas dire que nous tenons implicitement cette exécution pour une *présentation* adéquate de l'œuvre, une présentation qui prouverait que l'instrumentation prescrite par le compositeur n'est jamais que facultative[53].

Il est clair que la structure tonale est généralement l'élément le plus important, le plus aisément reconnaissable, le plus facilement réutilisable et transférable que possède une œuvre musicale – mais cela n'en fait pas la totalité de l'œuvre elle-même. Même si nous admettons que les transcriptions préservent cet élément, cela ne veut pas dire que ces dernières traduisent tout ce que l'œuvre est véritablement et constitutivement. Ce que font les auteurs comme Kivy, c'est simplement attirer l'attention sur le fait que les œuvres musicales, vues sous un certain angle, possèdent un certain nombre d'éléments centraux ou « noyaux » : un noyau *compositionnel*, qui constitue généralement l'objet principal de l'activité et des intentions du compositeur[54], un noyau *recognitionnel*, c'est-à-dire un ensemble d'aspects robustes garantissant que l'on puisse identifier la même « musique » lorsque d'autres attributs de l'œuvre sont altérés, et enfin un noyau pour ainsi dire *pratique*, qui survit à toute transcription

---

53. Il n'est pas non plus nécessaire, comme le prétend Kivy non sans goguenardise, de considérer cette exécution comme « l'exécution de quelque chose d'autre » (p. 55).

54. Le commentaire de Kivy sur le cas de Ravel est ici tout à fait à propos : « L'exemple de Ravel est particulièrement pertinent pour notre objet, en ce qu'il appartient à une période et à un style de composition que nous associons très intimement au rôle prépondérant du timbre, qui devient une "propriété essentielle". [...] Il est pourtant clair que même ici, le compositeur a pensé en termes de structure sonore, et seulement ensuite en termes d'instrumentation » (p. 46). Il est vrai que l'orchestration a tendance à occuper les dernières étapes du processus compositionnel, et cela a peut-être été vrai des *Valses* de Ravel. Mais ce à quoi le compositeur pense en premier, ou même ce à quoi il accorde la plus grande importance – le noyau compositionnel, si vous voulez – ne saurait décider seul de ce qui *définit* l'œuvre qui en résulte.

susceptible d'être exécutée. Il est vrai que la structure tonale[55] joue vraisemblablement très souvent ces trois rôles à la fois – elle constitue simultanément le noyau compositionnel, recognitionnel et pratique d'une œuvre. Mais cela ne saurait prouver qu'elle constitue l'œuvre musicale *dans son entièreté*, c'est-à-dire l'entité artistique totale agencée par le compositeur, la composition destinée à une catégorie bien précise d'interprètes possédant des habitudes stylistiques et des techniques bien précises, en même temps que l'objet propre de la critique et de l'appréciation musicales.

Être jouée au piano, pour autant que je puisse en juger, n'est pas un trait moins constitutif de la *Sonate « Waldstein »* que le fait de *commencer par un accord de tonique à l'état fondamental*. On ne manquerait sans doute pas de *reconnaître* la « *Waldstein* » si l'interprète commençait plutôt par le deuxième renversement du même accord de tonique, si les huit premières mesures de la main gauche étaient omises ou – mais c'est déjà un peu moins évident – si le tout était interprété par un duo de guitares. Là n'est pas le problème. Il n'y a pas de difficulté à admettre qu'on puisse obtenir quelque chose que d'aucuns accepteraient de considérer comme « l'exécution » d'une œuvre tout en contrevenant à un bon nombre des propriétés constitutives de l'œuvre en question. L'exécution d'une œuvre, comme je l'ai proposé dans « Ce qu'est une œuvre musicale », peut être comprise comme une tentative sérieuse d'instancier une œuvre musicale, couronnée d'un succès raisonnable et une telle tentative peut être considérée comme sérieuse et raisonnablement réussie si la structure de l'œuvre est globalement respectée et bien rendue[56]. Les propriétés

---

55. La structure *tonale*, rappelons-le une nouvelle fois, est plus abstraite que la structure *sonore*, dans la mesure où, selon l'usage que je fais de ces termes, celle-ci (à la différence de celle-là) intègre le *timbre*.

56. Je suis donc très heureux de dire, par exemple, que j'*exécute* des solos de hautbois sur ma flûte à bec alto, mais cela ne veut pas dire que je produis par là des *instances* des œuvres que je joue : seules certaines exécutions comptent comme des instances. Une instance doit exemplifier tout ce qui appartient *constitutivement* à une pièce (voir Jerrold Levinson, *Music, Art and Metaphysics*, p. 159-178, « Titles ») et clairement toutes les exécutions ne remplissent pas cette condition. De nombreuses exécutions sont très près d'être des instances ; les exécutions contenant quelques

non prises en compte dans de tels cas restent fondamentales à l'œuvre, au sens où elles constituent l'œuvre comme nécessairement distincte de toute œuvre musicale à qui ces propriétés font défaut, et où elles sont exhibées par toute instance véritable de l'œuvre.

VII

Dans certaines de ses remarques, Kivy cherche à reprendre à son avantage la difficulté qu'il y a à donner un contenu clair à la notion de « même instrument » (ou de « même instrumentation »), notion sur laquelle la thèse de l'inclusion des moyens d'exécution doit tôt ou tard s'appuyer. Je ne dirais pas qu'il est essentiel à une œuvre musicale qu'elle soit jouée *exactement* sur les instruments auxquels son compositeur et ses premiers interprètes avaient accès, si nous prenons en compte jusqu'aux luthiers qui les ont fabriqués, leurs dimensions exactes, leurs dates de fabrication et la couleur de leurs vernis. La manière dont on comprend cette notion doit évidemment autoriser une certaine flexibilité logique dans son application. Il y a des raisons de penser, qui plus est, que la notion de « même instrument » n'est pas beaucoup plus vague que celle de « même structure sonore ». S'agit-il de la même structure sonore (que celle qui a été prescrite) si à un endroit on substitue un *f* à un *fff*, si à un autre on double une note à l'octave, si à un troisième les croches sont égalisées, le tout à un tempo *allegro assai* plutôt que *presto* ? Dans de nombreux contextes, nous dirions probablement que oui[57]. Mais il est clair qu'aucune incertitude de ce genre n'implique que la structure sonore ou l'instrumentation soient complètement négociables[58].

---

fausses notes en font sans doute partie, ainsi que les exécutions sur des instruments de fortune ou sur d'autres instruments que ceux prescrits. Tous ces cas sont sur le même plan, selon moi. Nous ne dirions pas que tel *la* bémol était non essentiel parce qu'il existe des exécutions (incorrectes) – et donc des non-instances – qui l'omettent. Pourquoi en irait-il autrement dans le cas du hautbois délaissé au profit d'une flûte à bec ?

57. Voir Levinson, « Titles », section III.

58. Il n'est pas anodin que dans tous les cas où Kivy soutient qu'une pièce est correctement exécutée bien que sur d'autres instruments que ceux prescrits par le

Kivy souligne qu'un concerto de Haendel, conçu comme un morceau de bravoure lorsqu'il est exécuté sur le genre de hautbois pour lequel il a été pensé, ne sera pas perçu comme particulièrement virtuose, que ce soit par l'interprète ou par le public, s'il est joué sur un hautbois moderne, doté de nombreuses clés [59]. Dans ce genre de cas, je suis tenté de m'entêter et de dire : très bien, exécutez-le sur cet instrument si vous y tenez, ou si une nécessité pratique vous y contraint, mais cela n'enlève rien au caractère virtuose de l'œuvre que Haendel a écrite, un caractère que ses exécutions modernes font disparaître, ou qu'elles estompent, pour être plus précis. Comme indiqué précédemment, il peut s'agir d'une *exécution* de l'œuvre originale, mais cela n'en fait pas automatiquement une *instance* de cette œuvre et ne veut pas dire qu'il s'agit d'une authentique présentation de l'œuvre : on ne saurait en conclure que toute propriété que *cette exécution* ne parvient pas à communiquer ne fait pas partie intégrante de l'*œuvre*.

Dans la même veine, Kivy soutient que le *Concerto pour clarinette* de Mozart perd de son originalité lorsque l'usage de la clarinette se généralise dans les années qui suivent et lorsque, avec le temps, nous finissons par nous habituer à entendre des concertos pour bois d'une certaine ampleur [60]. Il devrait être clair que nous avons ici affaire à une conception erronée de l'originalité artistique. L'originalité est une propriété contextuelle et historique : en gros, si une œuvre présente une propriété structurale ou esthétique qui la distingue de façon significative d'un ensemble pertinent d'œuvres antérieures, nous disons que cette propriété constitue un trait *original* [61]. Une fois le

---

compositeur, c'est toujours une version plus tardive de l'instrument prescrit, structurellement équivalente, qui est impliquée.

59. Kivy, « Orchestrating Platonism », p. 53.

60. *Ibid.*

61. Sur la distinction entre propriétés esthétiques et propriétés structurales, voir Jerrold Levinson, *Music, Art and Metaphysics*, Oxford, Oxford University Press, p. 107-133 (« Aesthetic Uniqueness »). [Ndt. Les propriétés structurales d'une œuvre d'art sont ses propriétés non esthétiques perceptibles dans des conditions normales de réception, par exemple les points, lignes, couleurs dans les œuvres picturales ; le tempo, les hauteurs, le timbre dans les œuvres musicales, etc. Dans la plupart des cas, les

contexte historique fixé, le degré d'originalité de l'œuvre est par là même complètement déterminé et ne peut plus varier par la suite [62]. À cet égard, le *Concerto pour clarinette* de Mozart a toujours été et sera toujours original, et ce, même si cette originalité peut être *éclipsée* quand notre écoute est parasitée par la prise en compte de ce qui a été composé depuis [63]. Il devrait être clair que dans cet exemple, tout comme dans le précédent, la tactique de Kivy consiste à substituer des propriétés apparentes à des propriétés réelles (même si historiquement dépendantes), comme nous avions déjà pu l'observer dans la discussion du caractère enthousiasmant de l'*Allegro* de Stamitz.

Venons-en à l'exemple de la « *Hammerklavier* » que j'ai moi-même mis en avant. Kivy soutient que le caractère heurté, sublime et imposant de la sonate de Beethoven (j'avais tout particulièrement à l'esprit les premier et dernier mouvements) transparaîtra, au moins dans une certaine mesure, quel que soit l'instrument sur lequel elle est jouée pourvu, d'une part, que celui-ci soit capable de produire les notes prescrites et, d'autre part, que les auditeurs n'aient connaissance ni de l'instrument qui produit effectivement les sons, ni du fonctionnement général des instruments à clavier [64]. Pour ce qui concerne le premier point, je maintiens qu'il y a un caractère sublime et heurté bien particulier qui appartient véritablement et en propre à

---

propriétés esthétiques dépendent de ces propriétés structurales, même si elles ne s'y réduisent pas].

62. Voir Levinson, « Les œuvres d'art et le futur » pour une plus ample discussion.

63. L'originalité, soit dit en passant, n'est *pas*, à proprement parler, un attribut sonore, au sens d'un attribut que nous pourrions entendre directement. C'est en partie ce que je veux dire lorsque j'affirme qu'il s'agit d'une propriété *artistique*, par opposition à une propriété *esthétique*. La différence entre les propriétés artistiques et esthétiques, tels que j'utilise ces termes, est la suivante : les propriétés *artistiques* des œuvres sont des propriétés qui décrivent ou reflètent directement leur place dans l'histoire de l'art, leur situation dans le champ des œuvres pris comme un tout, ce qui inclut les influences qu'elles reçoivent et qu'elles exercent les unes sur les autres, ainsi que les diverses relations qu'elles peuvent entretenir (référentielles, imitatives, allusives, parodiques, dénonciatrices) avec d'autres œuvres d'art. Les propriétés *esthétiques* sont une espèce de propriétés perceptuelles qui entretiennent certes une relation complexe de *dépendance* envers le contexte que fournit l'histoire de l'art, mais à la différence des propriétés artistiques, cette relation à un contexte n'en constitue pas le *contenu*.

64. Kivy, « Orchestrating Platonism », p. 51-52.

certaines parties de cette sonate et qui s'évapore, au profit de quelque
chose de moins spécifique, lorsqu'elle n'est pas exécutée sur un type
bien particulier de piano, en vertu même des limites de l'instrument.
Et cette qualité-*là*, qui est propre à l'œuvre de Beethoven, et que
reconnaît n'importe quel critique compétent, ne transparaît pas dans
toute exécution qui se contente d'en préserver la structure tonale. Il
est discutable que ce caractère heurté ne puisse être rendu que sur un
piano-forte des années 1830, avec ses registres bien délimités, mais
il ne fait aucun doute qu'il disparaît de la sonate si cette dernière n'est
pas conçue comme devant être exécutée sur ce *genre* d'engin fait de
bois et de métal que nous appelons un piano. Kivy pense-t-il réellement
que cette qualité subsiste, au moins en grande partie, avec n'importe
quel moyen d'exécution capable de reproduire la structure sonore de
la sonate ? Survivrait-elle à un quatuor de flûtes [65] ? Pour ce qui est
du second point, je pense que Kivy a tout simplement tort : si le
niveau de connaissances générales relatives aux instruments de
musique, à leurs capacités et à la manière d'en jouer tombe en-deçà
d'un certain seuil, c'est la saisie même de la complexion esthétique
de l'œuvre qui est mise en péril [66] – or c'est précisément cela que
doit viser la critique musicale après tout, pas une caractérisation
rapide et approximative. Pour prendre un autre exemple du même
genre, les passages en double-cordes au violon (dans les *Sonates et
Partitas pour violon seul* de Jean-Sébastien Bach, ou dans le *Concerto
pour violon* de Piotr Ilich Tchaïkovski) manifestent souvent une
qualité de tension qui disparaîtrait en grande partie et perdrait de sa

---

65. Dès lors que l'on autorise toutes les instrumentations possibles et imaginables,
je ne sais pas très bien lesquelles d'entre elles Kivy considérerait comme capables de
transmettre la structure de la « *Hammerklavier* » dans son intégralité (abstraction faite
des timbres, bien entendu). Si les niveaux de dynamiques relatifs en font partie, alors
un quatuor de flûtes pourrait selon moi, *à sa manière*, exprimer l'ensemble des nuances
allant de *ppp* à *ff*. Si c'est un niveau de dynamiques absolu qui est exigé, c'est-à-dire
un niveau de dynamiques comparable à celui d'un piano, alors bien évidemment les
flûtes ne peuvent pas suivre ; mais il ne serait pas dans l'esprit de ce qu'avance Kivy
d'adopter cette seconde interprétation.

66. Pour une défense plus complète de cette affirmation, le lecteur est prié de se
reporter à « Interprétation authentique et moyens d'exécution », dans ce même volume.

spécificité si de tels passages étaient joués par deux violons – ou pire encore sur un synthétiseur multi-bandes [67].

Pour réitérer la principale leçon de « Ce qu'est une œuvre musicale », les œuvres de musique doivent être suffisamment spécifiques pour posséder les propriétés esthétiques et artistiques significatives que nous leur attribuons. Nous devons les concevoir de telle sorte qu'elles soient le genre de chose auxquelles ces attributs appartiennent *effectivement*. Or la structure tonale ne remplit pas à elle seule le cahier des charges. Nous ne trouvons pas de critiques – ni même de mélomanes avertis – pour dire par exemple du premier mouvement de la *Deuxième Symphonie* de Gustav Mahler : « *Sous cette forme*, c'est d'un pessimisme troublant et bouleversant » – par exemple avec telle instrumentation. On s'attendrait plutôt à quelque chose comme : « C'est d'un pessimisme troublant et bouleversant » *tout court* – en vertu de sa constitution intrinsèque. Cette pièce n'aurait sans doute pas ces qualités avec la même force si l'orchestration était considérée comme une variable totalement libre (si tant est qu'elle parvienne même à les conserver). On s'engage sur un terrain glissant, extrêmement dangereux pour le caractère esthétique et artistique d'une œuvre, dès lors que l'on commence à considérer comme « seulement optionnelle » telle ou telle spécification appartenant à la pièce telle qu'elle a été conçue à l'origine, qu'il s'agisse de spécifications relatives à la structure tonale, au timbre, ou simplement aux moyens d'exécution.

Kivy s'est efforcé de montrer que certaines propriétés des œuvres musicales, telles que la virtuosité et l'originalité d'un côté, le caractère heurté et sublime de l'autre, sont ou bien trop *évanescentes* par nature (comme celles-là) ou bien trop robustes (comme celles-ci) pour que l'instrumentation puisse être considérée comme une partie intégrante des œuvres auxquelles elles appartiennent. Or j'espère avoir montré qu'elles sont respectivement moins évanescentes et moins robustes qu'un platoniste n'aime à le penser. Le simple fait d'avoir une

---

67. Les problèmes abordés dans ce paragraphe sont plus amplement discutés et sur des fondements plus explicites dans « Interprétation authentique et moyens d'exécution ».

compréhension fautive de ces propriétés ne suffit pas à les éliminer ; mais nul doute que si vous les privez de leurs jouets favoris – les instruments de musique – elles ne tarderont pas à prendre le large. Nul besoin d'aller chercher plus loin pour mettre à mal le platonisme de Kivy.

VIII

Il nous faut, pour finir, aborder une dernière question : est-il légitime de considérer une instrumentation spécifique comme constitutive des œuvres *au motif que l'on observe dans les partitions* des prescriptions de moyens d'exécution toujours plus précises ? Bien entendu, tout ce qui figure dans une partition n'est pas une prescription irrévocable, par opposition à une simple recommandation destinée à aider l'interprète à réussir la meilleure exécution possible. Naturellement, il n'est pas toujours facile de bien distinguer les deux [68]. Mais je ne crois pas que dans des cas précis, envisagés à la lumière des pratiques de notation et d'interprétation, la question de savoir si une inscription relève du premier ou du second genre soit toujours indécidable. Et dans les cas où une réponse à cette question est disponible, elle ne penche généralement pas en faveur du caractère facultatif de l'instrumentation.

Kivy, cependant, n'est pas de cet avis, et ce pour des raisons très profondes vers lesquelles nous allons à présent tourner notre attention. Selon lui, le fait qu'une partition, après 1780 (environ), prescrive une

---

68. Voir Wolterstorff, *Works and Worlds of Art*, p. 64 : « Un compositeur peut avoir une certaine idée de ce que pourrait être une occurrence esthétiquement excellente de son œuvre, et du meilleur moyen d'y parvenir. Il peut penser qu'un certain tempo ou, pour un orgue, une certaine registration, donneraient la meilleure exécution. Mais s'il n'en fait pas des conditions requises de toute exécution correcte, elles ne restent qu'une affaire d'opinion et de jugement subjectifs, propres au compositeur. [...] Bien entendu, pour chaque inscription figurant sur une partition, il n'est pas toujours clair si le compositeur a voulu sélectionner un ensemble de critères permettant de déterminer à quelles conditions une occurrence est correcte, ou s'il a simplement exprimé son opinion quant à la meilleure manière de produire une occurrence correcte qui soit en même temps esthétiquement excellente ».

instrumentation très précise peut être trompeur et ne doit pas être pris au pied de la lettre. Il n'est pas inutile d'examiner avec attention cet aspect de son objection à l'« instrumentationnisme », dans la mesure où elle lui paraît être l'argument « le plus crucial pour la défense de [sa] position » [69].

Kivy commence par caricaturer ce qui lui paraît être mon argument « par les partitions » :

> Les partitions définissent les œuvres. Des prescriptions relatives à l'instrumentation figurent sur les partitions. Par conséquent, les prescriptions relatives à l'instrumentation définissent (en partie) les œuvres [70].

Comme il le reconnaît lui-même assez vite, ma seconde prémisse doit *vraiment* être comprise en un sens plus fort que ce que laisse entendre cette formulation : ce n'est pas simplement que les prescriptions relatives à l'instrumentation figurent sur les partitions ; elles y figurent d'une certaine manière bien particulière, et doivent être comprises comme exprimant de véritables requêtes plutôt que de simples souhaits, de sorte qu'elles ont force d'*obligation*. Mais je reconnais avec Kivy que cet argument « par les partitions », en lui-même, ne mérite pas beaucoup d'attention et qu'il est préférable de chercher à percer la vérité des significations et des pratiques *sous-jacentes* aux partitions, dans la musique elle-même.

Voici le passage où Kivy formule ses observations les plus perspicaces, parmi tout ce qu'il a pu dire à l'encontre de ma position. Après avoir reconnu que les prescriptions relatives à l'instrumentation dans les œuvres postérieures à 1780 sont clairement plus que de simples suggestions, Kivy maintient qu'elles ne doivent cependant pas être considérées comme définissant l'œuvre à laquelle elles se rapportent, parce qu'il existe une manière de considérer ces prescriptions comme seulement conditionnelles (ou « instrumentales »), plutôt que catégoriques et absolues. L'instrumentation peut être considérée comme requise en vue d'une réalisation adéquate des structures

---

69. Kivy, « Orchestrating Platonism », p. 51.
70. *Ibid.*, p. 48.

tonales de plus en plus complexes et ambitieuses que les compositeurs de la fin du XVIIIe siècle se sont plu à imaginer, et seulement en tant qu'elle constitue une condition nécessaire à cette fin :

> Les structures musicales, en devenant de plus en plus complexes et en prenant une envergure toujours plus grande, ont accru le niveau d'exigence qui pesait sur les interprètes. L'*ambitus* d'une sonate (ou d'un concerto) pour violon ou encore la technique des double-cordes ne permettaient plus que de telles pièces soient exécutées sur une flûte ou un hautbois. Il n'a donc plus été possible de présenter une sonate ou un concerto comme étant « pour violon ou [...] autre instrument mélodique », comme c'était antérieurement la coutume, tout simplement parce qu'aucun autre instrument mélodique n'était en mesure de réaliser la structure de l'œuvre. De ce point de vue-*là*, certains instruments sont devenus *essentiels*, mais seulement de façon *temporaire* et, sans mauvais jeu de mots, *instrumentale*. En d'autres termes, s'ils devenaient essentiels à la réalisation de l'œuvre, c'est parce qu'ils étaient, en ce temps-là, les seuls à pouvoir rendre correctement la structure de l'œuvre. Ils n'étaient donc essentiels qu'au titre de *moyens*. [...] Bien entendu, je dis « temporairement » parce que la conception de nouveaux instruments, l'évolution des anciens et le développement de nouvelles techniques instrumentales peuvent rendre une même structure sonore réalisable par des moyens très différents de ceux initialement envisagés par le compositeur. [...]
> Ce que je veux dire par là, c'est qu'une bonne part de l'intérêt accordé à l'instrumentation à cette époque, après que le « *ad lib* » eut cessé d'être la norme, avait moins à voir avec la couleur et le timbre, qu'avec la constitution des instruments et leur capacité physique à réaliser certaines structures sonores, c'est-à-dire avec les *ambitus* de ces instruments et la diversité des figures musicales complexes qu'ils permettaient de reproduire, à l'aide d'une technique instrumentale en constant perfectionnement [71].

Ce que Kivy avance ici est d'une grande pertinence et mérite d'être souligné, d'autant que c'est dans une large mesure vrai. Mais le fait que certains éléments d'ordre purement technique, à partir de

---

71. *Ibid.*, p. 48-49.

la fin du XVIIIe siècle, aient souvent pu jouer un rôle déterminant dans certains choix d'instrumentation implique-t-il que l'instrumentation ne fait pas partie intégrante de l'œuvre telle qu'elle était conçue durant les deux derniers siècles ? Je ne le crois pas. En effet, il n'en demeure pas moins, premièrement, que les propriétés de timbre en elles-mêmes et les effets expressifs qui dépendent du répertoire gestuel [72] associé aux instruments considérés sont des éléments qui jouent progressivement un rôle *de plus en plus* déterminant dans le choix de l'instrumentation. (Nous y reviendrons sous peu, lorsque nous examinerons le passage où Kivy est le plus directement confronté à cette difficulté, avec les exemples de Brahms et de Berlioz). Deuxièmement, dans certains cas, il n'est pas clair qu'il soit véritablement intelligible de penser la structure sonore comme indépendante et antérieure à tout choix d'instrumentation. Le jeu en double-cordes fournit ici un bon exemple. Si le jeu en double-cordes est considéré, à la suite de Kivy, comme une composante de la structure sonore envisagée par le compositeur et en attente de réalisation, il implique déjà un certain type d'instrument et de geste instrumental. (Le jeu en double-cordes ne consiste pas simplement à jouer deux notes en même temps sur un même instrument : il n'y a pas de jeu en double corde au piano, par exemple). On pourrait faire la même remarque au sujet du *pizzicato*. L'idée d'un passage en *pizzicato* ne vient pas d'abord à l'esprit du compositeur avant qu'il ne se demande ensuite, et seulement ensuite, quelle technique instrumentale disponible serait la mieux à même de le réaliser [73]. Troisièmement, quand bien même on attribuerait une instrumentation à des passages dont les notes ont été antérieurement déterminées, il y aura dans la grande majorité des cas de nombreux choix possibles – xylophone ou flûte, basson ou violoncelle – qui pourraient donner des réalisations sonores également convenables des séquences de notes en question. Les décisions du compositeur en la matière doivent-

---

72. Voir, dans le présent volume, « Interprétation authentique et moyens d'exécution ».

73. Je pourrais citer ici, en guise d'illustration, le délicieux et irremplaçable passage en *pizzicato* qui se trouve dans une œuvre de jeunesse de Beethoven, le *Quatuor avec piano en ré majeur* (1785), vers la fin de l'andante.

elles alors être considérées comme purement arbitraires et révisables à volonté, tant que les notes sont correctement rendues [74]? Je ne vois pas comment quelqu'un pourrait sincèrement croire une chose pareille.

Mais cela n'enlève rien à la force essentielle de l'observation de Kivy, selon laquelle l'instrumentation a été déterminée, dans de nombreux cas non par des objectifs coloristiques ou expressifs, mais par des besoins structurels et des nécessités techniques. Que pouvons-nous répondre à cela? Il me semble que la meilleure réponse, au-delà de ce que nous avons déjà proposé, est la suivante : le fait que telles aient été les *raisons* décisives de ces choix, même dans la grande majorité des cas, ne veut pas dire qu'une fois ces choix effectués, les aspects relatifs à l'instrumentation et au timbre ne soient *devenus*, *de facto*, des éléments inhérents à l'œuvre qui contribuent à la formation de son contenu esthétique et artistique. Pour s'assurer que c'est vraiment ce qui s'est produit, il nous faut consulter les réactions critiques, étudier l'évolution subséquente des pratiques de composition et puiser dans la profondeur de notre propre expérience pour déterminer ce qui *compte* dans ce genre de musique. Il me semble que lorsque nous faisons cela, nous observons que dès que les compositeurs se mettent à prescrire des instrumentations très spécifiques, quelles qu'en soient les raisons profondes, leurs œuvres commencent à être prises en compte sur les plans historique, critique et pratique, telles qu'elles ont été définies, moyens d'exécution inclus. Bien entendu, rien n'a jamais interdit à un compositeur d'indiquer explicitement que ses raisons de choisir tel instrument plutôt qu'un autre sont, comme le dit Kivy, *purement* « instrumentales » et d'autoriser par conséquent que son œuvre soit exécutée sur n'importe quel instrument capable de faire sonner correctement les notes inscrites sur la partition. Mais j'avoue n'avoir connaissance d'aucun cas de ce genre dans toute l'histoire de la musique et je ne vois aucune raison convaincante, même à titre de simple hypothèse, d'attribuer ce genre de motivation

---

74. Faisons un pas de plus et considérons une séquence dans laquelle un thème approprié à l'*ambitus* et à la capacité figurative de la flûte comme du xylophone est censé être exécuté une première fois à la flûte et une seconde au xylophone. Ne ferait-on pas violence à l'œuvre si la reprise était jouée à la flûte?

à un quelconque compositeur après 1780. Quand bien même la spécificité de l'instrumentation aurait été initialement justifiée, au XVIII e siècle, comme le meilleur moyen de réaliser adéquatement les structures sonores envisagées, il revient encore au platoniste de montrer que cette spécificité n'est *pas* très rapidement devenue beaucoup plus qu'un simple effet indirect et négligeable de la complexification des structures tonales. Prenons un exemple : le charme et l'allégresse des phrases échangées entre les vents dans le premier mouvement de la *Première Symphonie* de Beethoven, qu'elles aient été attribuées aux vents pour des raisons purement techniques ou non, possèdent ce caractère charmant et joyeux – évoquant l'image d'une brise traversant les arbres et caressant leurs feuilles – précisément en conséquence directe du timbre de ces instruments et des répertoires gestuels qui leur sont associés. Et l'on pourrait ajouter, ce qui est peut-être plus évident encore, que le caractère incisif que possède en général l'écriture pour vents de Beethoven n'aurait sans doute jamais attiré la moindre attention si son mérite ne pouvait provenir que de la qualité de l'agencement abstrait des notes.

Mais que dire, alors, des effets expressifs que l'on trouve dans une bonne part de la musique du XIX e siècle et qui ont été *recherchés* très précisément en prenant l'instrumentation comme point de départ ? Peut-on les expliquer uniquement à partir de contraintes d'ordre structurel ou technique ? Kivy pense que les effets de ce genre sont déjà « inscrits » dans la structure musicale, l'orchestration « ne servant qu'à amplifier des effets déjà présents dans la musique ». Il voit dans les mesures 30 à 38 du final de la *Première Symphonie* de Brahms un passage « dont la noblesse tient essentiellement aux structures mélodiques et harmoniques, […] le cor ne faisant qu'enrichir un effet qu'elles produisent déjà à elles seules » [75]. Mais toute la question est de savoir à quel niveau de *spécificité* on considère ici ce genre d'effet. L'effet que j'entends, moi, dans ce passage, et la noblesse toute particulière qu'il dégage, disparaissent dès lors que l'on retranche la couleur apportée par le cor, ainsi que le geste instrumental sous-jacent.

---

75. Kivy, « Orchestrating Platonism », p. 50.

Bien loin d'être déjà là, l'effet est produit *dans* et *par* l'orchestration de la mélodie et de l'harmonie qui nous est présentée[76].

Ensuite, même s'il reconnaît que Berlioz aurait difficilement pu, dans le troisième mouvement de la *Symphonie Fantastique*, évoquer les flûtes des bergers sans faire appel au hautbois et au cor anglais, Kivy balaye cet exemple d'un revers de la main au motif qu'il est ici question de la nature des œuvres de musique instrumentale « pure » (c'est-à-dire non représentationnelle). Mais une telle répartition binaire des œuvres musicales en représentationnelles d'un côté et non représentationnelles de l'autre est très risquée. De nombreuses œuvres de musique pure, et reconnues comme telles, peuvent posséder une dimension représentationnelle (pensons à certains quatuors de Haydn par exemple) qui peut quelquefois s'associer de manière subtile au contenu expressif de l'œuvre[77]. Ainsi, si au moins dans certain cas le caractère représentationnel dépend essentiellement de l'identification des instruments, alors Kivy ne peut pas séparer aussi facilement l'expressivité de l'instrumentation.

Nous n'avons en outre aucune raison de nous laisser guider par des exemples exclusivement sélectionnés par les bons soins de Kivy ; ce serait prendre le risque de limiter indûment l'image globale que

---

76. Kivy affirme également, toujours en rapport avec cet exemple brahmsien, qu'« il est difficile d'imaginer que le timbre soit le plus souvent au centre des choix compositionnels. Les compositeurs ont plutôt tendance à penser en termes de structure qu'en termes de couleur » (p. 50). Je ne trouve pas cela très difficile à imaginer pour ma part : un compositeur peut très bien décider qu'il veut à un certain moment quelque chose dans les aigus avec des cuivres, sans avoir encore en tête une ligne mélodique ou une figure rythmique bien définies. En outre, que l'affirmation de Kivy soit vraie ou fausse dans toute sa généralité, elle est démentie au moins dans un cas par un compositeur pour qui structure et couleur sont inséparables : « Je ne compose jamais dans l'abstrait ; l'idée musicale ne se présente jamais autrement que sous une forme extérieure appropriée, de sorte que je trouve toujours simultanément l'idée musicale et l'instrumentation » (lettre de Tchaïkovski à sa bienfaitrice et amie Mme von Meck, 25 juin 1878, citée dans Josiah Fisk et Jeff William Nichols, *Composers on Music : Eight Centuries of Writings*, Boston, Northeastern University Press, 1997, p. 156-157).

77. Voir à ce sujet Jenefer Robinson, « Music as a Representational Art », dans Philip Alperson (dir.), *What Is Music ?*, New York, Haven Publications, 1987, p. 167-192.

nous pouvons nous faire de notre champ d'investigation. Or la conception qu'il propose semble irrémédiablement réfutée par la musique des cent cinquante dernières années – sans parler des ultimes développements des avant-gardes (la musique aléatoire, par exemple). Comment peut-on raisonnablement défendre un « anti-instrumentationnisme » après le traité d'orchestration de Nicolaï Rimsky-Korsakov si brillamment illustré par toute son œuvre, après Chopin, qui même lorsqu'il n'écrit pas principalement *pour* le piano, par exemple dans ses rares pièces de musique de chambre, écrit toujours de la musique *de* piano, ou après les poèmes symphoniques de Strauss dont les effets sonores explicites couronnent, dans la plupart des cas, une instrumentation savamment calculée, ou encore après les symphonies de Mahler et la place singulière qui y est parfois réservée aux membres les plus insolites de la famille des cors ? Et que dire du *Prélude à l'après-midi d'un faune* de Claude Debussy et de la *Klangfarbenmelodie* (ou « mélodie de timbres ») chère à Arnold Schönberg et à Anton Webern ? Quid de *Ionisation* d'Edgar Varèse, des *Sonatas and Interludes* pour piano préparé de John Cage, des *Études pour piano mécanique* de Conlon Nancarrow ou encore des *Night Musics* I, II et III de George Crumb ? Les moyens d'exécution et les timbres peuvent-ils vraiment être considérés comme non essentiels dans chacun de ces exemples ? Comment pourrait-on considérer ces caractéristiques comme moins constitutives de l'identité de la composition que d'autres propriétés indiquées par la partition ? Pour finir, arrivez-vous à imaginer l'ouverture de la *Sinfonietta* de Leoš Janáček, avec ses fanfares superposées si riches en harmoniques, jouée non pas par des cuivres, mais par un ensemble de hautbois, même très puissants ? La musique en ressortirait totalement transformée, et certainement pas pour le mieux.

C'est peut-être une autre pièce de Ravel qui fournit la *reductio ad absurdum* de la position de Kivy : je veux parler du très justement célèbre (quoique probablement pour de mauvaises raisons) *Boléro*. Consistant essentiellement en neuf répétitions des deux mêmes mélodies sinueuses, dans lesquelles les variations reposent presque exclusivement sur des changements d'instrumentation, cette œuvre perdrait tout son sens si elle était exécutée par exemple sur deux pianos – même s'ils seraient sans doute capables à eux deux de rendre toutes les notes, à peu de choses près. Et une exécution qui conserverait la diversité des instruments en ne changeant que leur ordre d'apparition ne conférerait pas non plus à cette œuvre le sens que Ravel lui a initialement donné. Par exemple, rien ne peut remplacer la montée de fièvre qui accompagne l'entrée impertinente des saxophones ténor, soprano et sopranino dans la conduite du contre-thème, à peu près au milieu de l'œuvre, après le traitement plus réservé et conventionnel qu'en ont pu donner les bois. Ce qui fait du *Boléro* un cas singulier, c'est seulement, n'en déplaise à Kivy, son jusqu'au-boutisme : l'irréductibilité de l'instrumentation sur laquelle il se fonde et qu'il incarne de part en part imprègne également, simplement de façon plus subtile et moins principielle, la majorité des œuvres musicales composées ces deux derniers siècles.

IX

Il n'est pas inutile d'introduire ici la question de l'évaluation. Il paraît clair qu'on ne peut pas à proprement parler évaluer une œuvre musicale si on ne l'entend pas telle qu'elle est. Il est impossible d'estimer la valeur musicale de l'*Opus 9* de Beethoven s'il est joué, par exemple, sur des flûtes irlandaises (ou même par un assortiment de bois tout droit tirés d'un orchestre symphonique) ne serait-ce que parce que l'évaluation porte au moins en partie sur la qualité de l'écriture du compositeur *pour les instruments* qu'il a choisis. Nous n'avons pas le droit de dire, dans une optique d'évaluation, que nous avons *entendu* une œuvre si nous n'en avons pas entendu une exécution *substantiellement correcte* – c'est-à-dire une exécution qui est au moins très près d'être une *instance*. Une entorse grossière à l'instrumentation prive évidemment toute exécution de ce statut. Mais comment se pourrait-il que des aspects de la composition qui doivent *absolument* être pris en compte dans une juste évaluation de ses mérites soient en même temps *exclus* de ce qui est censé en faire l'essence même, de ce qui fait partie intégrante de la composition en tant que telle? Il me semble qu'il faut être relativement borné pour maintenir pareille chose.

Développons un peu cette idée. Si je dis : « J'ai entendu une exécution du *Trio à cordes*, op. 9, de Beethoven sur des flûtes irlandaises », cela ressemble beaucoup plus à « J'ai vu une reproduction des *Tournesols* de Van Gogh dans un magazine » (ce qui, bien entendu n'implique *pas* que j'ai vraiment vu l'œuvre) qu'à « J'ai parlé à Jack au téléphone » ou « J'ai vu Jack sur un écran de vidéo-surveillance » (ce qui implique respectivement, sans doute, que j'ai réellement parlé à Jack et que je l'ai réellement vu). On peut encore dire que l'on a entendu l'*Opus 9* de Beethoven, si l'exécution à laquelle on a assisté comportait cinq fausses notes, mais nous ne percevons vraisemblablement rien de ce trio si nous assistons à une « exécution » sur des flûtes irlandaises. Nous ne pouvons pas raisonnablement prétendre, dans ce cas, avoir eu commerce avec l'*Opus* 9 et n'avons pas plus de légitimité à nous prononcer sur ses mérites qu'un lecteur de magazine n'est fondé à juger de la touche de Van Gogh, en feuilletant quelques pages de papier glacé. Toutes les exécutions d'une œuvre ne parviennent pas à nous faire entrer en contact auditif avec elle; il arrive même que des *quasi* instances y échouent. Et souvent, c'est parce qu'elles oblitèrent ou suppriment certains aspects du timbre et de l'instrumentation qui sont pourtant essentiels à l'évaluation de l'œuvre, et plus fondamentalement essentiels à l'œuvre comme œuvre de musique.

Pour finir, et avant de délaisser les objections acharnées de Kivy, je me permettrai d'insister une nouvelle fois sur un point important. Il y a trois facteurs qui nous ont poussés à adopter cette conception sophistiquée (ce « platonisme modéré ») au sujet des œuvres musicales paradigmatiques de ces deux derniers siècles, et à nous éloigner d'un platonisme plus pur et plus radical. Il ressort de l'examen des arguments de Kivy que ce dernier n'est pas parvenu à remettre en cause le plus central de ces trois facteurs, à savoir l'individuation fine des œuvres considérées comme des substrats de propriétés esthétiques et artistiques trop spécifiques pour pouvoir être attribuées à de pures structures tonales (ou sonores). Tout ce qu'il a réussi à faire, c'est affaiblir la portée des deux autres, à savoir la capacité pour l'œuvre à être créée par la personne du compositeur et la nécessité d'intégrer l'instrumentation dans l'identité de l'œuvre. Mais comme je l'ai fait remarquer plus haut, ces considérations ont beaucoup plus de poids *prises ensemble* qu'individuellement, dans la mesure où elles pointent toutes les trois dans la même direction – une synergie que Kivy a soigneusement choisi d'ignorer en menant une série d'attaques bien ciblées [78].

Le platonisme, appliqué aux œuvres musicales canoniques de ces deux derniers siècles, est une conception qui convient peut-être à des musicologues entichés d'analyse schenkerienne, qui n'ont que faire de l'origine de l'œuvre, de son expression individuelle, de ses effets esthétiques ou de tout ce qui à trait à son exécution, et qui pensent que le système tonal qui nous est familier a existé de toute éternité. Mais ce qui sera éternellement surprenant pour moi, c'est qu'un philosophe ayant la sophistication et la sensibilité musicale de Peter Kivy puisse y rester si fortement attaché.

X

Les objections que formule David Pearce à l'endroit de ma théorie sont assez différentes de celles de Kivy, notamment parce qu'elles émanent d'une position moins éloignée de la mienne. Pearce est d'accord avec moi pour rejeter l'extensionnalisme auquel le platonisme strict – par sa conception des œuvres comme pures structures sonores (ou tonales) – est tenu ; et il est au contraire plutôt enclin à considérer les œuvres de musique comme étant individuées intensionnellement [79],

---

78. C'est d'autant plus dommageable que Kivy admet volontiers que le débat création *versus* découverte ne reçoit pas de conclusion tranchée dans un sens ou dans l'autre (ce qui laisse sur ce point le platonisme et le platonisme modéré sur un pied d'égalité) et qu'il reconnaît que l'intégration de l'instrumentation est inévitable au moins pour certaines œuvres de la tradition occidentale (certes en nombre limité selon lui, voir « Orchestrating Platonism », p. 51). Si l'on ajoute ces deux retraites à la déroute enregistrée sur le champ de bataille de l'individuation, on voit difficilement comment Kivy peut encore espérer défendre ses positions.

79. Ndt. Les philosophes du langage opposent l'*intension* d'un terme général, qui correspond à sa signification, et son *extension*, qui correspond à l'ensemble des objets

de manière plus fine, par leur signification esthétique et leur importance artistique. Mais il prend fondamentalement ses distances avec moi, toutefois, dès lors que j'associe l'*intensionnalité* des œuvres de musique à l'*intentionnalité* (contextuellement dépendante) du compositeur qui les crée, ou que je rends compte de celle-là par celle-ci. Pearce propose au contraire une intensionnalité *sans* intentionnalité.

Quels sont les problèmes que rencontre, selon lui, ma position ? Une première difficulté semble se situer au niveau des conséquences de ma théorie sur la manière dont on doit apparier les œuvres et les exécutions. Je maintiens en effet que, si O_1 et O_2 sont deux œuvres de structures sonores et de moyens d'exécution (S/ME) identiques, une exécution de O_1 n'est pas automatiquement une exécution de O_2, et réciproquement. En effet, quand bien même ces exécutions seraient indiscernables d'un point de vue sonore, la première ne pourrait être qu'une exécution de O_1 – en raison de la relation intentionnelle-causale[80] appropriée qui unit les interprètes à O_1 (et, de manière

---

auxquels il s'applique. Ainsi, les termes « organisme muni d'un cœur » et « organisme muni d'un rein » ont des intensions différentes, même s'ils ont la même extension, puisque c'est un fait biologique que tous les animaux qui possèdent un cœur possèdent également un rein. Cet exemple suggère que les significations exprimées par ces termes sont individuées intensionnellement et non extensionnellement (deux termes ayant la même extension n'ont pas pour autant la même signification).

Si l'on applique cette distinction aux œuvres musicales, on peut considérer que l'extension d'une œuvre est donnée par sa structure sonore et que son intension correspond à l'ensemble de ses propriétés esthétiques et artistiques. Selon une conception *extensionnaliste* de l'individuation des œuvres musicales, il est impossible que deux œuvres distinctes possèdent la même structure sonore. En d'autres termes, si deux œuvres ont la même structure sonore (la même « extension »), alors elles sont en réalité une seule et même œuvre. À l'inverse, selon une conception *intensionnaliste*, il est possible que deux œuvres distinctes possèdent la même structure sonore, à condition qu'elles diffèrent par certaines propriétés artistiques ou esthétiques. La structure sonore (« l'extension ») ne suffit pas à individuer l'œuvre ; il faut également tenir compte de son « intension ». La notion d'intensionnalité (avec un « s ») doit être bien distinguée de la notion d'intentionnalité (avec un « t »), relevant de la philosophie de l'esprit, et qui désigne la propriété que possèdent certains états mentaux de viser des objets.

80. Pour une discussion plus approfondie de cette relation, voir Levinson, « Autographic and Allographic Art Revisited ». [Ndt. Selon Levinson, dans ce texte,

indirecte, au compositeur de O_1) – tandis que la seconde ne pourrait être, pour des raisons parallèles, qu'une exécution de O_2. Pearce n'est pas d'accord car, selon lui, cette position implique « la thèse très peu plausible selon laquelle la totalité des qualités perceptibles de l'événement sonore que constitue l'exécution ne suffit pas à déterminer laquelle des deux œuvres est précisément en train d'être exécutée » ; puis il poursuit en faisant observer : « Cela semble avoir pour conséquence indirecte de faire dépendre la relation d'exécution de l'histoire qui rattache cette dernière à l'acte de composition et ainsi, en un sens au moins, de réintroduire une analogie entre la musique et la gravure » [81].

J'ai bien peur que ma réponse à ces objections ne soit pas très développée. La thèse que Pearce considère comme « peu plausible », je le considère comme manifestement *vraie* ; et les exemples variés que j'ai pu fournir d'œuvres bien distinctes malgré des partitions identiques montrent également selon moi que leurs exécutions réelles

---

pour être une instance d'une structure indiquée, l'instance doit être « *reliée d'une certaine manière* à l'acte daté d'indication (détermination, fixation) de la pure structure par le compositeur ou le poète qui amène la sonate ou le sonnet à l'existence. Il serait difficile d'établir de manière explicite et parfaitement générale de quel type exact doit être cette relation, même s'il est évident que des rapports intentionnels et/ou causaux sont clairement en jeu » (p. 98)].

81. Pearce, « Musical Expression : Some Remarks on Goodman's Theory », p. 238. Pearce revient à la charge sur ce point – le fait que ma position a le « tort » de faire de la musique un art autographique au sens de Goodman – dans un second article, « Intensionality and the Nature of a Musical Work », p. 111. [Ndt. Goodman, dans *Langages de l'Art* (Chapitre 3), fait une dichotomie entre les œuvres d'art allographiques et autographiques : les œuvres allographiques sont les œuvres dont l'identité est déterminée par une notation (par exemple les romans, les pièces de théâtres, et bien sûr les œuvres de musique) ; les œuvres autographiques sont les œuvres dont l'identité est déterminée par l'histoire de leur production (par exemple les œuvres picturales ou les sculptures). Jerrold Levinson a analysé et affiné cette distinction dans « Autographic and Allographic Art Revisited », ce qui le conduit notamment à redéfinir les œuvres autographiques comme les œuvres d'art dont l'identité n'est *pas du tout* déterminée par une notation, et les œuvres allographiques comme les œuvres d'art dont l'identité est *partiellement* (mais pas exclusivement) déterminée par une notation (ce qui permet de rendre compte de la dimension contextuelle qui caractérise également l'identité des œuvres musicales ou littéraires)].

ou possibles seront elles aussi bien distinctes. En outre, cette thèse
« peu plausible » a été, je crois, déjà établie par d'autres de manière
convaincante[82]. Oui, je l'admets, la totalité des propriétés sonores
d'une exécution ne suffit pas pour lui associer l'œuvre *dont* elle est
l'exécution. Considérez l'analogie suivante : à chaque fois que je
prononce isolément le son [ki] – ce qui constitue, après tout, une sorte
de mini-exécution – le son produit correspond à la fois au mot français
« qui » et au mot anglais « key », mais ne se rapporte pas
automatiquement à l'un ou à l'autre simplement en vertu de cette
correspondance phonétique[83]. Quant à l'autre objection de Pearce,
qui m'accuse de réintroduire partiellement « une analogie entre la
musique et la gravure », l'objectif avoué de mon article sur le sujet[84]
était précisément de montrer que ces deux formes d'art sont bien
autographiques, *selon le critère de Goodman* (la non-pertinence de
l'histoire de la production), mais pas selon le critère que j'ai moi-
même proposé (l'absence de détermination notationnelle). Je fais
donc entièrement mienne cette conséquence censément fâcheuse.

Mais, au détour d'une note de bas de page, Pearce soulève en fait
une objection bien plus forte. Il affirme que mon argument pour dire
que deux œuvres aux partitions identiques mais écrites par deux
compositeurs différents sont bien distinctes – argument qui se fonde
sur la possibilité qu'il y ait des exécutions de l'une qui ne soient pas
des exécutions de l'autre[85] – a besoin de la prémisse supplémentaire
selon laquelle « aucune exécution ne peut être l'exécution de deux

---

82. Notamment par Walton, « Presentation and Portrayal of Sound Patterns ».
Les arguments de Danto sur la possibilité que deux monochromes rouges visuellement
indiscernables constituent pourtant deux œuvres distinctes, bien qu'ils ne portent
évidemment pas sur la musique, sont néanmoins dans le même esprit (voir Arthur
Danto, *La transfiguration du banal*, traduit de l'anglais par Claude Hary-Schaeffer,
Paris, Éditions du Seuil, 1989).

83. Il s'avère que les vocalisations de cette sorte, dans mon propre cas, appartiennent
tantôt à l'anglais, tantôt au français ; je dirai en outre que c'est ce que j'ai en tête
lorsque j'énonce ce son qui permet de faire la différence.

84. Voir Levinson, « Autographic and Allographic Art Revisited ». Pearce ne
semble pas avoir pris connaissance de cet article.

85. Voir, dans le présent volume, « Ce qu'est une œuvre musicale », section V.

œuvres distinctes ». Or, cette prémisse repose à son tour, d'une manière un peu trop circulaire à son goût, sur le « réquisit qui fait de l'auteur un ingrédient nécessaire dans la spécification des œuvres, […] c'est-à-dire précisément ce que l'argument est censé établir »[86]. Je répondrai, premièrement, que la prémisse en question, dont Pearce remarque à juste titre qu'elle est présupposée par l'argument qu'il discute, semble parfaitement raisonnable en elle-même : je crois en effet qu'il est *évident* pour nous qu'il n'y a qu'une seule réponse possible à la question « De quelle œuvre cette exécution est-elle l'exécution ? », pour peu qu'elle admette une réponse. Il s'ensuit, deuxièmement, que cette prémisse ne repose pas directement sur le fait de considérer l'auteur comme un élément nécessaire à l'identité de l'œuvre. La manière plus ou moins réfléchie que nous avons de regrouper les exécutions dans des ensembles bien séparés contient en germe la définition d'une *certaine* relation d'identification (intentionnelle, causale, ou autre) associant une exécution donnée à l'œuvre unique dont elle est censée être l'exécution, et cette définition ne *présuppose* pas en soi que l'identité de l'auteur, d'un point de vue logique, fasse partie intégrante de l'œuvre exécutée[87].

Pearce prolonge ses objections à l'encontre de mes conceptions dans un second article. Observant encore une fois que, selon moi, la relation d'exécution dépend de facteurs contextuels (incluant les facteurs intentionnels ou causaux) – de telle sorte que des exécutions absolument identiques du point de vue sonore ne sont pas automatiquement des exécutions d'œuvres identiques – Pearce objecte qu'il serait alors impossible d'exécuter *accidentellement* une œuvre de musique[88]. Mais j'avoue que cela me va très bien ainsi. Est-il vraiment possible que quelqu'un récite un jour accidentellement

---

86. Pearce, « Musical Expression : Some Remarks on Goodman's Theory », p. 242, note 10.

87. Bien sûr, cet argument permet aussi de montrer que, même s'il n'est pas explicitement présupposé par la pratique elle-même, le postulat qui consiste à faire de l'auteur un élément nécessaire à l'identité de l'œuvre permet de *rendre intelligible* cette pratique, et peut-être même de la *légitimer*.

88. Pearce, « Intensionality and the Nature of a Musical Work », p. 111.

l'exorde de *L'Adresse de Gettysburg*, c'est-à-dire sans entretenir la moindre relation intentionnelle-causale avec celle-ci [89] ? Tout au plus peut-on imaginer que cette personne (par exemple un Polonais fraîchement immigré, bon locuteur de l'anglais, mais sans la moindre connaissance de l'histoire des États-Unis) en vienne subitement à prononcer cette phrase, cette suite de mots-là, au cours d'un exercice linguistique. Mais ce Polonais ne serait pas pour autant en train de réciter *L'Adresse de Gettysburg*. Et il est tout aussi impossible, pour un musicien, d'exécuter une œuvre de musique totalement par accident, que pour le singe proverbial de réécrire les *Sonnets* de Shakespeare en tapotant au hasard sur le clavier de l'ordinateur – même s'il est possible qu'il finisse par écrire, si l'on attend suffisamment longtemps, la stricte suite de symboles qui constitue, en anglais élisabéthain, les phrases de ces *Sonnets* [90].

---

89. On pourrait la prononcer sans s'en rendre compte, de mémoire, dans un état de semi-conscience proche du rêve, mais ce ne serait tout de même pas complètement *accidentel*, au sens considéré ici. En invoquant un sens strict du terme « accidentel », j'élude quelque peu le problème – soulevé à la fois dans « Ce qu'est une œuvre musicale » et dans « Autographic and Allographic Art Revisited » – de savoir si ce sont les relations causales entre l'œuvre et son interprète, ou plutôt les relations intentionnelles, qui sont en définitive cruciales. Le problème se trouve encore compliqué par le fait que, si quelque chose comme une théorie causale de la référence est recevable, alors les relations intentionnelles sont également en partie causales.

90. Il est difficile de prendre au sérieux une autre difficulté soulevée par Pearce dans le même passage. Il remarque en effet que « la structure S/ME indiquée par l'auteur au moment de la composition peut différer nettement de la structure S/ME reconnue par la pratique d'interprétation ayant cours un siècle ou deux plus tard » (Pearce, « Intensionality and the Nature of a Musical Work », p. 111). Et alors ! Les petites incompréhensions ou les distorsions volontaires sont le lot commun de toutes les œuvres à mesure que la distance temporelle qui nous sépare d'elles augmente : des poèmes en sanskrit deviennent illisibles, des figures votives sculptées sont considérées comme de l'art érotique, on repeint par-dessus des tableaux ou on les « améliore » sans vergogne, et en 2500, la *Neuvième Symphonie* de Mahler sera peut-être jouée amputée de son mouvement final, ou traitée comme de la musique d'ascenseur ! Ce qui transparaît ici, c'est bien plutôt la question de l'authenticité, et il n'est ici guère nécessaire de décider s'il faut ou non défendre cet idéal tant celui-ci semble toujours présupposé dans une discussion portant sur l'ontologie des œuvres de musique.

Venons-en maintenant à l'objection la plus substantielle que Pearce ait formulée à l'encontre de ma théorie. Il commence par faire remarquer que les cas dans lesquels le contexte musical et historique module notre compréhension de l'œuvre, et même « conditionne nos catégorisations d'exécutions comme instances authentiques »[91], ne sont pas tous hypothétiques. Il mentionne l'exemple instructif du Quatuor *Sérénade*, précédemment attribué à Haydn (comme son op. 3, n° 5), et maintenant attribué correctement (jusqu'à preuve du contraire) à l'obscur Roman Hoffstetter, qui l'aurait composé en 1775. Comme le remarque Pearce avec finesse, s'il était attribué au Haydn de 1775, ce *Quatuor* apparaîtrait comme la pièce étrangement rétrograde d'un compositeur déjà pleinement en train de révolutionner le genre du quatuor à cordes, d'en faire le véhicule d'un discours musical sérieux qui ne se cantonne plus au simple *divertimento*. En tant qu'œuvre du Hoffstetter de 1775, ce *Quatuor* est simplement la pièce plaisante de quelqu'un qui, pour autant que nous le sachions, n'avait pas spécialement l'ambition d'innover en musique. Et les propriétés musicales des exécutions pourront elles-mêmes varier selon le compositeur que l'on attribue à cette œuvre[92]. Jusqu'ici, il semble que nous ayons affaire à un bon argument pour considérer l'identité du compositeur comme partie intégrante de l'œuvre. Quelles sont alors les réserves de Pearce ? Les voici :

> Ce qu'il est important de reconnaître, c'est que des différences musicales *perceptibles* puissent au moins en principe guider notre classification d'une interprétation donnée en « exécution du Quatuor-*Sérénade*-en-tant-qu'attribué-à-Haydn » ou en « exécution du Quatuor-*Sérénade*-en-tant-qu'attribué-à-Hoffstetter ». Si aucune différence d'interprétation n'était perceptible, alors la question de la paternité réelle de la pièce resterait principalement une question historique, comme dans le cas d'un théorème mathématique, plutôt qu'une affaire musicale ou esthétique[93].

---

91. *Ibid.*, p. 111.
92. *Ibid.*, p. 110.
93. *Ibid.*, p. 111.

Selon Pearce, c'est donc seulement lorsque les exécutions manifestent des choix interprétatifs perceptuellement différents qu'il y a quelque raison de les assigner à des œuvres différentes. Mais il est difficile de saisir sur quoi un tel opérationnalisme [94] peut bien se fonder. Tout d'abord, diverses exécutions de ce qui est indiscutablement une même œuvre – par exemple le Quatuor « *La Jeune Fille et la Mort* » de Franz Schubert – peuvent différer radicalement dans les choix interprétatifs qu'*elles* manifestent ; ce n'est pas pour autant que nous ressentons le besoin de *les* associer à des œuvres distinctes. Ensuite, une exécution du *Quatuor* de Hoffstetter qui manifeste les choix interprétatifs *A*, et une exécution d'un *Quatuor* de Haydn notationnellement identique à celui de Hoffstetter (en supposant qu'une telle œuvre existe, ce qui n'est pas le cas) qui manifeste les choix interprétatifs *B*, pourraient très bien sonner de la même manière ; mais nous n'aurions aucune raison de vouloir les associer à la même œuvre, ne serait-ce que parce qu'il y a bien deux ensembles de choix interprétatifs bien distincts, qui se rapportent chacun à des œuvres différentes [95]. Enfin, le principe que propose Pearce pour associer les exécutions aux œuvres met la charrue avant les bœufs. Une fois que les interprètes ont pris connaissance de l'œuvre à laquelle ils ont affaire – qui l'a écrit et quand – au-delà des simples notes inscrites sur la partition, cette information peut *affecter* à juste titre la manière qu'ils vont avoir de l'interpréter, et ce pour diverses raisons. Mais il semble tordu de vouloir à tout prix prendre les choses à l'envers, et

---

94. Ndt. En philosophie des sciences, l'opérationnalisme est la doctrine selon laquelle la signification des termes théoriques doit non seulement être associée à une opération de mesure, mais en outre s'épuise dans cette opération de mesure. En d'autres termes, il n'y a pas de différence de signification sans différence empiriquement mesurable.

95. Pour rendre cet exemple plus concret, on pourrait imaginer que les choix interprétatifs d'un ensemble voulant montrer ce que le Hoffstetter laisse entrevoir de l'avenir, et ceux d'un quatuor désirant mettre en valeur ce que le « Haydn » doit au passé, finissent tout simplement par converger, si l'on s'en tient au strict résultat sonore. Ou encore, en prenant la même idée par un autre bout, une lecture de l'œuvre conçue *comme composée par Hoffstetter* pourrait la faire apparaître comme du quasi-Haydn, tandis qu'une lecture de l'œuvre conçue cette fois-ci *comme composée par « Haydn »* pourrait accentuer la distance qui la sépare du Haydn de la maturité.

de dire que notre *critère* pour décider de quelles œuvres les interprétations considérées sont les exécutions réside dans les différences d'interprétation perceptibles qui les séparent – surtout lorsque, comme dans le cas envisagé ici, la compétition est serrée pour départager les prétendants. En effet – et comme j'ai essayé de le montrer – d'un côté, les différences interprétatives perceptibles entre des exécutions ne fournissent pas une raison suffisante pour les associer à des œuvres différentes et, de l'autre côté, des différences interprétatives entre des exécutions d'œuvres différentes peuvent très bien ne pas être perceptibles, si l'on se limite à leurs strictes propriétés acoustiques.

Pearce formule un peu plus loin une variante du principe qui semble avoir ses faveurs :

> Toute caractéristique de l'œuvre qui est déterminante pour lui associer correctement une exécution doit pouvoir être *manifeste dans l'exécution*, c'est-à-dire qu'elle doit contribuer aux propriétés perceptibles de l'exécution en tant qu'événement sonore, qu'il s'agisse de propriétés strictement musicales ou plus largement esthétiques[96].

Bien sûr, je maintiens que les caractéristiques définissant l'œuvre de musique – sa situation musico-historique tout aussi bien que sa structure S/ME, selon moi – auront un impact sur sa constitution esthétique propre ; mais cela ne signifie pas pour autant que ces caractéristiques doivent se manifester directement, comme l'exige Pearce, c'est-à-dire en *modulant* nécessairement d'une manière ou d'une autre les aspects purement sonores d'une exécution valant comme instance de l'œuvre. Une telle proposition néglige en effet que le but principal d'une interprétation est de manifester les propriétés esthétiques appartenant à l'œuvre *elle-même* (et non les propriétés esthétiques qu'elle possède en tant qu'interprétation, quelles qu'elles puissent être par ailleurs) ; mais 1) elle *ne peut le faire* de manière intelligible qu'en prenant appui sur une conception générale de ce que l'œuvre est d'un point de vue musico-historique ; et 2) en tant qu'événement sonore, elle pourrait manifester des propriétés esthétiques

96. Pearce, « Intensionality and the Nature of a Musical Work », p. 113.

différentes sans qu'il y ait la moindre altération sonore, pour peu qu'elle se rapporte à des œuvres différentes d'un point de vue musico-historique.

On trouvera dans la remarque suivante une dernière objection de Pearce à l'encontre de mon intensionnalisme profondément historico-intentionnel, position dont les conséquences essentialistes lui semblent, à lui comme à d'autres [97], particulièrement étranges :

> La caractérisation que propose Levinson des œuvres de musique comme « structure-sonore/de-moyens-d'exécution-en-tant-qu'indiquées-par-le-[compositeur]-*X*-au-[temps]-*t* » fait de l'auteur et de la date de composition des parties intégrantes de l'œuvre, pas seulement pour refléter la théorie musicale ou la pratique actuelle en ce qui concerne *certaines* œuvres, mais en en faisant une question de *nécessité* logique pour toutes les œuvres [98].

Cette remarque passe à côté de ce qui était mon objectif global dans « Ce qu'est une œuvre musicale », à savoir de proposer une réponse générale, pour une certaine classe d'œuvres de musique, à la question posée par le titre de ce texte. J'ai donc cherché en conséquence une caractérisation susceptible d'anticiper divers problèmes d'identification et d'individuation qui *pourraient* surgir, et pas seulement de répondre aux problèmes qui se sont *effectivement* posés : une théorie qui vous dit ce que le *Quintette*, op. 16 de Beethoven est ne serait pas une solution satisfaisante, d'un point de vue philosophique, au problème de l'identité des œuvres de musique si sa validité était suspendue à la condition qu'il n'existe pas une œuvre notationnellement identique commise par quelque compositeur de seconde zone une centaine d'années plus tard, ou qu'il n'y ait pas un autre disciple d'Albrechstberger complètement oublié qui viendrait modifier notre compréhension de certains détails de la carrière de Beethoven ou de la portée de son œuvre.

---

97. Voir par exemple James Anderson, dans « Musical Identity ». J'ai essayé de rendre cette pilule amère plus facile à avaler dans la section III de « Titles ».

98. Pearce, « Intensionality and the Nature of a Musical Work », p. 111.

XI

Pearce ne se contente pas de manifester son désaccord avec ma position, bien sûr : il propose également sa propre théorie. Dans cette section, je considérerai brièvement celle-ci, et indiquerai les problèmes les plus notables qu'elle me semble soulever. Bien que la théorie de Pearce soit l'alternative la plus intéressante que je connaisse à ma propre théorie, je ne crois pas qu'elle puisse *in fine* s'imposer comme la solution la plus recommandable.

Au fond, Pearce suggère qu'en adoptant une position intuitionniste ou constructiviste à propos des objets mathématiques, et par extension des structures abstraites, on peut montrer que ceux-ci sont à la fois objectifs et créables :

> La position la plus naïve et la plus commune en ontologie des mathématiques est incontestablement le réalisme (ou platonisme) : les mathématiciens étudient des objets et des structures existant de manière autonome, et cherchent à découvrir leurs propriétés. Le caractère réaliste de cette position apparaît plus nettement quand les mathématiciens soutiennent que certains énoncés encore non décidés, et peut-être même indécidables [par exemple la conjecture de Goldbach] possèdent une valeur de vérité objective [...]. La position intuitionniste est celle qui s'oppose le plus directement au platonisme. Elle adopte un point de vue conceptualiste, selon lequel les objets mathématiques sont de libres créations de l'esprit humain [...]. [Toutes] les variantes du conceptualisme ont en commun l'idée selon laquelle les objets mathématiques n'existent que dans la mesure où ils peuvent être explicitement *construits* [...]. Si les principes constructivistes sont cohérents, nous pouvons alors réconcilier les caractères « abstraits » et objectifs des œuvres de musique avec leur statut de libre création de l'esprit[99].

Tout cela est bel et bon, mais malheureusement, je ne pense pas que l'intuitionnisme ou le constructivisme en tant que tels soient des conceptions plausibles de l'univers des objets mathématiques, surtout dans ses régions les plus élémentaires. Je ne pense pas que la racine

---

99. *Ibid.*, p. 106-108.

carrée de 2 (pour reprendre un exemple mentionné par Pearce) ait été créée par quelqu'un, même si, bien sûr, il a bien fallu que quelqu'un tombe sur l'idée qu'il puisse y avoir un tel nombre (ou une telle quantité), et que le formalisme adéquat pour désigner de tels nombres soit développé. Mais il y a toujours eu un tel nombre – en admettant pour l'instant que les nombres entiers nous soient donnés – à savoir le nombre qui, lorsqu'on le multiplie par lui-même, donne 2. Et, ce qui me semble évident par dessus tout, c'est que la conjecture de Goldbach (selon laquelle tout entier naturel pair peut être exprimé comme la somme de deux nombres premiers) est, au moment même où j'écris ces lignes, *soit* vraie, *soit* fausse, que les mathématiciens finissent un jour par la démontrer ou non [100].

Que serait donc une œuvre de musique d'un point de vue intuitionniste ?

> *Une œuvre de musique est un (certain type de) construction mentale, créée par l'activité du compositeur.* Une fois créée, toutefois, l'œuvre possède un caractère « objectif » en ce qu'on peut y faire référence, l'étudier, l'exécuter… *Une œuvre de musique est explicitement présentée par son exécution.* Une exécution, et même une unique exécution, caractérise l'œuvre exactement de la même manière [qu'une certaine construction définit un objet mathématique donné] [101].

J'accorde bien volontiers à Pearce que les œuvres de musique dérivent des activités, mentales et non mentales, des compositeurs, mais je ne vois pas bien ce que l'on gagne à qualifier de mental le *résultat* de telles activités. Même si Pearce affirme qu'un tel objet reste public et accessible, ou qu'il peut le devenir, il ne montre pas mieux que Croce ou Collingwood, ou plus récemment Renée Cox [102], *comment* c'est possible. On peut soupçonner qu'il ne s'agit là que d'une nouvelle illustration de la confusion classique entre l'objet auquel on pense et le fait d'y penser. On ne comprend pas bien non

---

100. Je dois avouer être presque certain qu'elle est vraie, tant pour des raisons inductives qu'esthétiques.

101. Pearce, « Intensionality and the Nature of a Musical Work », p. 107-108.

102. Renée Cox, « A Defence of Musical Idealism », *British Journal of Aesthetics*, vol. 26, 1986, p. 133-142.

plus comment l'œuvre de musique, une entité mentale donc, peut être « explicitement présentée » par son exécution.

La forme d'intensionnalisme impliquée par la conception de Pearce – qui transparaît déjà quand il suggère que les œuvres de musique peuvent être présentées différemment dans des exécutions différentes, de la même manière que les objets mathématiques peuvent être « construits » par différents chemins – se dévoile le plus clairement dans ses remarques sur la compréhension des œuvres de musique :

> Notre compréhension d'une pièce de musique dépend certes de nos connaissances générales, relatives par exemple au compositeur ou au contexte musico-historique, mais elle dépend surtout de notre perception de la pièce telle qu'elle se présente à nous par le truchement de son exécution. Les propriétés esthétiques se trouvent alors comme encapsulées dans l'événement sonore que constitue l'exécution, même s'il est possible que nous attribuions ces propriétés à quelque chose qui se situe « au-delà » de l'exécution, c'est-à-dire à l'œuvre elle-même […].
>
> Comprendre une œuvre de musique, ou « en connaître la signification », c'est être capable d'en reconnaître une exécution authentique. Par « authentique », ici, je ne veux évidemment pas seulement dire « fidèle à la partition ». Quelqu'un qui ne sait pas lire la musique peut toujours apprendre à distinguer une exécution parfaite, sans fausse note, d'une autre qui n'est pas fidèle à la partition. Mais, sans une certaine éducation musicale, et certaines connaissances générales appropriées, ce profane serait certainement incapable de reconnaître les interprétations qui valent comme exécutions authentiques, celles qui expriment fidèlement les qualités de l'œuvre [103].

Il est évident que la position de Pearce est ici très proche de la mienne. Il est d'accord avec moi pour dire, contre Goodman, que la signification esthétique d'une œuvre est quelque chose de trop finement individué pour pouvoir appartenir à une structure sonore définie de manière extensionnelle, et que le fait de savoir si une interprétation vaut comme l'exécution d'une œuvre ne se réduit pas à la question

---

103. Pearce, « Musical Expression : Some Remarks on Goodman's Theory », p. 239.

de savoir si elle se conforme aux simples notes de la partition. La seule différence, pourrait-on dire, c'est qu'il refuse d'adopter une manière d'identifier et d'individuer les œuvres qui soit intégralement musico-historique et liée à la personne du compositeur, pour lui préférer à la place un critère qui se fonde sur la possibilité de reconnaître à l'oreille les exécutions authentiques [104]. Mais le problème avec ce critère d'individuation, c'est qu'il n'existe *aucun* ensemble de caractéristiques audibles qui permettrait à coup sûr d'identifier exactement les exécutions de l'œuvre que l'on considérerait intuitivement comme authentiques, même pour quelqu'un possédant l'éducation musicale requise et toute les connaissances générales pertinentes pour la compréhension de cette œuvre [105]. On pourrait très bien imaginer une interprétation musicalement acceptable, et même sensible, d'une œuvre O_1 qui soit perceptuellement indiscernable d'une interprétation de O_2 (une œuvre différente), même pour les auditeurs les plus mélomanes. Pour parvenir à trancher, je maintiens que nous devons nous appuyer sur une conception historique de l'œuvre, qui est elle-même étroitement liée à un contexte précis, et sur les relations historiques (intentionnelles et causales) qui existent entre l'œuvre et ses exécutions passées [106].

Je reviens maintenant à une toute dernière remarque que formule Pearce au sujet de ma position, ce qui me permettra de clarifier un aspect supplémentaire de « Ce qu'est une œuvre musicale ». Pearce affirme que l'intuitionnisme ou le constructivisme rendraient caduque

---

104. Cela est particulièrement clair dans l'autre article de Pearce : « [Cette conception de la compréhension] nous permet d'obtenir une solution très simple au problème de l'identification et de l'individuation des œuvres de musique. Les œuvres sont caractérisées par la classe de leurs exécutions possibles » (Pearce, « Intensionality and the Nature of a Musical Work », p. 113).

105. Il est important de noter que Pearce ne peut admettre comme nécessaires que les connaissances générales relatives à l'*œuvre* ; exiger des connaissances historiques relatives aux *exécutions* que cette œuvre a déjà connues dans le passé reviendrait à abdiquer en faveur de la position qu'il combat (la mienne, en l'occurrence).

106. Alternativement, on pourrait dire, à la manière Walton, qu'il faut se fonder sur des facteurs contextuels pour déterminer quelles structures sonores l'exécution a pour *fonction* de *présenter* (parmi toutes les structures sonores qu'il est possible de percevoir dans l'œuvre). Voir Walton, « Presentation and Portrayal of Sound Patterns ».

la distinction entre types *implicites* et types *initiés*, une distinction qui est centrale dans ma théorie[107]. Je renverserai quant à moi la logique de cette remarque : puisque cette distinction repose sur une base solide, il y a donc, au contraire, des raisons de *douter* du constructivisme, du moins appliqué à la question qui nous occupe ici. Cette base solide, la voici : étant donné un ensemble d'éléments ou de propriétés, incluant également des règles pour les combiner, il existe automatiquement un éventail de configurations possibles de ces éléments ou propriétés qui ne dépend en aucun cas du fait qu'un individu les remarque ou les identifie explicitement. C'est ce que j'ai appelé des types implicites. Ils sont semblables à de purs universaux, si ce n'est que les éléments ou les propriétés qui les composent peuvent eux-mêmes avoir le statut d'entités initiées, plutôt que d'entités absolument préexistantes. Mais quand notre attention est effectivement attirée sur l'une de ces possibilités ou configurations – quand l'une de celles-ci est sélectionnée, identifiée, découverte, choisie, indiquée – nous admettons également, dans certains contextes culturels bien précis, que quelque chose de plus advient à l'existence, qui ne peut se réduire à aucune de ces possibilités ou configurations préexistantes, car la configuration indiquée possède des propriétés d'un genre et d'une particularité que les configurations préexistantes ne possèdent pas. C'est ce que j'ai appelé des types initiés, dont les structures-en-tant-qu'indiquées (ou plus simplement les structures indiquées) de la musique et de la littérature sont des exemples.

Je m'aperçois maintenant que je n'ai sans doute pas assez insisté, dans « Ce qu'est une œuvre musicale », sur le fait que les types implicites sont implicites *relativement à un système ou à un ensemble d'éléments et de règles* – système ou ensemble qui sont souvent, au moins en partie, des produits de l'invention humaine. Il n'en reste pas moins qu'étant donné un tel système ou ensemble – par exemple les échelles, hauteurs et valeurs rythmiques de la musique tonale, ou, aux échecs, la structure du plateau, la nature des différentes pièces et leurs règles de déplacement – les configurations ou agencements

---

107. Pearce, « Intensionality and the Nature of a Musical Work », p. 117, note 3.

individuels à l'intérieur d'un tel système n'ont pas besoin d'être construits explicitement pour exister; leur existence n'est que la conséquence des règles élémentaires ou des paramètres définitionnels du système. En revanche, un type initié – encore une fois relativement à un tel système/ensemble qui en constitue la toile de fond – est un type qui nécessite effectivement, avant qu'il ne puisse être dit exister, une « construction » explicite et individuelle, impliquant ce que j'ai appelé une *indication*.

Je suivrai Pearce en donnant une illustration mathématique de ce point. Si les entiers naturels sont donnés, ainsi que l'opération de l'addition, alors on peut sans doute dire que toutes les sommes de couples d'entiers naturels existent aussi, implicitement, dans ce système ou domaine. Mais nous ne dirions pas la même chose d'entités comme 273-et-372-en-tant-qu'additionnés-par-Smith ou 69-présenté-par-Adams-comme-le-plus-admirable-de-tous-les-nombres. Si, pour une raison ou pour une autre, nous devions admettre ce genre d'entités, elles ne pourraient être considérées que comme des *abstracta* d'un autre genre, des entités *initiées* dans les termes du système plutôt que des entités qui lui sont implicites. Et c'est précisément de cette manière que je propose de considérer les œuvres de musique, mais pas les éléments et les agencements à partir desquels elles sont construites.

XII

James Anderson a été le plus amical de mes critiques, et c'est avec plaisir que je me tourne maintenant vers une proposition qu'il a formulée dans le second de ses articles sur notre sujet. Bien qu'il soit sensible à ma manière de voir les choses, Anderson pense, à juste titre, qu'elle est incomplète sur un point :

> Dans sa théorie de la création des œuvres de musique, Jerrold Levinson a proposé une définition qui incorpore l'espèce [108] préexistante [la structure S/ME] que l'on associe à l'œuvre tout en n'identifiant pas

---

108. Ndt. Voir, dans le présent volume, « Ce qu'est une œuvre musicale », note 4, pour une explication du sens technique du terme « espèce » dans ce contexte.

l'œuvre à cette espèce préexistante. […] On peut considérer que cette définition identifie les œuvres de musique non pas avec l'espèce qui leur est associée, mais plutôt, pour reprendre les termes de Wolterstorff, à l'espèce-telle-que-faite-*sienne*-par-un-compositeur-à-t.

Une définition du genre de celle proposée par Levinson nous rapproche effectivement de ce que pourrait être une ontologie adéquate des œuvres de musique. Toutefois, tant la définition de [Levinson] que la version particulière que j'ai pu en proposer restent insatisfaisantes sur un point crucial. En effet, en quoi consiste, pour une espèce, le fait d'être « indiquée-par-*X*-à-*t* » ? Même si nous voyons bien, avec Levinson, que cette indication est typiquement effectuée par la création d'une partition, on ne trouve pas de définition générale de cet acte d'« indication-d'espèce » dans l'article de Levinson[109].

Anderson suggère que la clé, pour donner plus de corps à cette notion d'« indication », consiste à fusionner ma conception des œuvres de musique comme artefacts créables et historiquement conditionnés avec l'idée de Wolterstorff selon laquelle les œuvres de musique sont des espèces normatives (c'est-à-dire susceptibles de posséder des instances correctes comme des instances incorrectes). Anderson propose que les espèces normatives présentes en musique soient identifiées à des espèces descriptives préexistantes qui ont été « normativisées » par les compositeurs :

> Certaines espèces normatives sont créées par les êtres humains à partir d'espèces descriptives par une activité qui consiste à stipuler que certaines propriétés de ces espèces descriptives doivent être traitées comme des propriétés normatives. […] La meilleure manière de comprendre cette activité de création d'espèces normatives est sans doute de la considérer comme une opération intentionnelle sur une espèce descriptive déjà existante[110].

Une fois qu'on a admis cela, l'élément qui manquait à notre théorie se trouve à portée de main :

---

109. Anderson, « Musical Kinds », p. 43-44.
110. *Ibid.*, p. 47.

Dans quelle mesure la composition en tant qu'indication diffère-t-elle, par exemple, du fait de décrire une pièce de musique dans ses moindres détails, ou de simplement se représenter une structure sonore bien précise ? On peut trouver les réponses à ces questions en adoptant notre conception des œuvres de musique comme espèces normatives. Composer, ou « indiquer-une-espèce », c'est sélectionner des propriétés bien précises et les rendre normatives[111].

Même si je ne suis pas totalement convaincu de l'utilité de la notion *générale* d'espèce normative, qu'Anderson emprunte à Wolterstorff[112], il est vrai que le vague qui entoure la relation d'« indication » telle que je l'ai présentée se trouve utilement précisé par cette idée de rendre certaines propriétés normatives – c'est-à-dire de poser certaines caractéristiques comme étant requises pour qu'une exécution bien formée (ce que j'appelle une instance) ait lieu. Ce qui est alors mis en valeur, c'est qu'en couchant des notes sur du papier à musique pour *composer* – à la différence de ce qui se passe lorsqu'on ne fait que griffonner, ou recopier, ou donner un exemple – le compositeur n'exprime pas simplement, avec chaque inscription, « la note N, à tel endroit, avec telles et telles caractéristiques » mais plutôt « la note N *doit* être jouée à tel endroit, avec telles et telles caractéristiques ». Cette idée de rendre certaines propriétés normatives aide au moins, sans doute, à expliquer en quoi consiste l'indication,

---

111. *Ibid.*, p. 48.
112. Voir, dans le présent volume, « Ce qu'est une œuvre musicale », note 41. De plus, je doute fort que la notion d'espèce normative (par exemple *le lion*), ancrée dans la sphère biologique et étroitement liée aux idées de constitution interne et de fonction naturelle, s'applique correctement aux œuvres musicales ou littéraires, qui sont *fondamentalement* des structures, et des structures non naturelles, sans aucun principe d'identité « interne » caché (un code génétique par exemple). Il n'est pas clair que les *structures* (à la différence des organismes) puissent admettre des instances correctes et des instances incorrectes. Il semble plutôt qu'elles soient ou bien *instanciées*, ou bien *non-instanciées* – la catégorie des quasi-instances étant souvent acceptée pour des raisons purement pragmatiques comme un cas particulier important de ces non-instances. Si quelque chose est fondamentalement un agencement ou une structure, alors il semble correct de dire que ses instances sont des choses qui possèdent ou qui satisfont *réellement* cette structure ou cet agencement, et pas des choses qui se contentent de s'en approcher.

et à la différencier des autres activités de nature intentionnelle visant des structures abstraites. Quoi qu'il en soit, elle est plus éclairante que ce que j'avais pu proposer, et je suis reconnaissant à Anderson d'avoir apporté cette contribution.

XIII

En conclusion, je voudrais revenir à une question sur laquelle j'étais partagé dans « Ce qu'est une œuvre musicale » – même si j'avais finalement tranché dans un sens[113] – et proposer quelques réflexions sur un second problème que j'avais alors passé sous silence. Concernant la première question, qui consiste à se demander comment il convient de concevoir la structure qui est au centre de l'œuvre de musique, mes conceptions ont évolué. À la conception duale des œuvres de musique comme structures indiquées de sons-et-de-moyens-d'exécution, je préfère aujourd'hui nettement une conception unitaire des œuvres, comme structures indiquées de sons exécutés. Tout d'abord, cette nouvelle conception convient mieux au type d'argument proposé plus loin dans ce volume, dans « Interprétation authentique et moyens d'exécution », et l'argument qui y est développé vient renforcer cette conception en retour. Mais encore, ma conception originelle de l'œuvre de musique comme conjonction ou combinaison d'une structure sonore, d'un côté, et d'une structure de moyens d'exécution, de l'autre, semble vouloir suggérer que (i) une œuvre de musique est effectivement *produite* en joignant une structure sonore (précédemment déterminée) et une structure de moyens d'exécution (précédemment déterminée) et que, en conséquence, (ii) la structure de moyens d'exécution a en elle-même une *réalité* et une *importance* comparables à celles de la structure sonore.

Mais aucune de ces deux propositions n'est vraie. Dans de nombreux cas, les œuvres sont intégralement composées en envisageant directement des phrases-jouées-sur-des-instruments-particuliers, ou du moins par un jeu d'allers-retours constants entre la détermination

---

113. Voir, dans le présent volume, « Ce qu'est une œuvre musicale », note 31.

des notes et le choix des moyens d'exécution. Et même dans les cas où la norme veut que les moyens d'exécution soient ajoutés dans un second temps (la pratique de l'*orchestration*, mise en avant par Kivy), il n'est pas idéal de se représenter cette action comme la fusion d'une structure pleinement déterminée à celle qui serait déjà constituée par les notes [114]. D'un autre côté, l'omniprésence des transcriptions, emprunts, plagiats – ou même du simple fait de siffloter une mélodie – plaide clairement en faveur de la plus grande valeur, du plus grand intérêt et de la plus grande robustesse de la structure sonore elle-même (comme nous l'avons fait remarquer dans la section III ci-dessus) comparée à la structure de moyens d'exécution que l'on ne peut obtenir que par une opération d'abstraction, en la détachant de la structure sonore.

Le second problème concerne la destructibilité des œuvres de musique et, par conséquent, des objets culturels abstraits en général. Si les œuvres de musique peuvent être créées, qui plus est par des agents humains, il semble logique – ou au moins cela vient naturellement à l'esprit pour des raisons de symétrie – qu'elles puissent également être détruites, de la même manière. Réfléchissons donc, pour un moment, à ce qui devrait se produire pour que le *Quintette*, op. 16, de Beethoven soit détruit et que, par conséquent, il cesse d'*exister* à partir d'un moment donné.

Il y a tout un éventail de réponses possibles à cette question ; je les passerai en revue dans l'ordre de leur force respective, en commençant par la plus hardie, pour ainsi dire :

1) Rien ne peut détruire l'œuvre une fois créée ; tout au plus peut-elle être définitivement « perdue », si elle ne pénètre plus jamais la conscience de quiconque.

2) Rien ne peut la détruire, à moins d'une destruction totale de l'espèce humaine, sans la moindre descendance.

---

114. Il n'est d'ailleurs même pas évident de savoir ce qui pourrait *valoir*, en soi, comme une structure de moyens d'exécution. Une liste ou séquence d'instruments ? Un ensemble de paires ordonnées constituées des numéros de mesure et des groupes instrumentaux qui leur sont associés ?

3) L'élimination permanente de toutes les traces et de tous les souvenirs du *Quintette* (pour faire court : « Personne ne connaît cette œuvre, ni ne la connaîtra plus jamais »).

4) L'effondrement de la pratique musicale au sein de laquelle une interprétation reconnaissable de l'œuvre est possible – ce qui inclut les instruments, les techniques, les compétences, les connaissances stylistiques (« personne n'est capable de jouer cette œuvre, et personne ne le sera plus jamais »).

5) La disparition de la tradition musicale et du savoir sous-jacent nécessaire à la compréhension adéquate de l'œuvre – c'est-à-dire de tout ce qui permet de faire proprement l'expérience de ses propriétés cinétiques, esthétiques, artistiques, ou autres, et de les évaluer (« plus personne ne comprend ce que l'œuvre signifie, communique ou exprime, ni ne le comprendra plus jamais »).

6) La destruction de toutes les incarnations matérielles de l'œuvre – les partitions, les manuscrits originaux, les enregistrements, les interprétations en concert – même si les représentations, les souvenirs, ou la possibilité de se la jouer dans la tête peuvent subsister[115].

7) Une désaffection irréversible, ou même un mépris généralisé (« plus personne ne s'intéresse à cette œuvre, ni ne s'y intéressera plus jamais »).

Ayant esquissé cet éventail de réponses, je ne m'aventurerai pas à déterminer une fois pour toutes à quelles conditions, exactement, il est le plus raisonnable de considérer que l'œuvre a cessé d'exister[116]. Je suppose que la réponse la plus judicieuse se trouverait vers le milieu, quelque part autour du point (3); mais je ne suis pas certain de l'argument qui permettrait de l'établir.

D'un autre côté, il est difficile de nier que la réponse (1) possède un certain attrait résiduel. Une fois qu'une structure de sons exécutés est indiquée dans un contexte musical cohérent, il n'est *pas absurde*

---

115. Mais la destruction de l'œuvre est-elle alors définitive, ou seulement temporaire ?

116. Par exemple, il faudrait savoir comment interpréter au juste les conditions de permanence ou d'irréversibilité qui sont présupposées par certains de ces critères.

de penser qu'elle occupe pour toujours une place dans les régions abstraites de l'univers. Devrait-elle s'évanouir dans la non-existence, simplement parce que c'est là notre lot commun ? Il est sans doute réconfortant de pouvoir se dire que les produits immatériels de notre culture, une fois initiés, sont logiquement destinés à nous survivre, au moins dans ce sens affaibli que nous venons d'évoquer.

Remarques additionnelles

1. *Les œuvres musicales et leurs histoires parallèles* [117]

Je me propose ici de répondre aux objections formulées par Gregory Currie à l'encontre de ma position en ontologie de la musique – objections qu'il développe pour justifier sa propre théorie alternative [118]. Bien que Currie soit plutôt bien disposé envers l'ontologie de la musique que j'ai proposée – ontologie qui, comme la sienne, découle d'une position sur l'art résolument non empiriste [119] – il considère néanmoins qu'elle est discutable, en gros, sur deux points. D'une part, il pense que les structures indiquées (avec lesquelles j'identifie les œuvres de musique) sont « métaphysiquement obscures » [120]. D'autre part, il pense que ma thèse possède de nombreuses implications qui mettent à mal nos intuitions dans un certain nombre de situations contrefactuelles.

---

117. Ndt. Cette section est la traduction d'un extrait de « Art as action », *Philosophy and Phenomenological Research*, vol. 52, 1992, p. 215-22 ; repris dans Jerrold Levinson, *The Pleasures of Aesthetics*, Ithaca, Cornell University Press, 1996, p. 144-149 (« Art as Action », section III).

118. Gregory Currie, *An Ontology of Art*, Londres, Macmillan, 1989, p. 56-64.

119. Ndt. Selon une position empiriste en philosophie de l'art, les propriétés d'une œuvre de musique que nous ne pouvons pas connaître simplement par l'audition ne comptent pas comme des propriétés esthétiques de cette œuvre. L'œuvre est alors conçue comme une sorte de « surface sensorielle » (Currie, *An Ontology of Art*, p. 17), pour reprendre les mots de Currie : seuls les attributs de l'œuvre qui, dans des conditions adéquates de réception, peuvent se percevoir directement sont d'une quelconque pertinence esthétique.

120. Currie, *An Ontology of Art*, p. 58.

En ce qui concerne la première attaque, Currie fait remarquer que si mes arguments permettent d'établir l'existence de structures indiquées en art, alors ils établissent aussi l'existence de celles-ci dans d'autres domaines, comme par exemple le domaine des découvertes scientifiques, où elles ne sont pas désirées. Je répondrai en observant qu'on n'a peut-être tout simplement pas *besoin* de ces structures indiquées dans de tels domaines : pour le dire autrement, nous n'avons pas de raisons particulières, à l'heure actuelle, d'admettre des choses comme la pénicilline-en-tant-qu'inventée-par-Flemming. Mais de telles raisons pourraient peut-être surgir si nous nous mettions à discuter de ces problèmes en certains termes, ou à y penser d'une certaine manière. Quoi qu'il en soit, même si l'historiographie des sciences ne semble pas requérir pour l'heure ce genre de postulats, j'affirme qu'il en va autrement avec la théorie de l'art. Il semble préférable d'identifier les œuvres d'art d'une manière métaphysiquement obscure, s'il doit en être ainsi, que de leur appliquer des catégories métaphysiquement plus claires (en réalité, seulement plus familières) qui les enferment dans un lit de Procuste. Il est d'ailleurs difficile de ne pas soupçonner que l'une des motivations présidant à la métaphysique de l'art proposée par Currie soit précisément de trouver des applications supplémentaires à une ontologie toute faite (l'ontologie des actions et des événements) qui se trouve, pour ainsi dire, à portée de main et prête à servir.

Afin de se donner des munitions pour sa seconde attaque, Currie critique directement la position que j'ai appelée OM[121] dans « Ce qu'est une œuvre musicale », selon laquelle le compositeur, la date de composition et la structure sonore prenant en compte les moyens d'exécution font intégralement partie des œuvres de musique. De cette manière de comprendre l'identité de l'œuvre découlent quatre implications qui semblent particulièrement problématiques aux yeux de Currie. Les deux premières concernent le caractère essentiel de la structure sonore et de la date de composition : si deux structures

---

121. Ndt. Rappelons que selon OM, une œuvre musicale est une structure de sons et de moyens d'exécution en tant qu'indiquée par un compositeur X à une date de composition t.

constituantes sont différentes, aussi triviale que soit cette différence, alors on a bien affaire à deux œuvres de musique différentes ; et il en va de même pour les changements, mêmes mineurs, concernant la date de composition. Je pense qu'on peut répondre aisément à ces difficultés. La solution est d'admettre que « même structure » et « même date » sont des expressions relativement vagues, dont l'interprétation peut varier selon les cas ; OM ne doit pas nous conduire à considérer une modification de quelques notes dans la structure sonore ou une modification de la date de composition de quelques heures comme suffisants pour parler d'un changement de structure sonore ou de date de composition, et donc d'une altération de l'identité de l'œuvre [122]. Quoi qu'il en soit, toutes les difficultés que rencontrerait un défenseur de OM à décider du seuil maximum de changement structurel acceptable pour qu'une œuvre reste elle-même se posent également pour un partisan de la conception de Currie, puisque, comme moi, celui-ci fait de la structure manifeste un des éléments constitutifs de l'œuvre.

La troisième conséquence à laquelle s'intéresse Currie est plus sérieuse. Comme le contexte historique de la composition n'est pas explicitement mentionné dans OM, cela pourrait impliquer qu'une œuvre reste identique même dans des situations contrefactuelles où l'histoire musicale qui précède sa genèse diverge considérablement de ce qui a actuellement eu lieu, pourvu que le compositeur, la date de composition et la structure restent constants. Currie se demande ainsi si la Sonate « *Hammerklavier* » de Beethoven serait restée la même œuvre si le contexte préalable à sa composition avait été drastiquement altéré – si, par exemple, elle avait été la première pièce de musique à avoir été composée en Europe depuis l'époque de Purcell ; et on a des raisons de croire que non.

Une réponse à cette omission du contexte musical serait de modifier les réquisits d'identité exposés par OM, en identifiant l'œuvre à une structure indiquée mentionnant explicitement de tels contextes en lieu et place du compositeur et de la date de composition ; et donc de

---

122. Pour en savoir plus sur le sujet, voir Levinson, « Titles ».

faire de l'œuvre de musique une structure-en-tant-qu'indiquée-dans-le-contexte-musico-historique-*C*. C'est une option que j'avais explicitement considérée dans « Ce qu'est une œuvre musicale » (et que j'avais nommée OM') mais que j'ai délaissée en faveur de OM, qui me semblait alors posséder certains avantages, entre autres celui de rendre compte de manière plus intuitive du lien unissant les œuvres et leurs interprétations, et d'empêcher de considérer comme identiques deux œuvres indiscernables au moment de leur composition, mais divergeant ensuite eu égard à l'histoire de leurs réceptions respectives – ce qui aurait été paradoxal. Toutefois, il m'apparaît nettement préférable aujourd'hui de fusionner les deux positions et donc de considérer les œuvres de musique comme des structures-en-tant-qu'indiquées-par-*X*-à-*t*-dans-le-contexte-musico-historique-*C*, faisant ainsi du contexte de création un élément essentiel de l'œuvre, au même titre que le compositeur, la date de composition et la structure musicale (appelons cette manière de voir les choses OM+). Bien sûr, il est impératif lorsqu'on applique une telle formule de comprendre que l'expression « le même contexte musico-historique » possède nécessairement une certaine souplesse (comme pour la structure et la date de composition) si l'on veut, là encore, rendre compte des jugements que nous pourrions avoir quand il s'agit de savoir si l'on a affaire à deux œuvres différentes ou bien à une seule et même œuvre [123].

---

123. On pourrait peut-être modifier encore davantage cette position, et pour le meilleur, en éliminant complètement la variable temporelle, étant donné la ré-introduction du contexte musico-historique en tant qu'élément individuant. En effet, d'un certain côté, une telle variable pourrait alors être redondante, car le contexte musico-historique et la date de composition varient effectivement de concert lorsque l'on considère un monde possible donné.

Mais d'un autre côté, s'il y a de la place pour une indexation temporelle dans l'individuation des œuvres, il faudrait sûrement entendre par là que cet index temporel est à rapporter aux débuts de la culture humaine, ou aux débuts de l'Histoire, plutôt que de prendre en compte le temps absolu qui s'est écoulé depuis le Big Bang. Ainsi, on ne devrait pas considérer qu'un monde possible identique au nôtre mais dans lequel l'évolution des hominidés ne commence que dix mille ans après ce qui a effectivement eu lieu dans notre monde contient des œuvres de musique différentes de notre monde

Mais cela ne fait que nous amener de manière encore plus pressante à la dernière des conséquences indésirables de ma thèse soulignée par Currie. OM, et maintenant OM+, font du compositeur, et donc d'un individu spécifique, un élément essentiel de l'œuvre qu'il compose ; mais des expériences de pensée de divers ordres semblent montrer qu'il s'agit là d'une erreur. D'abord, nous pourrions imaginer que des compositeurs similaires, par exemple Beethoven et Schubert, échangent tout simplement l'intégralité de leurs opus, de telle sorte que nous dirions que Beethoven a composé toutes les œuvres de Schubert, et Schubert toutes celles de Beethoven [124]. Ensuite, nous pourrions imaginer des compositeurs interchangeables du point de vue musical – appelons-les Schubert et Bertschu – qui font partie de la même communauté, témoignent des mêmes influences et dont les œuvres sont structurellement identiques de part en part, mais qui composent chacun dans la plus parfaite ignorance du travail de l'autre : nous voudrions alors certainement considérer que leurs œuvres sont identiques, puisqu'il n'y aurait aucune divergence esthétique ou artistique entre elles, et qu'elles constitueraient de fait des réussites identiques [125]. Enfin, nous pourrions imaginer une contrepartie de Beethoven sur Terre-Jumelle (une copie spatio-temporelle complète de notre Terre), et, de manière analogue au cas Schubert/Bertschu, nous n'aurions aucune raison de nier que Beethoven et Beethoven-Jumeau ont composé exactement les mêmes œuvres de musique [126]. Ce genre de cas semble suggérer, pour Currie, que les œuvres de musique ne sont pas strictement individuées par leurs compositeurs

(et ce ne sera pas plus le cas avec OM+, si l'on veut bien le comprendre à la lumière de cette dernière précision).

124. Currie, *An Ontology of Art*, p. 60.

125. *Ibid.*, p. 74.

126. *Ibid.*, p. 61-63. Notons d'ailleurs que Currie soutient la même position pour les œuvres d'art physiques (comme les peintures) produites ici et sur Terre-Jumelle, pourvu qu'elles soient indiscernables et soient engendrées selon les mêmes heuristiques : dans ce cas, il faut bien parler de la *même* peinture.

et, par extension, que les œuvres d'art en général ne sont pas indissolublement liées à leurs créateurs [127].

Commençons avec le cas de l'échange Beethoven/Schubert : je ne suis pas sûr qu'un tel échange puisse être à la fois clairement intelligible et que Beethoven reste Beethoven (1770-1827) et que Schubert reste Schubert (1797-1828) ; ni qu'on puisse en tirer les conséquences que Currie veut en tirer. En effet, les périodes d'activité compositionnelle de Beethoven et Schubert sont différentes, même si elles se recoupent partiellement : cet échange de carrière conduirait donc inévitablement à modifier les dates de certaines compositions ; et les influences qui s'exercent sur ces compositeurs ne sont pas équivalentes : Beethoven était bien sûr un modèle pour Schubert, mais la réciproque n'est pas vraie. Imaginer que Schubert a composé toutes les œuvres de Beethoven, mais aucune de ses propres œuvres, c'est imaginer un monde incroyablement différent du monde actuel dans lequel Schubert, né dix-sept ans après Beethoven, a pu connaître la même évolution stylistique que notre Beethoven (des premiers quatuors avec piano jusqu'aux derniers quatuors à cordes) en approximativement deux fois moins de temps, un Schubert dont les premières œuvres (comme les quatuors avec piano précédemment mentionnés) sembleraient passablement datées pour de la musique

---

127. Bien que je fasse comme si de rien n'était dans la présente discussion, j'aimerais quand même faire part de mes doutes : il n'est pas évident que ces cas de *Doppelgänger* extrêmes du type Terre/Terre-Jumelle ou Schubert/Bertschu possèdent véritablement le poids que Currie entend leur accorder s'il s'agit de rechercher une ontologie envers laquelle nos pratiques critiques et interprétatives effectives nous engageraient implicitement. Il me semble en effet que les possibilités contrefactuelles proposées par Currie – contrairement, j'espère, à celles que j'ai mises en avant pour asseoir ma propre position – sont tellement lointaines qu'il n'est pas certain que notre manière actuelle de comprendre les œuvres d'art puisse autoriser une réponse plutôt qu'une autre lorsqu'il s'agit de savoir si on a affaire à des œuvres identiques ou pas dans ce genre de cas. (Au contraire, le genre de situations contrefactuelles improbables sur lesquelles j'ai insisté pour motiver ma position sont de telle sorte qu'elles peuvent très bien avoir lieu, et même qu'elles pourraient déjà avoir eu lieu, ici même, sur Terre, au sein des traditions artistiques terrestres qui nous sont familières : il est donc nécessaire de les prendre en compte pour mettre au jour une conception des œuvres d'art qui soit au moins adéquate à ces traditions).

de 1810 (époque à laquelle il aurait été plausible qu'il commençât à composer), et ainsi de suite. Mais si on parvient à s'imaginer cela, alors il serait tout aussi plausible de dire que, dans de telles circonstances, Schubert n'a pas composé les œuvres de Beethoven que nous connaissons tous mais plutôt des œuvres différentes, qu'il faut maintenant considérer comme les œuvres de Schubert bien qu'elles soient identiques du point de vue sonore à celles de notre Beethoven [128].

Passons donc maintenant au cas de Schubert et Bertschu qui souligne de manière encore plus frappante le problème : est-ce qu'une simple différence de compositeurs (toute autre différence artistique ou temporelle ayant été éliminée) peut suffire à garantir par elle-même la non-identité de deux œuvres ? Quelqu'un d'autre aurait-il pu composer le *Quintette à cordes en do majeur* de Schubert, outre Schubert lui-même ? Est-ce que Bertschu, par exemple, aurait pu le composer ? Voici une raison d'en douter : le *Quintette* de Schubert reflète bien sûr l'activité créative de *Schubert* (et pas celle de Bertschu) en une occasion donnée, tandis que le *Quintette* de Bertschu, aussi identique qu'on le veuille au *Quintette* de Schubert (c'est la même partition, c'est la même musique), reflète bien l'activité créative de Bertschu (et pas celle de Schubert). Comment pouvons-nous alors identifier le *Quintette* de Bertschu à celui de Schubert ? On pourrait ici penser, sans avoir à s'en excuser, que des questions de ce genre ne sont pas très éloignées de la question de savoir si Bertschu aurait pu éternuer certains des éternuements de Schubert, en plus de ses propres éternuements... Si l'on passe au cas Beethoven/Beethoven-Jumeau, je pense qu'il y a une raison encore plus forte de ne pas identifier leurs productions musicales. En effet, ces compositeurs appartiennent à des mondes distincts, et donc à des cultures distinctes, mêmes si ces mondes et ces cultures sont qualitativement identiques : ne devrait-on pas alors concevoir les œuvres qu'ils créent comme

---

128. En bref, quand on se demande si une œuvre de Beethoven aurait pu être composée par Schubert, sans doute la seule chose vraiment intéressante est de se demander ce que l'œuvre aurait été, ou à quoi elle aurait ressemblé, si elle avait fait partie du corpus des œuvres de Schubert, « Schubert » et « corpus des œuvres de Schubert » recevant ici à peu près le sens que nous leur donnons habituellement.

étant individuées, au minimum, par la culture à laquelle elles appartiennent et plus généralement par la sphère humaine dans laquelle elles s'inscrivent (étant bien entendu que Beethoven et Beethoven-Jumeau, du simple fait qu'ils habitent des planètes distinctes, s'inscrivent dans des sphères humaines différentes)[129]?

En outre, en mettant ces deux cas de *Doppelgänger* extrêmes sur le même plan, il faut se rappeler que les considérations soulevées précédemment à l'encontre de OM' – position qui considère le compositeur comme exogène à l'identité de l'œuvre, comme chez Currie – devraient s'appliquer également ici. Les interprètes de l'« *Eroica* » de Beethoven sur Terre n'interprètent vraisemblablement pas également la pièce du même nom de Beethoven-Jumeau ; et les cinq musiciens engagés pour interpréter le tout nouveau *Quintette à cordes* de Bertschu ne sont pas, par là même, en train d'interpréter le *Quintette* de Schubert, pourtant notationnellement indiscernable. Par ailleurs, après une genèse dans des circonstances qualitativement identiques, de possibles divergences dans l'histoire de la réception de ces paires indiscernables d'œuvres peuvent intervenir : cela milite contre une position qui ferait des heuristiques de création le seul critère d'individuation des œuvres, en dehors de la structure. En effet, s'il s'avère que le *Quintette* de Schubert a eu plus d'influence que celui de Bertschu, ou si l'« *Eroica* » de Beethoven-Jumeau se retrouve interdite à Boston-Jumelle (contrairement à la symphonie de Beethoven), il y a alors des différences relationnelles entre les œuvres en question ; mais la position de Currie l'oblige à considérer ces œuvres comme identiques[130].

---

129. Ndt. Le cas de Beethoven-Jumeau dans son ensemble fait implicitement référence à l'expérience de pensée de la Terre-Jumelle développée par Hilary Putnam dans « Signification et référence », traduit de l'anglais par Valérie Aucouturier dans Bruno Ambroise et Sandra Laugier (dir.), *Philosophie du langage*, vol. I, Paris, Vrin, 2009, p. 343-361. Pour plus de détails, on pourra se reporter à l'introduction de la traductrice.

130. Dans ce dernier cas, on ne considère pas des *Doppelgänger* (que ce soit entre Terre et Terre-Jumelle ou au sein de la même ville de Vienne) qui coïncident qualitativement sur toute la durée de leur existence, mais des *Doppelgänger* qui coïncident seulement jusqu'au moment où l'œuvre en question apparaît. Ce type de

Mais supposons qu'il faille conclure avec Currie que ces cas de *Doppelgänger* extrêmes montrent bien que les œuvres de musique ne doivent pas être aussi finement individuées que ce que préconisent OM ou OM+, et que donc les compositeurs soient, au sens strict, non essentiels à leurs repli. Nous disposerions tout de même de deux solutions de secours plus attractives que celle qui consiste à faire de nos œuvres des types d'action. La première, déjà notée, est de faire appel à OM', qui fait dépendre l'individuation des œuvres simplement de leur structure et de leur contexte complet d'émergence (compris en termes qualitatifs). L'autre solution garde quelque chose de l'idée de recourir aux heuristiques de création, mais sans l'étroitesse qui me semble inhérente à cette notion : il s'agirait alors d'effacer toute référence temporelle, et de se représenter l'index « personne » dans OM comme renvoyant à une *persona artistique* spécifique plutôt qu'à un individu métaphysique particulier, c'est-à-dire à un compositeur avec tel et tel profil artistique, bien défini par ses œuvres passées, son style manifeste, la liste de ses prédécesseurs, l'étendue des influences qui se sont exercées sur lui, et ainsi de suite. Appelons cette position OM" : OM" rend bien possible que plusieurs personnes distinctes mais exemplifiant une même *persona artistique* composent en réalité les mêmes œuvres en écrivant les mêmes partitions.

OM" permet bien de rendre compte de notre tendance à penser que dans ce genre de cas, il n'y a bien qu'une seule et même œuvre, car il n'y a rien qui permette de différencier les compositions, ni du point de vue esthétique, ni du point de vue artistique, ni du point de vue des relations pouvant unir ces compositions à un corpus précédent ou à un contexte historique donné. Selon cette conception, Schubert et Bertschu, ou Beethoven et Beethoven-Jumeau, parce qu'ils instancient la même *persona* artistique, composent bien des œuvres identiques. Si donc nous voulions rendre justice aux intuitions que Currie met en avant – c'est-à-dire que des mêmes pièces peuvent être composées indépendamment par des individus distincts, et qu'une

---

coïncidence implique également la coïncidence des œuvres si l'on suit la position de Currie ou OM', mais pas si l'on suit OM ou OM+.

personne autre que le compositeur aurait pu composer ses œuvres – nous pourrions toujours adopter cette version de ma thèse, qui ancre l'œuvre à son créateur compris comme *persona* artistique, et qui permet d'identifier les œuvres de musique d'une manière moins contre-intuitive que ne le fait la thèse de Currie, et son identification des œuvres à des types d'action. Toutefois, comme je l'ai laissé entendre dans ce qui précède, cette stratégie n'est sans doute pas préférable, en définitive, au fait de laisser intact le lien qui unit essentiellement la personne concrète du compositeur à son œuvre.

2. *Sur la notion d'indication artistique* [131]

Je me rends compte que décrire l'action à travers laquelle un artiste crée une œuvre de musique comme un acte d'indication peut paraître étrange. Je dois donc préciser en quelques mots le genre d'indication que j'ai en tête. Bien sûr, lorsqu'un compositeur crée une œuvre, il ne pense pas être en train d'indiquer quoi que ce soit, et il ne conçoit probablement pas non plus son acte de création comme étant fondamentalement un acte d'indication. Il pourrait vraisemblablement être tenté de décrire son activité plutôt en termes de construction, d'articulation ou d'expression, et il n'y a aucune raison de penser que ces termes sont inappropriés, au moins à un niveau général. Mais il n'en demeure pas moins que le travail du compositeur consiste spécifiquement à indiquer quelles notes, parmi toutes celles qui sont disponibles au sein d'un langage musical donné, constituent, une fois agencées d'une certaine manière, la symphonie qui est la sienne.

À l'évidence, le genre d'indication dont il est ici question, que nous pouvons appeler *indication artistique*, et dont résultent les œuvres de musique, doit être distingué d'autres formes d'indication plus ordinaires, que nous pouvons rassembler dans la catégorie d'*indication simple*.

---

131. Ndt. Cette section présente la traduction d'extraits d'un texte récent de Jerrold Levinson, « Indication, Abstraction and Individuation », dans Christy Mag Uidhir (dir.), *Art and Abstract Objects*, Oxford, Oxford University Press, 2012, p. 49-61.

Le caractère distinctif de l'indication qui est au centre de l'acte créateur en musique doit donc être précisé. Comparons alors l'indication en jeu dans le processus de création d'une œuvre de musique – disons, la *Mazurka en la mineur*, op. 17, n° 4, de Frédéric Chopin – et un acte d'indication ordinaire – par exemple le fait d'attirer l'attention de mon ami, alors que nous marchons tous deux dans la rue, sur un passant à l'apparence peu commune. Commençons par le second cas. Je remarque cet étrange passant puis le montre du doigt afin que mon ami tourne son regard dans sa direction. En d'autres termes, j'indique, je singularise cet individu inconnu, je le distingue comme quelque chose qui mérite son attention. Si, suivant mon geste, mon ami tourne effectivement son regard dans cette direction, alors on peut dire que mon acte d'indication a réussi ; dans le cas contraire, il échoue, ce qui ne veut pas dire pour autant que le geste n'a pas eu lieu. Cette action est éphémère, étroitement liée à une situation fugace. L'action s'épuise dans le moment, et ne vise rien de permanent. Mon but est d'attirer l'attention de mon ami, ici et maintenant, sur ce phénomène passager, et rien d'autre. Je ne m'engage pas dans une activité orientée vers le futur, je n'ai pas l'intention de construire ou d'inaugurer quoi que ce soit, et je n'ai aucune envie particulière de laisser la moindre trace sur les sables du temps. Quoi qu'il en soit, cette indifférence à ce qui pourrait être engendré par mon acte d'indication est caractéristique de l'indication au sens ordinaire, non artistique.

Il en va tout autrement pour l'acte d'indication artistique. Que fait donc Chopin exactement, quand il compose cette *Mazurka en la mineur*, aussi brève que déchirante ? En un sens, il se livre également à un acte d'indication, lui aussi à l'aide de ses doigts, qu'il couche les notes sur le papier ou les exécute au piano. Et ce qu'il indique successivement, dans un certain ordre, c'est un ensemble d'objets individuels appartenant à un certain langage musical et qui préexistent à l'acte de composition. Dans ce cas, il y a bien un acte, ou plutôt une série d'actes d'indication simple, par lesquels en fin de compte Chopin attire notre attention sur une certaine configuration sonore qui était toujours déjà là, enfouie dans le langage musical comme champ de possibilités sonores. Mais Chopin fait bien plus encore quand il compose, parce que son intention est de laisser une empreinte d'un certain type sur le monde, d'introduire quelque chose de nouveau dans la culture musicale dont il est l'héritier et le continuateur.

Que fait donc Chopin exactement, au-delà de ces actes d'indication simple, lorsqu'il crée sa *Mazurka*? On peut commencer par remarquer qu'il *choisit* ou *sélectionne* des notes – c'est-à-dire des hauteurs, des rythmes, des timbres, des dynamiques, et ce tant d'un point de vue vertical qu'horizontal – et ne se contente pas simplement d'*attirer l'attention* sur elles. Cela revient à dire qu'il se place dans une certaine relation vis-à-vis de ces notes, en partie d'approbation, en partie d'appropriation. Concrètement, il ne se contente pas de dire : « Écoutez ces sons »; mais plutôt : « Écoutez ces sons, ce sont les miens, ils viennent de moi, c'est moi qui les ai assemblés dans cet ordre, et je réponds d'eux ». Lorsque nous nous livrons à un acte d'indication simple, en montrant du doigt quelque chose ou en faisant référence à un certain objet dans une conversation, nous nous plaçons dans une tout autre relation avec l'objet visé; nous ne le choisissons pas, nous ne le sélectionnons pas, nous ne le désignons pas comme quelque chose qui restera durablement lié à notre personne.

Mais en créant sa *Mazurka*, Chopin *ne se borne pas* à choisir ou à sélectionner une séquence de notes, avec laquelle il entretient par là même une relation durable. Cette description serait correcte s'il ne faisait qu'improviser[132]. Mais, en tant que compositeur d'une œuvre destinée à être exécutée, ou à recevoir une instanciation future, il vise en plus à *instaurer* quelque chose par ce choix ou cette sélection : ce qu'il instaure, c'est une *règle*, une *norme*, voire une *micro-pratique*, par laquelle on joue bien un morceau *de* Chopin, et pas une pièce de musique quelconque, quand on joue *cette* séquence de notes choisie par Chopin, et ce précisément *parce qu'elle a été* choisie par Chopin. C'est ce qui fait exister la *Mazurka en la mineur* comme une œuvre

---

132. Et encore, ce n'est pas sûr. Il y a des formes d'improvisations musicales dans lesquelles l'indication s'accompagne de sélection, avec cette différence que dans ces formes d'improvisation, la sélection porte sur des objets *plus vastes* (un standard, un certain style de jeu), plutôt que sur l'objet *très spécifique* que constitue une structure sonore définie dans ses moindres détails.

de Chopin. Pour un compositeur, indiquer une séquence particulière de notes, c'est précisément instaurer une norme prescrivant de reproduire ces sons d'une certaine manière, conformément aux indications d'une intelligence musicale particulière et historiquement située. Et c'est à ce genre de structure indiquée que nous devons identifier les œuvres de musique de la tradition classique.

Cette idée d'indication compositionnelle comme action consistant à instaurer une règle a été bien formulée par Nicholas Wolterstorff dans un texte de 1987 :

> Une œuvre de musique implique donc une interaction complexe entre trois sortes d'entités : une espèce[133] d'exécution, un ensemble de règles spécifiant à quelles conditions l'exécution d'une œuvre est correcte et à quelles conditions elle est une exécution intégrale de cette œuvre, et, enfin, un ensemble de sons, à exécuter d'une certaine manière, correspondant exactement à ce que spécifient ces règles [...]. Dès lors que nous prenons conscience du rôle constitutif que jouent ces règles, il apparaît que le modèle à trois phases de la composition [invention, évaluation, sélection] [...] est inadapté au cas de la musique. L'invention y conserve bien sûr une place, de même que l'évaluation ; et la sélection n'y est pas non plus absente. Mais le processus de sélection est maintenant subordonné à un acte distinct consistant à *imposer* des règles de correction et d'intégrité. À la lumière de son évaluation, le compositeur sélectionne un ensemble de sons, à exécuter d'une certaine manière ; mais cette sélection se fait en prescrivant la règle qui impose que toute exécution correcte et intégrale de l'œuvre doit exemplifier ces sons-là, joués de cette manière-là[134].

L'idée-clé de ce passage est que le compositeur, quand il compose, *impose* une règle qui devra être suivie par les interprètes qui souhaitent instancier ou exécuter son œuvre ; mais ce n'est qu'une variante plus musclée de la notion, mentionnée plus haut, d'indication comme

---

133. Ndt. Sur le sens du terme « espèce » ici, voir, dans le présent volume, « Ce qu'est une œuvre musicale », note 4.

134. Nicholas Wolterstorff, « The Work of Making a Work of Music », dans Philip Alperson (dir.), *What is music ?*, New Haven, Haven Publication, 1987 ; University Park, Penn State University Press, 1994, p. 120.

instauration de règle, une variante qui fait de l'interprétation un véritable sacerdoce. Et il s'agit là d'un élément essentiel à l'indication artistique, et qui permet de bien la distinguer de l'indication au sens ordinaire.

Faisons le point : l'indication artistique, à la différence de l'indication simple, comporte un *choix* délibéré, un acte d'*appropriation*, une attitude d'*approbation*, et l'*instauration* d'une règle ou d'une norme.

Après avoir quelque peu éclairci, au moins par contraste, la nature de l'indication impliquée dans la création des structures indiquées, je dois maintenant prendre acte d'une difficulté concernant le statut ontologique de ces entités, considérées jusqu'ici comme des *types*. Une structure indiquée – c'est-à-dire, un type-structurel-en-tant-qu'il-est-indiqué-dans-un-certain-contexte – est-elle réellement un *type*, au sens strict qu'il convient de donner à ce terme ? Au risque de surprendre, je répondrais par la négative, et ce pour les raisons suivantes. Si, comme de nombreux philosophes le soutiennent, un type est intégralement défini en termes de propriétés essentielles, celles qui doivent être possédées par chacune de ses occurrences, et si, en outre, de telles propriétés, même quand elles sont relationnelles, sont tenues pour éternelles, et donc non susceptibles de création, alors les types sont eux aussi éternels, et ne peuvent faire l'objet d'aucune création [135]. Tout le contraire de ce que sont censés être les structures indiquées et les types initiés. S'obstiner à vouloir en faire des types irait à l'encontre de ce qui nous a initialement conduit à les introduire. Par conséquent, il est possible que la structure indiquée ou le type initié qui découle de l'acte d'indication artistique opérant sur un type

---

135. Julian Dodd a proposé un argument de ce genre (voir « Musical Works as Eternal Types », *British Journal of Aesthetics*, vol. 40, 2000, p. 424-440 et « Defending Musical Platonism », *British Journal of Aesthetics*, vol. 42, 2002, p. 380-402). Pour une discussion et une réfutation partielle de cet argument, voir Robert Howell, « Types, Indicated and Initiated », *British Journal of Aesthetics*, vol. 42, 2002, p. 105-127. Ce que Howell présente comme des « types-faisant-l'objet-d'un-certain-*usage* » correspond à ce que j'appelle « types indiqués » ; mais la réticence que l'on peut avoir à accorder à mes types indiqués le statut de type véritable ne s'applique pas moins aux types-en-usage d'Howell.

structurel préexistant ne doive pas être véritablement considéré comme un type *stricto sensu*.

Mais si les types initiés ne sont pas des types au sens strict du terme, alors que sont-ils au juste? Une possibilité serait de les assimiler à des *objets-en-tant-que* [136], des entités comme Obama-en-tant-que-président, ou Vénus-en-tant-que-vue-depuis-la-Terre [137]. Mais cette proposition n'est peut-être pas très heureuse, et ce pour au moins deux raisons. D'une part, les types initiés deviendraient alors des entités trop éthérées, trop aspectuelles, pour faire l'objet d'un véritable acte de création, au sens fort. D'autre part, l'hypothèse de l'objet-en-tant-que semble incapable de capturer l'intuition selon laquelle, en créant une œuvre de musique, le compositeur l'engendre et la constitue *à partir* d'une structure sonore préexistante [138]. Quoi qu'il en soit, si les types initiés ne sont ni des types tels que définis classiquement, ni des objets-en-tant-que, il n'en reste pas moins qu'on peut y voir ce que Richard Wollheim appelle des *entités génériques*, c'est-à-dire des choses qui peuvent avoir des instances et peuvent

---

136. Ndt. Ce que les philosophes contemporains appellent « objet-en-tant-que », par exemple Barack-Obama-en-tant-que-Président-des-États-Unis, est un objet autonome obtenu à partir de deux éléments : un objet de base (ici, Barack Obama lui-même) et une certaine manière de considérer cet objet (pour Barack Obama, le fait d'être Président). Barack-Obama-en-tant-que-Président-des-Etats-Unis est donc à la fois différent de Barack Obama et de Barack-Obama-en-tant-que-fan-de-Beyoncé.

137. Une théorie des objets-en-tant-que a été minutieusement développée par Kit Fine, « Acts, Events, and Things », dans Werner Leinfellner, Eric Kraemer et Jeffrey Schank (dir.), *Sprache und Ontologie*, Vienne, Hölder-Pichler-Tempsky, 1982, p. 97-105.

138. Cette thèse est défendue de manière convaincante par Simon Evnine, « Constitution and Qua Objects in the Ontology of Music », *British Journal of Aesthetics*, vol. 49, 2009, p. 203-217. Ce dernier développe également une conception positive relativement séduisante de ce qu'implique le travail de composition musicale ; cette conception n'est guère éloignée de celle qui est élaborée ici, en termes d'indication artistique : « Le travail de l'artiste, dans le cas de la composition musicale, ne consiste pas à transformer la structure sonore à partir de laquelle l'œuvre est créée. Mais en un certain sens plus faible, il y a bien, de la part du compositeur, un travail sur cette structure sonore : il consiste à la localiser dans le champ des possibles sonores et à la distinguer des autres structures » (p. 215).

être concrètement exemplifiées. Dans le cas des types initiés musicaux, une telle instanciation-exemplification se fait au moyen d'exécutions [139].

L'idée qu'au fond, ce problème n'en est peut-être pas un a été élégamment formulée par Robert Stecker dans un article récent concernant la méthodologie de l'ontologie de l'art :

> Certains pensent que les types sont, par définition, éternels et immuables (Guy Rohrbaugh, Julian Dodd) ; d'autres pensent qu'au moins certains types sont créés, qu'ils sont sujets à changement et peuvent cesser d'exister (Levinson, Robert Howell, Amie Thomasson). Sur ce dernier point, il me semble qu'il n'y a pas de véritable désaccord, si ce n'est sur les entités qu'il convient de désigner par la notion de « type ». Tant que l'on parvient à proposer une description intelligible et cohérente d'une catégorie d'entité, peu importe le nom qu'on lui donne [140].

---

139. Mais il reste assurément encore une difficulté : il faudrait dire en quoi consiste précisément le fait d'instancier l'*aspect historico-culturel* d'un type indiqué. L'instanciation de l'aspect structurel – la structure sonore/de moyens d'exécution qui est au cœur du type indiqué – se fait par une exécution concrète, et il n'y a là rien de mystérieux ou de problématique. Mais il en va autrement pour l'instanciation de l'aspect historico-culturel. Tout ce que l'on peut dire, peut-être, c'est que, pour instancier cet aspect, il suffit de produire une exécution qui soit conforme à l'aspect structurel de l'œuvre, tout en restant *soucieux de respecter* son aspect historico-culturel.

140. Robert Stecker, « Methodological Questions about the Ontology of Music », *The Journal of Aesthetics and Art Criticism*, vol. 67, 2009, p. 375-386, en particulier p. 385. On pourrait toutefois objecter qu'il reste une difficulté méthodologique non négligeable : plus il est difficile de classer la catégorie d'entité que l'on postule dans les termes de la taxonomie métaphysique reçue, plus cette catégorie semblera *sui generis* ou *ad hoc*. Mais je répondrai en faisant remarquer qu'il serait bien surprenant que de nouvelles idées métaphysiques ne nécessitent de temps à autre que l'on postule ce genre de catégories.

Pour une synthèse judicieuse des avantages et des inconvénients qu'il y a à penser les œuvres de musique comme des types, *quelle que soit la manière dont on spécifie cette notion*, voir David Davies, *Philosophy of the Performing Arts*, Oxford, Blackwell, 2011, chapitre 2.

3. *Les œuvres musicales sont-elles des individus historiques ?* [141]

Dire que tout le monde n'est pas convaincu par l'ontologie des œuvres de la musique classique que j'ai défendue et développée pendant ces trente dernières années relève de l'euphémisme. Pour les uns, la théorie selon laquelle les œuvres de musique sont des structures indiquées, et donc, en quelque sorte, des types initiés, n'accorde pas à ces œuvres une possibilité de création suffisamment robuste. Elle se contente de substituer un malheureux succédané à l'acte de création véritable, et confond un simple fait d'indication avec un objet proprement dit. Les autres pensent que les œuvres de musique ne peuvent pas être des types, de quelque sorte que ce soit, parce que les types sont des entités abstraites n'admettant pas la flexibilité que semblent posséder les œuvres de musique : à savoir, d'une part, une flexibilité temporelle – les propriétés d'une œuvre de musique peuvent bel et bien se modifier au fil du temps, du moins dans une certaine mesure – et, d'autre part, une flexibilité modale – une œuvre de musique aurait très bien pu être différente de ce qu'elle est effectivement, au moins dans une certaine mesure.

Ces réserves exprimées à l'égard de ma théorie, qu'elles soient justifiées ou non, ont récemment amené certains esthéticiens anglophones contemporains à proposer d'autres conceptions des œuvres de la musique savante tout en maintenant l'idée fondamentale selon laquelle celles-ci doivent pouvoir être créées par des compositeurs spécifiques dans des circonstances historiques concrètes, et ne peuvent donc pas être de pures entités abstraites. Ainsi, en lieu et place de ma propre conception de l'œuvre de musique comme structure indiquée (c'est-à-dire une entité historiquement ancrée mi-abstraite/mi-concrète) on a pu proposer que celle-ci soit identifiée à un *continuant durable*, à l'instar d'un mot qui évolue lentement au fil du temps tout en restant néanmoins le même mot ; ou alors qu'elle soit identifiée à un *individu historique*, à l'instar d'une photographie, qui dépend ontologiquement d'objets matériels même si elle ne se réduit pas elle-même à un objet

---

141. Ndt. Cette section est tirée d'une communication présentée par Jerrold Levinson à Strasbourg en Mars 2012, et dont le contenu est inédit en langue anglaise.

matériel. La première solution est due à Peter Alward[142], et la seconde à Guy Rohrbaugh[143] ; ces deux propositions sont en réalité assez similaires.

Alward soutient que les œuvres de musique peuvent être comparées aux mots conçus comme des *continuants*, c'est-à-dire des particuliers étendus dans le temps, où un mot est défini comme « un réseau complexe d'événements en relation causale les uns avec les autres »[144], et où les occurrences particulières d'un mot sont conçues comme les événements individuels constituant le réseau en question. En suivant cette analogie, une œuvre de musique pourrait être conçue comme un réseau complexe d'exécutions en relation causale les unes avec les autres. Mais les questions gênantes ne cessent alors de se multiplier. Peut-on vraiment, à l'écoute d'une exécution, *entendre* un tel réseau d'événements ? Peut-on vraiment, à l'écoute d'une exécution, *entrer en relation* avec la totalité de ce réseau ? Peut-on vraiment *exécuter* un tel réseau à chaque fois que l'on exécute l'œuvre ? Sans doute pas. Et pourtant il est clair que l'on peut entendre toute l'œuvre, entrer en relation avec elle dans sa totalité, ou l'exécuter intégralement en une unique occasion. L'œuvre de musique ne peut donc pas être ce qu'Alward propose.

Rohrbaugh soutient pour sa part que les œuvres photographiques, et par extension, les œuvres de musique, ne peuvent pas être des structures ou des types, parce que de tels objets abstraits n'exhibent pas le degré de flexibilité modale et temporelle que possèdent incontestablement, selon lui, ce genre d'œuvres d'art. Il propose plutôt de concevoir ces œuvres comme des *individus historiques*, qui évoluent au fil du temps et qui auraient pu être légèrement différents de ce qu'ils sont effectivement, sans pour autant perdre leur identité spécifique – le fait qu'ils soient cette œuvre-là plutôt que telle autre. Certaines œuvres, comme les peintures, sont clairement des objets matériels, tandis que d'autres, comme les photographies, ne sont pas

---

142. Peter Alward, « The Spoken Work », *The Journal of Aesthetics and Art Criticism*, vol. 62, n° 4, 2004, p. 331-337.

143. Guy Rohrbaugh, « Artworks as Historical Individuals », *European Journal of Philosophy*, vol. 11, n° 2, 2003, p. 177-205.

144. Alward, « The Spoken Work », p. 332.

exactement des objets matériels mais en dépendent étroitement ; et d'autres, comme les romans entretiennent une relation encore plus lâche avec les objets matériels qui les incarnent.

On peut se demander jusqu'à quel point une conception de l'œuvre d'art comme individu historique diffère d'une conception de l'œuvre comme structure historiquement ancrée et déterminée ; mais il semble clair que ce qui les distingue peut se ramener, pour l'essentiel, à la distinction métaphysique entre un objet particulier concret et un type (au moins partiellement) abstrait. Plutôt que de critiquer la proposition propre à Rohrbaugh selon laquelle les œuvres d'art sont toutes des individus historiques, proposition que je trouve difficile à saisir, je me contenterai de répondre à la double objection qu'il formule à l'encontre de ma propre théorie, objection qui consiste à faire valoir que les œuvres d'art sont à la fois modalement et temporellement flexibles, tandis que les types structurels, de quelque genre qu'ils soient, ne le sont pas.

Commençons par l'accusation d'inflexibilité modale visant les structures indiquées. J'ai deux réponses à cette objection. La première est qu'on doit reconnaître que les structures sonores/de moyens d'exécution incorporées dans les structures indiquées auxquelles j'identifie les œuvres de musique sont, en général, relativement *vagues*, du moins en ce qui concerne les œuvres typiques des XVIII e, XIX e et XX e siècles. La compréhension que l'on a de ces structures sonores/ de moyens d'exécution, telles qu'elles sont représentées dans les partitions habituelles, traduit implicitement le fait que chaque petit détail (par exemple, une doublure à l'octave dans un court passage, ou une indication d'expressivité secondaire dans une mesure donnée) ne doit pas forcément être considéré comme essentiel à la structure effectivement indiquée. Il est entendu que même si ces petits détails étaient absents ou légèrement différents, on aurait en fin de compte affaire à la même structure sonore/de moyens d'exécution.

Venons-en à la seconde réponse. En ce qui concerne les altérations les plus importantes qu'une œuvre de musique est susceptible de subir d'un point de vue modal, elles ne prouvent pas que l'œuvre en question aurait pu être structurellement très différente tout en conservant son identité, mais bien plutôt qu'elle aurait pu avoir des *versions* différentes, comme c'est le cas, par exemple, des symphonies de Robert Schumann, qui existent en deux versions (une version originale et une version révisée), les différences entre les deux versions étant le plus souvent des différences d'orchestration, même si parfois, comme dans le cas de la *Quatrième Symphonie*, ces différences touchent également à d'autres aspects du discours musical. Ces différentes versions sont bel et bien des œuvres musicales *différentes*, même si elles sont bien plus intimement liées entre elles que ne le sont habituellement les différents opus d'un compositeur donné.

À l'accusation d'inflexibilité temporelle visant mes structures indiquées – les œuvres de musique étant, selon Rohrbaugh, temporellement flexibles, alors que mes structures indiquées sont incapables de la moindre flexibilité temporelle – je répondrai simplement qu'il a tort de penser que ces œuvres sont à ce point temporellement flexibles, c'est-à-dire susceptibles de s'altérer sensiblement au fil des années, comme c'est le cas des peintures, des sculptures, des gravures ou des photographies. Ce qui peut sembler être un changement, une modification ou une altération affectant l'œuvre en conséquence du passage du temps est généralement plutôt dû ou bien au fait que l'on perde progressivement de vue les traits réels de l'œuvre, ou bien que l'on ignore sciemment cette œuvre en lui préférant une autre qui en dérive ou qui en est tirée, et qui en vient à la remplacer, ou bien encore que l'on adopte, pour diverses raisons, de nouvelles manières de la réaliser ou de l'exécuter concrètement. Et si j'ai raison de dire que les œuvres de musique typiques de la tradition classique ne subissent pas vraiment de changements ou de modifications au fil du temps, il n'y a alors aucune divergence entre les œuvres de musique et les structures sonores/de moyens d'exécution indiquées, du moins à cet égard.

Avec ce dernier point s'achève ma discussion de l'ontologie des œuvres de musique. J'espère avoir réussi à convaincre, au moins dans une certaine mesure, de l'intérêt d'une théorie de l'œuvre de musique comme structure indiquée, et être parvenu à la défendre honorablement, sinon de façon définitive, contre certaines des attaques récentes dont elle a pu faire l'objet.

INTERPRÉTATION

QU'EST-CE QU'ÊTRE FIDÈLE
À UNE ŒUVRE MUSICALE ?

Clément CANONNE et Pierre SAINT-GERMIER

Si les œuvres de musiques soulèvent des questions ontologiques épineuses, une philosophie de la musique, même centrée sur la musique savante occidentale de la période classique à nos jours, ne saurait faire l'économie d'une analyse de la relation étroite qui lie les œuvres à leurs exécutions. En particulier, dans cette tradition classique, la musique prend la forme d'un art à deux temps : la division du travail artistique sépare la contribution du compositeur, responsable de la création de l'œuvre de musique, et l'interprète, responsable de sa manifestation sonore. La partition joue alors le rôle de médiateur dans cette transmission du témoin musical[1]. C'est en effet par l'intermédiaire d'une notation que l'information relative à l'œuvre (ou du moins une partie de cette information) est transmise du compositeur à l'interprète, de la même manière que le texte fait le lien entre l'œuvre théâtrale conçue par le dramaturge et la représentation qu'en feront les acteurs sous la direction du metteur en scène.

Le rôle de l'interprète, dans la chaîne de production musicale est donc de donner une manifestation *sonore* de l'œuvre *symboliquement*

---

1. On peut noter que certains mouvements musicaux de la musique savante contemporaine remettent en cause le statut de la partition, soit parce qu'ils s'en passent purement et simplement, la musique se trouvant par exemple fixée directement sur une bande destinée à être diffuser, soit parce que la partition se trouve remplacée par des graphismes ou des textes censés stimuler l'imagination de l'interprète. Voir Carl Dahlhaus, « Nouvelles formes de médiation de la musique » [1971] ; repris dans *Essais sur la nouvelle musique*, traduit de l'allemand par Hans Hildenbrand, Genève, Contrechamps, 2004, p. 149-155.

encodée dans la partition. On ne peut qu'être frappé par la différence d'information qui sépare la représentation notationnelle d'une œuvre que contient une partition et l'image sonore qu'en donne une exécution. D'un point de vue qualitatif, il existe une différence fondamentale entre le caractère sensible et analogue de l'exécution, d'un côté, et le caractère symbolique et digital[2] de l'information notationnelle, de l'autre. Pour évaluer la différence quantitative d'information entre les deux, il suffit de considérer la différence considérable de taille qui existe entre un fichier informatique MIDI, contenant un ensemble d'instructions spécifiant quelles notes doivent être jouées à quel moment, à destination d'un synthétiseur, et un fichier WAV, contenant une information sonore à destination d'un haut-parleur[3]. En termes généraux et abstraits, l'interprète qui se donne pour tâche de réaliser l'exécution d'une œuvre donnée doit faire deux choses : il doit changer la nature de l'information qui lui est donnée, de la notation vers le son, et il doit ajouter de l'information. À ce niveau général et abstrait, la situation n'est pas fondamentalement différente de celle d'une compagnie de théâtre devant le texte d'une tragédie racinienne : il s'agit précisément de mettre *en scène* un texte, ce qui implique de traduire celui-ci en actions et d'introduire des éléments scéniques qui n'y sont pas explicitement spécifiés. Mais, on peut également être frappé par une différence importante entre les normes qui dirigent à l'heure actuelle la pratique de l'interprétation musicale et celles de la mise en scène au théâtre. À la différence de ce qui se passe sur les plateaux de théâtre – où il est fréquent que les interstices du texte soient exploités par le metteur en scène pour pouvoir « tirer » l'œuvre vers quelque chose d'autre, dans un double rapport d'appropriation

---

2. Cette distinction entre analogue et digital est présentée en détail dans Nelson Goodman, *Langages de l'Art*, traduit de l'anglais par Jacques Morizot (Nîmes, Jacqueline Chambon Éditeur, 1990), chapitre IV, section 8.

3. Ainsi, le fichier Midi encodant les informations contenues dans la partition de l'*Étude*, op. 25, n° 10, de Frédéric Chopin occupe un espace de 22 Ko, tandis que le fichier audio encodant une interprétation de cette œuvre occupe un espace de l'ordre de 25 Mo, soit un rapport de 1 à 1000.

et de distanciation[4] – il semblerait que la norme sous-jacente à l'interprétation des œuvres musicales de la tradition savante occidentale reste celle de l'authenticité : l'objectif régulateur de l'activité interprétative semble être celui de la fidélité à l'œuvre, ou *Werktreue*, pour reprendre la dénomination emblématique que la langue allemande a donnée à cette notion[5]. On ne voit pas (ou très peu[6]) les orchestres symphoniques des grandes institutions musicales européennes ou américaines « jouer » les partitions du répertoire, avec la liberté que prennent les metteurs en scène contemporains avec les textes des auteurs classiques.

Cette place normative accordée à l'authenticité dès qu'il s'agit d'interpréter les œuvres de musique soulève ainsi deux ordres de difficultés. Le premier consiste à préciser exactement en quoi consiste l'authenticité d'une interprétation : qu'est-ce qui permet de distinguer une interprétation authentique d'une interprétation inauthentique ? Sur quels aspects de l'interprétation porte l'exigence d'authenticité ? Le deuxième ordre de difficultés concerne la force normative de l'authenticité en musique et se rapporte plus généralement à la question de l'évaluation des interprétations : l'authenticité est-elle le seul horizon normatif de toute interprétation ? Peut-il y avoir de bonnes interprétations d'une œuvre qui ne soient pas authentiques ? C'est dans ces deux grands ensembles de questions que s'insèrent

---

4. On en trouvera un exemple symptomatique récent (saison 2013-2014) dans la mise en scène de *Hamlet* par Dan Jemmett à la Comédie-Française, haut lieu du théâtre institutionnel en France, dans laquelle l'action de la pièce est transposée dans un club d'escrime anglais des années 1970. Pour une discussion détaillée des traditions d'interprétation au théâtre, voir James R. Hamilton, *The Art of Theater*, Oxford, Blackwell, 2007.

5. Voir à ce sujet Lydia Goehr, *The Imaginary Museum of Musical Works*, Oxford, Oxford University Press, 2007.

6. Les principales exceptions semblent provenir des jazzmen qui ont multiplié ces derniers temps les appropriations d'œuvres classiques. Pour se limiter à un unique exemple, on peut citer les divers projets du pianiste Uri Caine autour de Bach, Mozart, Schumann, Wagner, et Mahler. Ces projets ne sont pas sans soulever la question de savoir s'il s'agit encore d'interprétations des œuvres de ces compositeurs, ou si Uri Caine crée une nouvelle musique à partir d'œuvres existantes, sans qu'il ne s'agisse à proprement parler d'*interprétations* de ces œuvres.

respectivement les articles de Jerrold Levinson traduits ci-après, « Interprétation authentique et moyens d'exécution » (1990) et « Évaluer l'interprétation musicale » (1987).

Commençons par la question de la nature de l'authenticité. Cette notion apparaît en plein jour dans le monde musical avec le *Early Music Movement* des années 1950 : les musiciens à l'origine de ce mouvement ont en effet accompagné leur redécouverte du répertoire baroque et pré-baroque d'une exigence absolument nouvelle : au lieu de présenter ces pièces dans des arrangements adaptés à la fois aux instruments modernes et au goût du public contemporain, il s'agissait de s'efforcer de jouer cette musique telle qu'elle pouvait avoir été interprétée à l'époque baroque, ce qui a notamment amené les musiciens à construire des répliques d'instruments anciens, à se réapproprier les techniques d'ornementations passées ou encore à tenter de retrouver les principes d'articulation sous-jacents à la rhétorique musicale baroque[7]. À la suite de ces premières interprétations, largement dominées par une idéologie de la réplication, cette tendance à l'interprétation « historiquement informée » a continué à se développer, passant de la marginalité au triomphe public, et à promouvoir (bien qu'avec plus de souplesse) cette idée d'une interprétation authentique comme interprétation *dans le style* de son époque de composition[8]. L'idée générale reste toutefois constante : ce que vise l'interprétation authentique, au fond, c'est de raccourcir la distance, à la fois chronologique et ontologique, qui sépare l'œuvre de son interprétation,

---

7. Cette position est parfaitement expliquée et défendue par Nikolaus Harnoncourt, *Le discours musical*, traduit de l'anglais par Dennis Collins, Paris, Gallimard, 1984. On peut bien sûr trouver des précédents à cet *Early Music Movement*. Ainsi, les concerts historiques de Fétis témoignent déjà d'un intérêt pour la musique ancienne, intérêt qui va croissant tout au long du XIXᵉ siècle (voir par exemple Katharine Ellis, *Interpreting the Musical Past : Early Music in Nineteenth-Century France*, Oxford, Oxford University Press, 2005). Mais ce qui caractérise spécifiquement le *Early Music Movement*, ce n'est pas seulement de promouvoir un répertoire ancien oublié, mais plus fondamentalement, de proposer, pour ainsi dire, une interprétation « à l'ancienne » du répertoire ancien.

8. Bruce Haynes, *The End of Early Music : A Period Performer's History of Music for the Twenty-first Century*, New York, Oxford University Press, 2007.

et ce pour être *au plus près* de l'œuvre elle-même[9]. La visée de l'interprétation authentique, c'est essentiellement de donner accès à l'œuvre telle qu'elle est *vraiment*. Il s'ensuit que cette notion d'authenticité de l'interprétation n'est pas totalement indépendante de l'*ontologie* de l'œuvre[10]. On trouve par exemple cette idée d'un lien étroit entre l'ontologie des œuvres et l'authenticité des interprétations chez Stephen Davies : « L'authenticité est une question d'ontologie plutôt que d'interprétation. Une instanciation idéalement authentique d'une œuvre ne fait rien d'autre que de reproduire fidèlement les propriétés constitutives de l'œuvre »[11]. Toute la question est alors de savoir quelles sont ces propriétés constitutives de l'œuvre, et surtout comment on peut les connaître.

Une première réponse consisterait à dire qu'il faut prendre en compte les *intentions* du compositeur, et identifier les propriétés constitutives de l'œuvre aux propriétés que le compositeur désirait voir présentes dans les interprétations de son œuvre. Malheureusement, ces intentions ne sont pas toujours faciles à établir :

1. Les œuvres sont publiques, mais les intentions sont par définition essentiellement privées : comment y accéder ?

2. Les intentions sont temporellement flexibles : la manière dont un compositeur désire voir interpréter une œuvre de jeunesse peut changer au cours de sa vie. Dans ce cas, quelles intentions faut-il privilégier ? Celles qui sont contemporaines de la composition de l'œuvre, ou celles qui ont été exprimées avec le recul des années ?

3. Les intentions sont modalement flexibles, elles auraient pu être différentes si le contexte historique avait été différent : si Bach avait connu les pianos Steinway, n'aurait-il pas pu vouloir que l'on interprétât son œuvre pour clavier uniquement au piano ?

---

9. Ce qui ne revient pas forcément à être au plus près de la *partition* de cette œuvre.

10. Voir, dans le présent volume, notre texte « Les œuvres musicales et leur ontologie ».

11. Stephen Davies, *Musical Works and Performances : A Philosophical Exploration*, New York, Oxford University Press, 2001, p. 212-213.

4. Vouloir respecter *toutes* les intentions du compositeur, c'est prendre le risque de s'exposer à des contradictions : par exemple Gluck utilise la clarinette dans certaines œuvres pour frapper l'auditoire de son époque en recourant à un timbre instrumental avec lequel celui-ci était peu familier. Quand on interprète l'œuvre aujourd'hui, faut-il se conformer à l'intention du compositeur d'utiliser la clarinette, ou à celle de surprendre l'auditoire par un timbre nouveau (sachant que l'on ne pourra pas faire les deux en même temps) ?

Une deuxième voie serait alors de restreindre ces intentions auctoriales aux intentions déterminantes effectivement exprimées par le compositeur dans sa partition, qui ont le grand avantage d'être à la fois publiques, fixées, et non contradictoires entre elles. On aurait toutefois tort de croire que le problème se trouve *ipso facto* réglé : d'abord, parce que certaines des indications contenues dans la partition ne sont pas des prescriptions, mais bien plutôt des recommandations du compositeur (on peut penser aux indications de doigtés, par exemple), de sorte que tout ce qui est inscrit dans la partition ne renvoie pas forcément à une propriété constitutive de l'œuvre ; mais surtout parce que la partition, en tant qu'abstraction symbolique, reste lacunaire et ne peut prétendre rendre compte de *toutes* les propriétés de l'œuvre. Il y a toujours une sous-détermination de la partition par rapport aux propriétés constitutives de l'œuvre, car elle ne fait état que d'une partie des intentions déterminantes du compositeur : il y manque notamment tout ce que le compositeur présuppose *implicitement*, parce que cela fait partie des conventions et des pratiques d'interprétation de son époque. Il faut donc trouver le moyen de compléter cette saisie partielle des propriétés constitutives.

Pour Davies [12], sur qui s'appuie Levinson, la solution est de faire appel à la classe des interprétations idéales de l'époque du compositeur. C'est en effet dans la norme sous-jacente à cette classe d'interprétations que l'on trouvera la partie des intentions déterminantes du compositeur

---

12. Stephen Davies, « Authenticity in Musical Performance », *British Journal of Aesthetics*, vol. 27, 1987, p. 39-50.

qui ne figure pas dans la partition, et donc le reste des propriétés constitutives de l'œuvre.

Notons que cette solution ne nous oblige pas à réduire l'œuvre musicale à un ensemble d'exécutions : Davies prend bien soin de parler d'une classe d'interprétations « idéales », qui n'ont donc pas forcément eu lieu. Et l'œuvre ne se confond pas non plus avec cette classe ; en revanche, ce qu'incarne cette classe, c'est la pratique d'interprétation en vigueur à l'époque du compositeur. Conformément à l'intuition de base du contextualisme esthétique[13], les œuvres de musique ne sont pas des objets purement abstraits, mais plutôt des objets mi-abstraits, mi-concrets, fortement dépendants non seulement de leur contexte de composition mais encore du contexte interprétatif dans lequel elles ont été composées. Les propriétés constitutives de l'œuvre nous sont ainsi données par deux ingrédients : par la partition bien sûr, mais aussi par la pratique interprétative qui prévalait à l'époque de la composition, et au regard de laquelle il convient de comprendre la partition, d'en déchiffrer la notation.

On pourrait estimer que c'est en tentant de connaître la manière dont pouvait bien sonner une « interprétation idéale de l'époque de la composition », que l'on peut espérer accéder à toutes les intentions déterminantes du compositeur, et donc aux propriétés constitutives de l'œuvre : « idéale », c'est-à-dire pleinement conforme aux intentions déterminantes exprimées *explicitement* par le compositeur dans sa partition ; et « de l'époque du compositeur », c'est-à-dire par définition pleinement ancrée dans la pratique d'interprétation en vigueur à l'époque de la composition, et donc conforme aux intentions déterminantes *implicites* du compositeur. On comprendrait alors pourquoi les notions d'« interprétation authentique » et d'« interprétation historiquement informée » sont souvent tenues pour synonymes : la connaissance approfondie des pratiques d'interprétation fournit sans doute un excellent moyen de saisir *toutes* les intentions déterminantes

---

13. Sur la notion de contextualisme esthétique, nous renvoyons à l'introduction de la partie précédente.

du compositeur, et donc produire une interprétation qui soit fidèle à l'*œuvre* (qui en présente *toutes* les propriétés constitutives).

Si l'on suit cette voie, une interprétation authentique est une interprétation qui se rapproche au maximum de la *sonorité* qu'aurait pu avoir une interprétation idéale de l'œuvre à l'époque du compositeur[14]. Telle est la position que Levinson prend pour point de départ dans « Interprétation authentique et moyens d'exécution ». La question plus spécifique qu'il pose est celle du rôle joué par *l'instrument* dans l'interprétation. Comme les tenants du *Early Music Movement* l'ont souligné à satiété, il semble nécessaire, si l'on se donne pour objectif de retrouver la sonorité d'une interprétation idéale, compte tenu des pratiques interprétatives en vigueur au moment de la composition, d'utiliser les instruments d'époque. Un des apports de la discussion proposée par Levinson dans cet article est d'envisager cette question dans toute sa généralité, en la mettant en rapport avec son ontologie des œuvres musicales.

On pourrait concevoir deux manières de défendre l'utilisation d'instruments d'époque pour une exécution authentique. La première justification, que l'on peut qualifier de soniciste, consiste à dire qu'il faut utiliser les instruments d'époque car c'est le seul moyen de garantir que la sonorité de l'interprétation ainsi obtenue corresponde à la sonorité qu'aurait eu une interprétation idéale au temps du compositeur. Si c'est là la seule justification, ou au moins la justification essentielle, alors il faut admettre que le recours à des instruments d'époque devient optionnel dès lors que l'on parvient à répliquer exactement la sonorité d'un instrument ancien à l'aide d'un instrument nouveau, fût-ce par des moyens techniques et organologiques très différents.

---

14. Notons qu'il faut faire une distinction entre chercher à retrouver la sonorité d'une interprétation idéale de l'époque et chercher à reproduire l'*effet* qu'aurait pu avoir une telle interprétation sur l'auditoire de l'époque. En effet, cet auditoire évolue dans le temps, et sa sensibilité musicale est sculptée par l'ensemble des musiques auxquelles il est exposé, de sorte que des exécutions identiques d'un point de vue sonore peuvent donner lieu à des *expériences* très différentes d'un siècle à l'autre, et parfois même d'une décennie à une autre. La septième diminuée n'a plus le pouvoir de dissonance qu'elle a pu posséder, ni la clarinette cette capacité à surprendre l'auditeur par son timbre inouï.

Levinson ne se satisfait pas de cette justification et en propose une seconde : si une interprétation authentique se doit de faire appel aux instruments effectivement prescrits par le compositeur, c'est surtout parce qu'on garantit ainsi une continuité gestuelle et expressive, et pas seulement sonore, avec la pratique interprétative de l'époque. En effet, à chaque époque de l'histoire de la musique, on associe à chaque instrument un ensemble de gestes, un ensemble de *manières de produire* du son et d'atteindre une sonorité désirée. Or certaines propriétés esthétiques et expressives constitutives des œuvres de musique dépendent très étroitement de ces caractéristiques propres aux instruments. L'instrument est donc essentiel non seulement pour le type de sonorité qu'il permet d'atteindre, mais aussi spécifiquement en tant que *moyen d'exécution*.

Entrons un peu plus avant dans le raisonnement de Levinson : l'expressivité de la musique est en partie liée aux *actions* que nous percevons dans la musique, aux gestes et aux mouvements physiques dont la musique nous semble être porteuse[15]; or ces gestes entendus dépendent eux-mêmes étroitement de la manière dont la musique est réalisée concrètement, c'est-à-dire des gestes exécutifs que réalise l'interprète sur son instrument pour faire exister la musique; l'expressivité de l'œuvre dépend donc en partie des instruments effectivement envisagés par le compositeur pour la réalisation de son œuvre. Quand nous entendons de la musique, nous rapportons la manière dont cela sonne à la manière dont la musique est censée avoir été produite : et c'est de cette mise en rapport du son et du geste que découlent certaines propriétés expressives constitutives de l'œuvre. On ne peut donc pas se contenter d'émuler le timbre des instruments voulus par le compositeur, par exemple au moyen d'un synthétiseur

---

15. Ce point est présenté de manière particulièrement explicite dans Jerrold Levinson, « The Aesthetic Appreciation of Music », *British Journal of Aesthetics*, vol. 49, n° 4, 2009, p. 414-425 : « Le geste en musique, c'est ce qui établit le lien crucial entre le mouvement musical et l'expression musicale. C'est parce que la musique revêt souvent l'apparence de gestes de diverses sortes qu'elle peut être entendue, par analogie avec le rôle joué par les gestes physiques dans l'expression comportementale des émotions, comme si elle était elle-même l'expression d'une émotion » (p. 420).

parfait ; car en modifiant le mode même de production des sons, c'est en réalité la saisie du caractère expressif de l'œuvre par l'auditeur que l'on risque d'entraver. C'est cette thèse, et les implications évidentes qu'elle recèle pour toute interprétation prétendant à l'authenticité, que Levinson défend tout au long du texte, à l'aide de nombreux exemples et remarques.

Mais l'argument de Levinson peut aussi être utilisé en un autre sens : il permet alors de comprendre pourquoi, d'un très grand nombre de points de vue (mais pas de celui de l'authenticité), les interprétations sur instruments modernes ne peuvent pas être délégitimées aussi facilement que ce que l'on pourrait croire. En effet, les instruments modernes s'inscrivent dans une certaine filiation causale-historique avec leurs ancêtres plus lointains ; et si leur timbre s'est incontestablement altéré au cours du temps (« perfectionné » diront certains), en revanche le type de gestes exécutifs qu'ils suggèrent reste similaire, voire identique. Or les propriétés expressives visées par Levinson dépendent bien plus d'une certaine classe de gestes exécutifs, qu'il faut alors comprendre comme une catégorie organologique générique (frapper, frotter, souffler, pincer…), que des gestes exécutifs idiosyncrasiques produits par l'interprète pour jouer l'œuvre (gestes qui dépendent à la fois de sa morphologie spécifique et de l'instrument particulier utilisé). Dans cette perspective, jouer le *Concerto pour clarinette* de Wolfgang Amadeus Mozart sur instrument moderne ne permet certes pas de transmettre le contenu timbral exact de l'œuvre ; mais on peut supposer que son contenu expressif (en tout cas cette partie du contenu expressif que Levinson appelle le contenu « gestuel »), lui, reste intact.

Si nous suivons Levinson, la prise en compte des moyens d'exécution, loin d'être optionnelle, est au cœur de l'expressivité des œuvres de musique, et c'est ce qui justifie le mieux le recours à des instruments d'époque pour atteindre à l'idéal d'authenticité. Mais on peut également questionner cet idéal d'authenticité pour lui-même : quel poids accorder à l'authenticité dans la valeur que nous accordons à l'interprétation d'une œuvre de musique ? S'agit-il du seul horizon normatif? Une exécution peut-elle constituer une excellente interprétation sans être pleinement authentique?

Avant de donner quelques éléments relatifs à ce second ordre de questionnement, commençons par rappeler que l'exigence d'authenticité conçue comme fidélité à l'œuvre est une notion historiquement située. Lydia Goehr a bien rappelé que c'est à un moment où le concept d'œuvre joue déjà fermement son rôle de concept *régulateur* (au début du XIXe siècle, d'après elle) – et donc où l'intégralité de nos pratiques musicales s'organise autour de ce concept – que la notion de *Werktreue* se cristallise véritablement[16] : à une nouvelle conception de l'activité compositionnelle – la composition comme production d'œuvres – répond en effet, par symétrie, une nouvelle conception de l'interprétation – l'interprétation comme activité performative dédiée à la réalisation ou instanciation adéquates de l'œuvre. En revanche, dans un monde musical où le concept d'œuvre ne joue pas encore ce rôle régulateur (c'est-à-dire, pour faire vite, dans le monde pré-beethovenien), c'est bien l'œuvre qui est au service de la performance musicale (l'interprétation, si l'on veut) et non l'inverse[17].

---

16. Voir Goehr, *The Imaginary Museum of Musical Works* : « Cet idéal du *Werktreue* a émergé pour capturer la nouvelle relation [qui se met en place à ce moment-là] tant entre l'œuvre et son interprétation qu'entre le compositeur et l'interprète. Les interprétations et leurs interprètes ont alors été soumis respectivement aux œuvres et à leurs compositeurs » (p. 231).

17. Voir Goehr, *The Imaginary Museum of Musical Works*, chapitre 7 : « Musical Production without the Work-Concept ». John Dyck a fait récemment remarquer que cet idéal d'une interprétation se conformant parfaitement à l'œuvre (ou à sa partition), sans dévier le moins du monde des stipulations du compositeur, est quelque chose qui ne s'impose définitivement qu'au cours du XXe siècle, comme en témoignent les enregistrements de grands interprètes réalisés à l'aube du XXe siècle – fenêtre privilégiée pour *entendre* quelle pouvait être, au moins en partie, la pratique d'interprétation des musiciens du XIXe siècle (voir John Dyck, « Perfect Compliance in Musical Ontology and Musical History », *British Journal of Aesthetics*, vol. 54, 2014, p. 31-47). De manière plus générale, il n'est pas impossible de voir dans le triomphe de cet idéal un effet de la massification de l'enregistrement, et du rôle clé joué par celui-ci dans l'accès à l'œuvre. Il est probable que l'enregistrement en studio, en créant les *conditions de possibilité* d'une esthétique de la perfection, ait fortement contribué à cristalliser cet idéal d'une interprétation qui chercherait à respecter intégralement et parfaitement les prescriptions du compositeur, telles qu'elles nous sont données dans la partition.

Quoi qu'il en soit, pour envisager dans toute sa généralité la place qui revient à l'authenticité dans l'évaluation des interprétations, il est nécessaire de s'interroger à un niveau plus fondamental sur la nature de la valeur que nous pouvons attribuer spécifiquement à l'*interprétation* d'une œuvre musicale. En effet, nous faisons très naturellement la distinction entre les qualités de l'œuvre et celles qui sont propres à son interprétation : nous concevons qu'un instrumentiste puisse donner une interprétation médiocre d'une œuvre géniale ou (ce qui est peut-être plus rare) une interprétation géniale d'une œuvre médiocre. Dans « Évaluer l'interprétation musicale », Levinson se propose d'esquisser une théorie de ce qui fait qu'une interprétation est une *bonne* interprétation d'une œuvre donnée.

On pourrait s'attendre à ce qu'une telle théorie se donne pour tâche de caractériser en termes généraux et abstraits les conditions que doit remplir une interprétation pour être l'interprétation *idéale* d'une œuvre. Mais une telle recherche reposerait sur un présupposé d'unicité que Levinson s'évertue à remettre en question : une interprétation n'est une bonne interprétation que *par rapport* à un point de vue, tant et si bien qu'une même interprétation peut tout à fait être médiocre d'un certain point de vue tout en étant parfaitement honorable d'un autre point de vue. La principale question qui se pose est celle d'identifier les différents points de vue pertinents et de caractériser les différentes qualités valorisées lorsque l'on adopte tour à tour chacun de ces points de vue. Parmi les principaux points de vue discutés, Levinson distingue ceux a) du compositeur, b) de l'interprète, c) des auditeurs, au sein desquels il faut distinguer les auditeurs novices, confirmés et blasés, et enfin d) le point de vue de l'œuvre elle-même (si tant est que l'on puisse épouser un tel point de vue lorsque l'on évalue une interprétation).

En effet, toutes ces catégories de personnes possèdent des motivations distinctes – qui ne sont d'ailleurs pas toujours compatibles entre elles – qui les invitent à rechercher des interprétations qui ne poursuivent pas forcément les mêmes fins. Ainsi, même si une interprétation est incorrecte (et donc mauvaise, au moins du point de vue de l'œuvre elle-même), elle peut néanmoins être une bonne interprétation si « elle dévie de la correction pour satisfaire un point de vue particulier (celui d'un auditeur ou d'un interprète) qui ne soit pas totalement indéfendable dans le cadre de notre pratique musicale ; et si cette déviation n'a pas d'impact trop élevé sur l'intégrité et l'importance de l'œuvre en question ». L'exemple paradigmatique de ce genre d'interprétation, ce sont bien sûr les versions des œuvres pour clavier de Jean-Sébastien Bach réalisées par Glenn Gould au piano plutôt qu'au clavecin : elles répondent à un intérêt qui se justifie dans le cadre de notre pratique musicale (« la clarté du contrepoint et de la conduite des voix », qui peut se trouver facilitée par la grande différenciation dynamique que permet le piano) tout en préservant une large partie des propriétés de l'œuvre (notamment le « spectre émotionnel envisagé par le compositeur »).

De la même manière, on pourrait très bien imaginer qu'une interprétation *authentique* ne soit pas particulièrement bonne pour un auditeur, certes bien disposé, mais encore novice : en renvoyant explicitement, notamment par l'utilisation d'instruments d'époque (ce qui inclut leurs éventuels défauts, fragilités ou aspérités) à un contexte historique résolument passé, elles peuvent par exemple attirer l'attention de l'auditeur sur l'aspect folklorique, voire exotique, de la « reconstitution » historique, plutôt que sur les relations harmoniques, mélodiques ou rythmiques qui structurent l'œuvre ; à l'inverse, une interprétation sur instrument moderne, en « neutralisant » la donnée organologique, permettra peut-être à l'auditeur novice de se concentrer plus facilement sur la structure sonore de l'œuvre, ce qui la rendra meilleure, toutes choses égales par ailleurs, que l'interprétation authentique (meilleure du point de vue de l'auditeur novice), en ce qu'elle donnera un meilleur accès à l'essence de l'œuvre. La critique que Gwyn Parry-Jones propose de l'enregistrement du *Concerto pour clarinette* de Mozart sur clarinette de basset par Jean-Claude Veilhan [18] illustre très bien cette relativité :

---

18. W.A. Mozart, *L'œuvre pour clarinette de basset*, Jean-Claude Veilhan et La Grande Écurie Et La Chambre Du Roy sous la direction de Jean-Claude Malgoire, disque compact, K617 Records, K617030, 1992.

> D'un autre côté, le son produit par Jean-Claude Veilhan sera peut-être moins acceptable pour beaucoup d'oreilles. Il ne fait aucun doute qu'il soit un instrumentiste accompli, et très musicien, mais sa clarinette de basset a une sonorité légèrement gutturale, et ne chante pas avec la suave fluidité à laquelle nos oreilles modernes sont habituées. Le timbre n'est pas égal, non plus, et l'on peut légèrement se rendre compte des sauts de registre. Pour moi, ce n'est pas un grand problème mais ça le sera peut-être pour d'autres [19].

Toute la question est de savoir quel poids normatif accorder à cette relativité. Que différents types d'auditeurs aient tendance à préférer différents types d'interprétations, ce n'est pas très difficile à accepter. C'est quelque chose que l'on peut constater quotidiennement et dont l'étude empirique relève de la sociologie de la musique [20]. Il est possible de comprendre la remarque de Parry-Jones comme disant simplement que l'appréciation juste de la valeur de cette interprétation sera probablement plus difficile pour une certaine catégorie d'auditeurs. Une telle opinion est logiquement compatible avec l'idée selon laquelle l'interprétation de Jean-Claude Veilhan à la clarinette de basset est *véritablement* meilleure que toutes les interprétations disponibles utilisant des clarinettes modernes, même si cette qualité est plus difficilement accessible aux oreilles du novice (ou de l'auditeur habitué à la sonorité de la clarinette moderne), dont le point de vue est jugé illégitime.

Mais la position qu'endosse Levinson dans cet article ne se limite clairement pas à reconnaître la diversité de fait des points de vue qui peuvent être celui des auditeurs, des compositeurs, des interprètes ou encore de l'œuvre elle-même. Levinson s'évertue précisément à contrarier toute tentative d'instituer l'un de ces points de vue en point de vue privilégié, dominant tous les autres. La relativité de l'évaluation à des points de vue possède ainsi une réelle force normative : l'idée

---

19. Disponible en ligne à : http://www.musicweb-international.com/classrev/2003/Aug03/mozart_ bassetclarinet.htm consulté le 02/06/2013.

20. Maÿlis Dupont, « Façons de parler, façons d'écouter. Une enquête sur le format culturel de nos écoutes », 2009, disponible en ligne : http://www.melissa.ens-cachan.fr/IMG/pdf/Maylis_Dupont_ _revue_L_Homme-2.pdf, consulté le 02/06/2013.

d'évaluer une interprétation abstraction faite de tout point de vue n'a tout simplement aucun sens.

La position qui se dessine sous la plume de Levinson pourrait ainsi mériter la qualification (sulfureuse) de relativiste. Mais le relativisme de Levinson n'est pas un relativisme absolu : il y a des perspectives clairement illégitimes (l'auditeur à moitié sourd pour lequel la bonne interprétation serait celle où tout serait joué fortissimo ; le monomaniaque de l'alto pour lequel la bonne interprétation serait celle où le timbre de l'alto serait toujours en dehors…). On ne peut donc attribuer à Levinson l'idée selon laquelle, au fond, toutes les interprétations se valent, ou même que tous les points de vue possibles et imaginables sont également légitimes. Il y a clairement une limite à ce qui constitue un point de vue légitime pour évaluer une interprétation.

Qu'en est-il alors de l'authenticité ? Si l'on suit le raisonnement de Levinson, l'authenticité correspond en réalité à *un certain* point de vue, à savoir celui de l'œuvre. Et si l'on prend au sérieux la relativité de l'évaluation des interprétations aux différents points de vue, alors il faut en conclure que l'authenticité n'est pas la seule ni la principale norme à l'aune de laquelle les interprétations doivent être évaluées [21]. Il s'agit d'une position relativement forte [22], dont on peut supposer

---

21. Le point de vue de l'œuvre pourrait pourtant sembler « objectif ». Mais Levinson montre bien que la fidélité à l'œuvre, par exemple comprise comme fidélité au contenu expressif de l'œuvre, ne peut pas être saisie de manière univoque : car dès que l'on essaye de spécifier la manière dont ce contenu expressif doit être transmis (avec plus ou moins d'intensité, avec une palette émotionnelle plus ou moins large, etc.), on adopte implicitement le point de vue particulier d'un certain *type* d'auditeur. Le point de vue apparemment « unique » de l'œuvre n'est donc qu'une façade, derrière laquelle se cache la multiplicité des points de vue des auditeurs, ce qui nous ramène à une posture relativiste.

22. D'autres auteurs, comme Peter Kivy, sont encore plus critiques à l'égard de la notion d'authenticité. Pour Kivy, l'authenticité de l'interprétation comme fidélité absolue à l'œuvre n'est pas une propriété désirable en soi, au sens où elle garantirait à celle-ci une valeur esthétique supérieure. En particulier, en privant l'interprétation d'une véritable autonomie (l'interprétation étant toujours, dans la perspective « authenticiste », strictement inféodée à l'œuvre), la poursuite de l'authenticité empêche définitivement l'interprétation d'accéder au statut d'œuvre à part entière, et apparaît en tout cas comme contradictoire avec la possibilité, pour le musicien, de développer

qu'elle n'attirera pas aisément le consensus. Comment le contenu de l'œuvre elle-même peut-il ne pas être le centre de gravité de l'évaluation d'une interprétation ? Dès lors que l'on admet que l'œuvre elle-même peut constituer un point de vue à part entière, comment accepter qu'un autre point de vue puisse, dans certaines situations, légitimement contrebalancer celui qui est donné par les propriétés constitutives de l'œuvre ? Nous laissons au lecteur le soin de se faire sa propre idée à la lumière des multiples arguments et exemples qui émaillent la discussion proposée par Jerrold Levinson.

---

un style d'interprétation *personnel* (voir Peter Kivy, *Authenticities : Philosophical Reflections on Musical Performance*, Ithaca, Cornell University Press, 1995).

INTERPRÉTATION AUTHENTIQUE
ET MOYENS D'EXÉCUTION [1]

Jerrold LEVINSON

I

Dans un article judicieux et bien mené, publié il y a peu [2], Stephen Davies a tenté de délimiter les contours de la notion d'authenticité dans le domaine de l'interprétation musicale, un problème qui a récemment mobilisé aussi bien les praticiens que les théoriciens. Je suis essentiellement en accord avec la plupart des positions défendues par Davies sur le sujet. Pour qu'apparaisse clairement l'étendue de notre accord, je rappellerai rapidement les thèses qu'il présente et que je peux moi aussi, dans leurs grandes lignes, reprendre à mon compte : l'authenticité de l'interprétation d'une œuvre est d'abord une question de fidélité [3] aux intentions déterminantes exprimées publiquement par le compositeur dans sa partition [4] ; l'authenticité

1. Jerrold Levinson, *Music, Art and Metaphysics*, Ithaca, Cornell University Press, 1990 ; Oxford, Oxford University Press, 2011, p. 393-408 (« Authentic Performance and Performance Means »).

2. Stephen Davies, « Authenticity in Musical Performance », *British Journal of Aesthetics*, vol. 27, 1987, p. 39-50.

3. La fidélité doit être ici comprise comme *tentative manifeste* de se conformer aux prescriptions de l'œuvre, et pas nécessairement comme conformité *pleinement réalisée*. En effet, une interprétation qui n'est pas absolument conforme aux prescriptions de l'œuvre (et qui est donc incorrecte) à cause de petites erreurs dans l'exécution, ou d'imperfection dans la réalisation technique, ne sera pas, par-là même, considérée comme inauthentique.

4. Ces intentions sont ici considérées de manière suffisamment large pour intégrer ce que tout un chacun comprendrait naturellement comme étant requis dans une culture musicale donnée, même quand ce n'est pas noté explicitement dans la partition.

ne nécessite pas la reproduction du milieu social dans lequel l'œuvre a été créée ; le problème de l'interprétation authentique n'est pas de se conformer à une interprétation passée donnée, mais plutôt de se rapprocher de la norme fixée par une classe d'interprétations idéales (même s'il n'est pas nécessaire qu'elles aient été effectivement réalisées) ; l'exigence d'authenticité est strictement satisfaite lorsque l'interprétation respecte les intentions déterminantes exprimées par le compositeur sans qu'elle n'ait besoin de se conformer ni aux souhaits du compositeur restés inexprimés, ni à l'exemple fourni par les exécutions que les compositeurs ont pu donner de leurs propres œuvres ; et finalement, ce qui résulte de tous les points précédents, « des interprétations différentes dans leur réalisation sonore peuvent cependant avoir le même degré d'authenticité, et même un degré maximal » [5].

Là où Davies se trompe, toutefois, c'est dans sa manière de comprendre la notion d'authenticité avant tout comme la réalisation d'*une certaine sonorité, recherchée pour elle-même*, à savoir la sonorité de la pièce telle qu'elle aurait pu émerger de n'importe quelle interprétation « idéale » de l'époque du compositeur [6]. La substance de cette conception transparaît dans les citations suivantes :

> La recherche de [l'authenticité] peut être caractérisée par la tentative de produire une certaine sonorité [7].
>
> L'utilisation de tels instruments [c'est-à-dire d'instruments d'époque] est justifiée en dernier ressort par la sonorité qui résulte de l'interprétation [8].
>
> Dans son effort vers l'authenticité, l'interprète vise une sonorité idéale, plutôt que la sonorité de telle ou telle interprétation ayant effectivement eu lieu [9].

---

5. Davies, « Authenticity in Musical Performance », p. 44.

6. Ou, si l'on veut, *l'ensemble* des sonorités possibles correspondant à l'ensemble des interprétations correctes.

7. Davies, « Authenticity in Musical Performance », p. 40.

8. *Ibid.*, p. 42.

9. *Ibid.*, p. 42.

> Plus une interprétation – reconnaissable comme l'interprétation d'une œuvre donnée – se rapproche de la sonorité d'une interprétation *idéale* de cette œuvre, plus cette interprétation sera authentique [10].

Il semblerait que la conception de Davies contienne une interprétation erronée d'un facteur de première importance, ou du moins qu'elle tende à minimiser son rôle [11] : si une interprétation est bien authentique, en partie, par le simple fait d'être exécutée *sur les instruments envisagés par le compositeur*, c'est pour une raison tout *autre*, et bien *distincte*, du fait que la *sonorité* ainsi produite corresponde à ce qu'une interprétation idéale d'époque aurait fourni. Ce qui n'est pas pris en compte, c'est la manière *exacte* dont les sons sont produits, c'est-à-dire *la manière par laquelle* l'interprétation atteint un certain résultat sonore. Il s'agit là, me semble-t-il, d'une grave erreur. Une interprétation qui retrouve le son d'une interprétation idéale d'époque (et à ce titre, peut-on supposer, authentique) n'est en réalité authentique que si ce résultat est produit par l'intermédiaire des *mêmes moyens instrumentaux ou effectifs instrumentaux* que ceux prescrits par la partition originale (ou tout autre médium compositionnel utilisé pour fixer les intentions déterminantes du compositeur). Une raison à cela est qu'autrement des propriétés esthétiques cruciales de l'œuvre interprétée seraient tout simplement annulées – c'est-à-dire qu'elles ne seraient pas véhiculées par l'interprétation, qui ne les laisserait même pas transparaître. Une partie du caractère expressif que possède une pièce de musique *en tant qu'elle est entendue* vient du fait que nous nous imaginons la manière dont elle *est produite*, et du rapport que nous établissons entre cette image et la réalisation strictement acoustique de la pièce – sa sonorité ; et son caractère expressif *tout court* est en partie fonction du résultat proprement acoustique rapporté à la manière dont ce résultat sonore est *censé* être produit par l'interprétation. Dans la tradition qui nous occupe au premier chef, il n'y a donc pas que l'aspect qualitatif des sons qui intervient dans

---

10. *Ibid.*, p. 45.

11. Pour reprendre sa propre terminologie, une des intentions déterminantes exprimées par le compositeur, et pas des moindres, n'a pas été reconnue à sa juste valeur.

l'équation décrivant le caractère esthétique global d'une pièce de musique ; il y a aussi les moyens spécifiques par lesquels ces sons sont produits [12].

J'ai déjà abordé cette question dans d'autres textes [13], et n'entreprendrai donc pas de reproduire mes arguments ou mes

---

12. Je note, pour mémoire, que c'est Nicholas Wolterstorff qui a remarqué, il y a déjà quelques temps, que « l'histoire de la musique est inséparable d'une histoire des instruments et des traditions et pratiques de jeu qui y sont associées ». Néanmoins, la position qu'il adopte sur la nécessité du respect de l'instrumentation est moins ferme que la mienne ; et surtout, les fondements sur lesquels il s'appuie pour asseoir cette position sont plus limités. Voici le passage qui touche le plus directement à notre sujet (et dont la phrase citée ci-dessus est également tirée) : « Supposons, par exemple, qu'un compositeur nous dise qu'une de ses œuvres est écrite *pour* orgue ; et qu'il est clair qu'il entende par-là que cela se fasse conformément aux conventions de jeu propres à cet instrument. Alors, pour qu'il y ait une occurrence correcte de sa composition, cette occurrence doit posséder la propriété acoustique globale suivante : *sonner comme si elle avait été exécutée à l'orgue conformément aux conventions de jeu propres à cet instrument*. Mais considérons maintenant la propriété suivante : *être le produit d'une exécution à l'orgue conformément aux conventions de jeu propres à cet instrument*. Cette propriété est-elle également requise pour qu'on ait une occurrence correcte de la composition ? [...] Jusqu'à l'avènement de l'électronique, cette question précise ne s'était jamais posée concrètement à quiconque. Les sons d'orgue n'étaient produits que par des orgues. [...] Il semble en fait que nous ayons des positions ambivalentes sur cette question. La plupart d'entre nous [*sic*] pensons qu'il est possible de produire une interprétation correcte d'une œuvre de Jean-Sébastien Bach pour orgue sur un orgue électrique. Pourtant, je n'hésite pas à affirmer que bien peu parmi nous considèrent l'occurrence d'une séquence sonore découlant d'une exécution au synthétiseur comme une interprétation correcte d'une œuvre pour violon. Peut-être est-ce la différence radicale entre les moyens d'exécution qui est ici décisive pour nous » (Nicholas Wolterstorff, *Works and Worlds of Art*, Oxford, Clarendon Press, 1980, p. 71).

13. Voir dans le présent volume : « Ce qu'est une œuvre musicale », « Ce qu'est une œuvre musicale (*bis*) » et « Évaluer l'interprétation musicale ». Une des thèses fondamentales sur lesquelles je m'appuie ici, et que j'essaye de développer dans le contexte particulier du débat sur l'authenticité de l'interprétation, a été formulée et défendue par Kendall Walton dans l'examen général qu'il fait de la manière dont nous percevons les œuvres d'art *comme ayant été produites d'une certaine manière* (voir Kendall Walton, « Style and the Products and Processes of Art », dans *Marvelous Images, On Values and the Arts*, Oxford, Oxford University Press, 2008, p. 221-248.). La thèse que je mobilise spécifiquement ici, c'est que l'apparence esthétique de la musique dépend en partie des croyances que nous entretenons quant à la manière dont celle-ci est produite : « Une grande partie de l'impact émotionnel de la musique dépend des activités que l'auditeur pense saisir à travers les sons. C'est en référence à ces

exemples ici. Je me contenterai plutôt de discuter quelques nouveaux exemples du genre de signification esthétique que peuvent avoir les *moyens* instrumentaux prescrits, au-delà de la stricte sonorité qu'ils garantissent [14]. Ces exemples seront au cœur d'une défense de l'inéliminabilité esthétique des moyens d'exécution, thèse qui se distingue des positions plus clairement métaphysiques présentées dans les chapitres précédents.

II

La *Sérénade en mi bémol majeur*, K. 375, de Wolfgang Amadeus Mozart commence par une phrase saisissante, les vents (hautbois, clarinettes, cors, bassons) énonçant comme un seul homme un motif de cinq notes, ponctué de larges *sforzandi* et culminant par un rythme pointé. C'est une phrase à l'air péremptoire, donnant l'impression d'un rappel à l'ordre. Or il me semble que cette qualité particulière de la phrase (péremptoire, réclamant l'attention) provient elle-même en partie de l'aspect presque *cacardant* que peuvent revêtir les attaques *sforzando* d'un pupitre de vents, surtout quand les anches doubles sont de la partie. Cet aspect serait-il présent si le même son, au sens étroit, avait été obtenu par d'autres moyens, disons en recourant aux services d'un Synthétiseur de Timbre Parfait (STP)? Bien sûr, *ex*

---

activités apparentes que nous décrivons certaines mélodies ou certains passages de musique comme tendres, nerveux, enragés, fluides ou énergiques » (p. 84). L'idée que le contenu expressif de la musique est lié étroitement aux gestes que nous tendons à entendre dans une séquence musicale donnée est en outre un des thèmes majeurs d'un texte sur lequel je me suis appuyé : Roger Scruton, *The Aesthetic Understanding*, Londres, Methuen, 1983, p. 77-100 (« Understanding Music »).

14. On remarquera que les exemples utilisés dans ce texte ont un « air de famille » avec ceux proposés par Walton dans l'article cité à la note précédente ou dans son article plus ancien : Kendall Walton, « Catégories de l'art », dans Gérard Genette (dir.), *Esthétique et poétique*, Paris, Éditions du Seuil, 1992, p. 83-129. L'usage que je fais de ces exemples est néanmoins différent dans une certaine mesure : en effet, mon objectif est d'attirer l'attention sur la manière dont les actions que l'on imagine être à l'origine des sons entendus contribuent spécifiquement au *contenu gestuel attribué à la musique*, contenu duquel dépendent le plus immédiatement les propriétés esthétiques, et en particulier les propriétés expressives, de la musique.

hypothesi, le son en tant que tel serait strictement identique, et pourrait toujours être décrit comme persistant, complexe, nasal, et ainsi de suite ; on pourrait même le qualifier de son cacardant, *dans le sens* où il ressemble au son d'un cacardement, de la même manière que le son d'un climatiseur peut être caractérisé comme bourdonnant, sans impliquer pour autant la présence d'insectes. Mais est-ce qu'il aurait exactement le *même* aspect cacardant qu'un son effectivement obtenu en soufflant dans des tubes, au travers d'étroites ouvertures et avec une certaine pression, et donc d'une manière analogue à l'oie (à certains égards l'ancêtre du klaxon) qui comprime l'air dans sa trachée en émettant son cri si caractéristique ? Ces sons, ceux produits par le STP, *seraient-ils* des cacardements, au sens quasi littéral dont peuvent se prévaloir les notes accentuées des hautbois et des clarinettes ? Je ne le crois pas [15]. S'il est esthétiquement approprié, dans une interprétation, de prendre les sons pour ce qu'ils sont et non pour ce qu'ils ne sont pas, et si le caractère spécifiquement péremptoire de cette ouverture dépend, en partie, du fait d'obtenir en propre une sonorité « cacardante » dans le sens décrit ci-dessus, alors une partie du caractère esthétique de cette ouverture est déformée ou tronquée si l'instrumentation que Mozart a directement prescrite est court-circuitée et que seuls la sonorité ou le mélange des timbres résultants – qui ne sont qu'indirectement prescrits par le compositeur – sont respectés [16].

---

15. Il me semble que la définition que donne le dictionnaire de « *honk* [cacarder] » confirme ce sur quoi j'insiste : « *honk*, v. : 1. Crier (en parlant de l'oie) ; 2. Produire un son de klaxon » (*Standard College Dictionary*, Funk & Wagnalls, 1968 [notre traduction]). La portée du second sens de ce terme est *grosso modo* la suivante : faire quelque chose de *similaire* à ce que fait une oie en cacardant, avec un résultat auditif similaire. Clairement, le « cacardement » du hautbois tombe bien sous ce sens secondaire, alors que tel n'est pas le cas pour le « cacardement » du STP, car il n'est « cacardement » qu'en un sens encore plus affaibli.

16. Voici un petit dialogue, pris dans un contexte extra-musical, pour enfoncer le clou :

« Ce sont des aboiements qu'on entend là dehors, n'est-ce pas ?

— Pas du tout, il n'y a aucun animal, nulle part. C'est simplement l'incinérateur qui s'est mis en route.

— D'accord, mais c'est quand même le son d'un chien qui aboie.

On peut maintenant généraliser ce point avec profit. Ce qui a été dit jusque-là du cacardement, au sens large[17] – le son que les oies, les klaxons et les hautbois produisent tous d'une certaine manière – dans l'engendrement du contenu esthétique d'une œuvre s'applique naturellement à toute une série de sons musicaux caractérisés avant tout par leur source d'émission. Nous entendons dans certains passages des soupirs, des gazouillis, une scie taillant un morceau de bois, un marteau s'abattant sur une enclume, un choc violent, une explosion, et ainsi de suite, ce qui fait à chaque fois implicitement référence à un type d'action supposé être la source du son et donc étroitement lié à son identité. Comme nous l'avons déjà noté, il y aura toujours, c'est évident, un sens étiolé pour lequel ces caractérisations seront toujours exactes, même si leurs sources présumées s'avéraient absentes. De telles descriptions pourraient toujours être, en un sens faible, appliquées aux sons disposant de certaines caractéristiques intrinsèques ; mais elles seraient alors amputées d'une partie cruciale de leur sens. Des sons de « soupir », de « scie » ou d'« entrechocs » produits par un STP ne soupirent pas, ne scient pas et ne s'entrechoquent pas tout à fait dans le même sens que les sons produits respectivement par une flûte à bec, une contrebasse ou une paire de cymbales[18]. Si tel est bien le cas, c'est-à-dire si les sons ne sont pas ce qu'ils prétendent

---

— Oui, mais ce n'est pas vraiment un *aboiement*, sauf à employer le terme dans un sens édulcoré. Ce n'est pas le même son, ça ne nous fait pas le même effet qu'un *vrai* aboiement, que les sons qui sortent de la gueule d'un chien enragé.

— Admettons : c'est vrai que ça n'a pas *l'air* aussi effrayant qu'avant.

— J'irai même plus loin : ce n'*est* pas aussi effrayant que ce qu'on croyait.

— Hum… ».

17. C'est-à-dire un cacardement dans le sens second, analogique qui a été illustré ci-dessus. L'idée sous-jacente, bien sûr, c'est qu'une image sonore identique produite par un STP n'est même pas un cacardement au sens analogique.

18. Une autre manière de comprendre l'argument que j'essaye de défendre ici, c'est de dire que j'attire l'attention sur le sens large, aussi bien que sur le sens étroit, de l'expression « comment sonne un son ». Deux sons sonnent de la même manière, au sens étroit, s'ils sont acoustiquement équivalents – c'est-à-dire indiscernables pour un auditeur n'entendant que les sons et ne disposant d'aucune autre information. Mais deux sons qui sonnent de la même manière, au sens étroit, peuvent très bien sonner différemment, au sens large cette fois, si par exemple, on se représente l'un d'entre eux, et pas l'autre, comme le résultat d'une explosion ; cette « explosivité » sera alors

être, et si certains des effets esthétiques des passages contenant ce genre de sons dépendent précisément de cette adéquation, alors une interprétation de tels passages sur des instruments ou des appareils autres que ceux qui ont été indiqués par le compositeur sera nécessairement une trahison esthétique, même si un résultat sonore adéquat, au sens étroit, aura été atteint. Et de telles interprétations sont donc clairement inauthentiques, même si elles ne sont pas en reste quand on compare leur sonorité en tant que telle avec la sonorité d'une version idéale de l'époque du compositeur[19].

Nous pouvons atteindre la même conclusion par d'autres chemins, en développant un argument qui complète celui qui vient d'être donné. On peut supposer que le contenu expressif de la musique dépend avant tout de la possibilité de se représenter les gestes musicaux comme semblables ou liés d'une certaine manière à l'expression comportementale d'émotions[20]. Mais cette manière d'entendre ainsi certains gestes musicaux dépend sans conteste du fait que nous ne considérons pas une suite de notes comme un ensemble de sons purement abstraits et désincarnés, mais comme un ensemble de sons *produits* d'une certaine manière, par certains types d'actions et pas par d'autres : il faut être pleinement conscient de la source de ce qui est entendu pour percevoir un geste dans une suite de sons musicaux donnée. Donc, pour jauger correctement les gestes inhérents à un passage musical, les moyens physiques par lesquels les qualités strictement sonores du passage sont véhiculées doivent être pris en

---

une des caractéristiques de la manière dont *sonne* ce premier son (cette clarification utile m'a été suggérée par Walton).

19. Je veux voir une confirmation, indirecte bien sûr, de l'esprit, sinon de la lettre, de la remarque que j'ai faite ici, dans le témoignage de Michael Walsh décrivant admirablement les sessions d'enregistrement Berlioz par Roger Norrington à Londres : « Mais avec les instruments d'époque, les flûtes ronronnent, les hautbois lancent des cris rauques, les cuivres aboient, et les cordes tantôt cajolent, tantôt mordent » (Michael Walsh, *Time*, édition du 21 mars 1988, p. 74).

20. Pour des suggestions allant en ce sens, voir Peter Kivy, *The Corded Shell*, Princeton, Princeton University Press, 1980, et Roger Scruton, « Understanding Music », pour ne renvoyer qu'à deux discussions récentes de ce thème. Voir également, dans le présent volume, la première partie de mon texte « Évaluer l'interprétation musicale ».

considération [21]. Ainsi, comme la valeur expressive d'un passage est partiellement déterminée par les gestes musicaux qui y sont correctement entendus – en vertu du lien qu'on peut tracer entre ces mêmes gestes et un répertoire sous-jacent de comportements exprimant certaines émotions humaines – le contenu expressif de la musique n'est pas séparable des moyens d'exécution indiqués dans les compositions musicales ; et l'interprétation authentique de telles compositions, celle qui cherche à transmettre l'expressivité de ces compositions dans toutes ses dimensions, doit respecter l'instrumentation tout autant que la sonorité résultante. C'est de tout cela, et rien de moins, que dépend cette expressivité.

Dans l'espoir de donner plus de chair à cette argumentation abstraite, et également, espérons-le, pour clarifier un peu plus sa dialectique, je proposerai maintenant une série d'exemples supplémentaires. Prenez la technique du glissando ascendant, d'exécution rapide, tel qu'on peut le trouver dans la musique pour clavier. Il est souvent utilisé pour exprimer l'impression, légère mais précise, d'un abandon momentané, ou d'une certaine insouciance, si vous préférez. L'image la plus parlante qui s'impose probablement à l'esprit, c'est celle des *glissandi* potaches à un doigt de Chico Marx, visibles dans de très nombreux films des Marx Brothers ; mais les exemples ne manquent pas non plus dans les partitions pour piano de Ravel, Prokofiev ou Gershwin. Je soutiens que cet effet provient en partie de ce que notre imagination saisit très bien le geste de balayage ou de chiquenaude qu'il y a derrière le mouvement mélodique lui-même (ou, mieux encore, que ce dernier incarne), et de la manière dont nous rapportons ce geste au répertoire global des comportements expressifs. Mais si cette représentation imagée n'est pas validée, dans les faits, par le geste instrumental correspondant exécuté au clavier, et que

---

21. La prémisse à laquelle je fais appel ici, n'est pas que les gestes musicaux légitimement entendus dans un passage *P* sont *précisément* les gestes physiques que l'on imagine, avec raison, faits par le ou les interprètes effectifs, mais bien plutôt que ces gestes musicaux dépendent, *en partie*, des gestes ainsi imaginés. En bref, les gestes que nous entendons dans la musique – ce que nous entendons la musique *faire* – est partiellement déterminé par la représentation que nous avons de ce que font *littéralement* les interprètes de la musique en l'exécutant.

nous sommes conscients de cela, alors l'effet résultant, bien loin d'être celui recherché par la musique, se traduirait plutôt par une certaine dissonance cognitive, évidemment peu souhaitable. Comme la signification d'un glissando de piano vient du fait qu'il s'agit d'une certaine interaction physique avec le clavier, une interprétation qui produit, en surface, le résultat sonore correct mais sans l'action de production sous-jacente, ne pourra que *trahir* cette signification.

Considérons un passage *précipité*, ou qui donne une impression de *précipitation*[22]. Le fait qu'un passage possède cette qualité est évidemment pertinent pour savoir si un certain type d'expressivité va émerger, par exemple un sentiment d'exubérance, de frénésie ou d'expectative. Maintenant, le fait que nous entendions un passage comme précipité implique assez clairement qu'on prenne l'action humaine comme étalon de référence, fût-ce vaguement, et peut-être même des actions communes spécifiques comme marcher, parler, et ainsi de suite. Mais il y a encore une fois un troisième élément à prendre en compte dans cette situation : c'est la représentation que nous nous faisons du type d'action qui est plausiblement à l'origine du passage, tel que nous l'entendons. Le degré de rapidité que nous ressentons dans le mouvement du passage – une rapidité que nous relions ensuite inconsciemment à une certaine gamme d'activités humaines ordinaires – dépendra de la manière dont nous supposons que le passage en question est produit. *Précipité* pour quelque chose que l'on imagine fait avec les doigts n'est pas la même chose que *précipité* pour quelque chose que l'on imagine fait avec les pieds. Ainsi, un passage réalisé à la main droite sur un piano à un certain tempo *T* ne nous apparaîtra pas forcément plus précipité qu'un passage réalisé sur un pédalier d'orgue à un tempo peut-être deux fois moins vif. Si on laisse de côté les moyens d'exécution, le degré de précipitation d'un passage donné – c'est-à-dire à quel point son mouvement semble rapide, comparé à l'action humaine en général – devient peu clair, s'approchant dangereusement d'une franche indétermination. Ce que

---

22. Il faut bien distinguer cela, bien sûr, du cas où c'est l'*interprétation* du passage en question qui est précipitée, ou pressée.

j'ai dit sur la qualité de *précipitation* d'un passage vaudrait aussi bien pour d'autres qualités esthétiques comme l'*aisance*, l'*effort* ou la *tension*, qualités que notre expérience de la musique instrumentale laisse souvent transparaître. Il semble clair que leur présence déterminée[23], comme dans le cas de la précipitation, dépend tout autant de la spécification d'une manière de produire le son que du son lui-même ; une interprétation qui entend exprimer ces qualités esthétiques se doit donc de considérer ces deux spécifications comme impératives.

L'un des processus de personnification les plus saisissants de toute la musique est sans doute le portrait des hypocrites que trace Ralph Vaughan Williams dans la sixième section de *Job : A Masque for Dancing*. Le caractère suave, obséquieux de ces faux consolateurs et la saveur sirupeuse de leurs attentions sont transmis de manière frappante. Le matériel musical responsable de cette réussite, cependant, n'acquiert sa pleine efficacité – et ne permet d'atteindre très précisément l'effet recherché – que lorsque les tierces et secondes du thème principal, alternativement majeures et mineures, fuyantes et dégringolantes, sont entendues comme un effet produit par un instrument à vent – en particulier comme un geste de saxophone. En effet, ce n'est qu'alors que ce thème apparaît clairement comme la stylisation d'une voix pleurnicheuse et mielleuse, sur laquelle repose l'expressivité spécifique du passage.

Ou bien considérons la contribution des percussions à tant de passages orchestraux. Un coup de timbale est très fortement associé, dans l'absolu, à un certain nombre de gestes déterminés : frapper, marteler, battre… et il serait d'ailleurs relativement curieux, dans ce cas, de rester neutre et de ne parler simplement que de hauteurs. Et quand les timbales dominent un passage donné, ces associations peuvent submerger l'auditeur. Pourtant, ce n'est pas le son de timbale en tant que tel qui est si efficace, mais seulement ce son en conjonction avec notre imagination d'une certaine action suggérée par le son lui-même. Qu'une phrase *sonne* d'une certaine manière (au sens

---

23. C'est-à-dire la présence de ces qualités à un certain degré donné.

étroit) n'est pas le seul facteur qui nous permet de nous la représenter légitimement comme un certain type de geste; le fait qu'on l'ait *fait sonner* d'une certaine manière est tout aussi important. Dans le Scherzo de la *Neuvième Symphonie* de Ludwig van Beethoven, les phrases de timbales sont agressives et intempestives, tandis que, pour prendre un autre exemple, les phrases de caisse claire dans la *Cinquième Symphonie* de Carl Nielsen sont menaçantes et belliqueuses, dans leurs répétitions exaspérantes. Mais dans les deux cas, elles n'acquièrent ce caractère que si on les entend comme étant frappées et martelées – ce qui est bien le cas, après tout. Une exécution de ces symphonies sans que l'on tape effectivement sur des peaux – ou une exécution de *Job* sans que l'on souffle effectivement dans des instruments à anche simple – n'est donc pas une interprétation adéquate, peu importe la manière dont elle sonne; elle constitue bien plutôt une dégradation expressive de la musique qui était censée être instanciée.

Donnons encore deux illustrations : l'aspect *incandescent* de certaines musiques virtuoses pour violon – je pense à certains passages des concertos pour violon de Piotr Ilich Tchaïkovski et de Jean Sibelius – semble dépendre, du moins à un certain degré, de l'image d'un archet bondissant sur les cordes tendues et élastiques du violon, tranchant comme une épée, nécessaire à la réalisation d'une telle musique. Sans cette représentation, l'aspect spécifiquement incandescent de cette musique disparaît très largement; et ce qu'il en reste dans les sons laissés à eux-mêmes semble aussi bancal que les couleurs criardes d'une fleur artificielle. On peut entendre, et à juste titre selon moi, des *caresses* dans les lignes de violoncelle, fluides et *legato*, de l'Adagio du *Concerto pour violoncelle* d'Antonín Dvořák, en particulier ces figures d'arpèges ascendants en doubles croches que l'on trouve aux mesures 16-20, puis 130-134. Mais n'est-ce pas en partie dû à l'idée que nous nous faisons du type de mouvement que doivent faire les violoncellistes pour jouer ces passages – une manière de serrer et d'envelopper leur instrument, presque en une étreinte amoureuse? Et si une interprétation donnée ne nous permet pas de supposer la présence effective de tels mouvements, alors que peut-on dire de sa fidélité au caractère expressif inhérent au *Concerto* de Dvořák?

Terminons par une dernière remarque : prenons quelque chose de relativement abstrait, comme l'impression de puissance, de force, ou de direction que peuvent donner certaines lignes musicales, et qui contribue assurément à la fois à l'expressivité de la musique et à l'expérience même que l'on peut avoir en *suivant* la musique. Rien de tout cela ne peut être totalement détaché de l'idée que l'on peut se faire des activités humaines nécessaires pour faire passer ces lignes de l'écrit au sonore, et des objets mobilisés dans ce but, c'est-à-dire de leurs dispositions et de leurs résistances particulières. De telles impressions dynamiques, si toutefois ce terme convient, ne sont pas seulement fonction de structures purement sonores constituées de hauteurs, d'intervalles, de rythmes, de tempi, de phrasés, d'accents, de timbres, et ainsi de suite – c'est-à-dire de tous les aspects que l'on peut déterminer dans une composition *en dehors* des moyens d'exécution proprement dits. Quand on entend qu'une ligne ou qu'un passage « fuse dans tous les sens », qu'un autre « s'envole pour les étoiles », qu'un autre « sautille et rebondit », qu'un autre « flotte au-dessus des nuages », qu'un autre « monte en flèche vers la tonique » et qu'un dernier « plonge dans les abysses », il est évident que le fait de savoir que le premier est joué sur un piano à queue, le deuxième au violon, le troisième au basson, le quatrième à la flûte, le cinquième à la trompette et le sixième à la contrebasse, joue un rôle certain dans l'émergence de telles perceptions.

Bien que j'aie ici insisté sur le contenu expressif des *œuvres* de musique, et sur les facteurs qui interviennent dans notre *expérience* de cette expressivité, la conclusion qu'il faut en tirer quant à l'authenticité de l'*interprétation* est simple et incontestable. Si les œuvres de notre tradition classique sont écrites pour certains instruments, et si leur expressivité est *étroitement liée* aux potentialités physiques et gestuelles de ces mêmes instruments, alors une interprétation authentique nécessite assurément une exécution *sur* ces instruments, et pas *seulement* parce qu'une certaine sonorité *tout court* se trouverait ainsi atteinte.

III

Je répondrai maintenant, par anticipation, à une critique qu'un « soniciste » – c'est ainsi que j'appellerai une personne qui refuse la thèse que je viens de défendre – pourrait être tenté de faire à mon argument, tel que je l'ai présenté jusqu'ici. Le soniciste dira : « Je vous l'accorde, les propriétés expressives manifestes (et sans doute encore d'autres effets esthétiques) d'une pièce de musique que nous entendons semblent bel et bien dépendre des moyens d'exécution que nous *pensons* être à l'origine des sons qui parviennent à nos oreilles ». Mais il n'empêche : tout ce qui compte *en dernière instance*, c'est le son résultant ; car si le genre de sonorité approprié est atteint de part en part, alors soit les passages successifs de la pièce seront inévitablement perçus comme le produit d'une exécution sur les instruments choisis par le compositeur, soit l'on pourra au moins aisément les percevoir comme tels, au bon gré de l'auditeur. On peut donc facilement entendre ces passages comme incarnant le bon type de gestes, et possédant la portée expressive et esthétique adéquate. Tout ce qu'il faut, c'est que les auditeurs *imaginent* que les sons ont été produits de la manière dont ils *semblent*, jusqu'à preuve du contraire, avoir été produits. Ainsi, le son résultant – et peu importe la manière dont il est effectivement produit – sera une garantie suffisante de l'authenticité de l'interprétation. Et ceci, encore une fois, parce qu'on pourra toujours *concevoir* qu'une interprétation respectant les exigences sonores du compositeur émane bien des sources instrumentales appropriées, et possède donc bien la portée esthétique adéquate.

Cette objection, bien qu'ingénieuse, n'est pas vraiment satisfaisante, et ce, pour plusieurs raisons. Pour être convaincante, cette critique présuppose, je crois, que l'on reste dans l'ignorance quant à la source sonore réelle d'une interprétation, ou que nous soyons indifférents au fait d'être dupés à cet égard. Or, aucune de ces deux attitudes vis-à-vis des interprétations musicales n'est réellement viable[24]. Donc,

---

24. Tout d'abord, il est très peu plausible qu'une interprétation authentique exige des interprètes qu'ils trompent intentionnellement le public quant à la source physique

si nous avons accès à la source sonore effective, ce qui est normalement le cas en situation de concert, il sera difficile d'imaginer fermement et durablement une source sonore autre que celle que voyons si clairement. Supposons toutefois que tel puisse être le cas, c'est-à-dire que nous réussissions à nous représenter que les sons que nous entendons ont surgi d'une manière autre que celle que nous savons être le cas ; il me semble que l'expérience que nous ferions alors de cette musique, en croyant pas exemple que les sons ont été produits par un STP ou par tout autre moyen inhabituel, ne serait *pas* la même que l'expérience que nous faisons quand nous croyons tout simplement que les sons sont produits comme nous entendons qu'ils sont produits. Dans un cas, notre représentation est, pour ainsi dire, naturelle ; dans l'autre, elle est franchement « à rebrousse-poil »[25]. Il est difficile de voir en quoi une interprétation qui contraint l'auditeur à une telle gymnastique mentale pour que l'expressivité voulue apparaisse est au service de l'authenticité ; cette expressivité devrait normalement apparaître sans effort, presque inconsciemment. Au contraire, pour s'assurer que l'expérience de l'auditeur, lorsqu'il écoute une interprétation, est façonnée *de manière adéquate* par la représentation

---

des sons qu'ils entendent, ou qu'ils laissent celui-ci dans l'ignorance à cet égard. Ensuite, même si nous réussissions d'une manière ou d'une autre à éviter de connaître la provenance réelle des sons, ou si, cette connaissance à peine acquise, nous l'enterrions au fond de notre esprit, notre expérience de l'interprétation du soniciste ne pourrait jamais devenir un « acte de saisie de la vérité », pour ajouter une touche kierkegaardienne au propos – c'est-à-dire prendre les choses pour ce qu'elles sont, au moins au niveau le plus fondamental. Une interprétation authentique devrait bien plutôt nous permettre de s'approcher de cet état, plutôt que de nous en éloigner.

25. Développons un peu ce point : si des sons sont *censés* être produits d'une manière *m* et qu'un auditeur sait, et par conséquent croit, qu'ils ne sont *pas* produits ainsi, alors, même s'ils *semblent* avoir été produits de la manière *m* pour l'auditeur accoutumé à ce genre de sons, il ne se les représentera pas *automatiquement et sans ambiguïté* en faisant appel aux actions qui sont corrélées avec la manière *m* ; et donc, l'impression esthétique, ou l'expressivité perçue seront légèrement différentes. Nous pourrions même dire, dans le sens vraiment le plus large que l'on puisse prêter à l'expression, que de tels sons « sonneront différemment » pour les auditeurs qui entretiennent ce genre de croyance, en raison de la divergence qu'il y a entre l'image acoustique, au sens étroit, et l'image qu'ils se font des actions cachées derrière les sons.

de certains gestes exécutifs, il suffit que l'exécution implique effectivement ces mêmes gestes ainsi que les instruments qui les rendent possibles.

Voici une deuxième raison, qui renforcera ma position. J'ai montré que les propriétés expressives et esthétiques véritables (et pas seulement apparentes) d'une pièce surviennent[26] sur sa constitution timbrale et sonore spécifique, bien évidemment ; mais cette relation de survenance ne trouve sa pleine spécificité qu'en conjonction avec les forces instrumentales déterminées au moyen desquelles cet ensemble de timbres et de sons est censé être produit. Une interprétation authentique devrait chercher à manifester la substance esthétique d'une pièce telle qu'elle *est*, à transmettre les gestes expressifs qui appartiennent *vraiment* à la pièce – et non se contenter de simples simulacres[27]. Dans l'esprit de l'auditeur, ce qu'un passage *fait*, au sens du geste expressif qu'il manifeste, est fonction de ce qu'il *est*, ce qui inclut pleinement les moyens d'exécution spécifiés. L'interprétation soi-disant authentique du soniciste ne livre qu'une image, et pas la réalité, de l'ensemble de sons produits qui constitue le véhicule véritable de

---

26. Pour en savoir plus sur cette relation, voir Jerrold Levinson, *Music, Art and Metaphysics*, Oxford, Oxford University Press, p. 134-158 (« Aesthetic Supervenience »). [Ndt. On pourra également se reporter, dans le présent volume, au « Concept de Musique », note 6].

27. Il arrive souvent en art, pourrait-on penser, que l'on nous demande de prendre certains phénomènes ou certaines apparences pour autre chose qu'ils ne sont, ou pour autre chose que ce que l'on sait qu'ils sont. C'est le cas par exemple quand, dans un roman, nous considérons qu'un certain narrateur a effectivement écrit le récit des événements qu'il a vécus dans l'Angleterre du XVIIIe siècle, ou quand, au cinéma, nous contemplons effectivement, en plongée, l'éruption du Vésuve en 79 après J.-C. Il suffit cependant d'observer deux choses : tout d'abord, de tels cas contiennent une fiction explicite qui suggère et exige une réception appropriée, impliquant un « faire comme si… » ; ensuite, cette invitation au « faire semblant » est plus spécifiquement le fait des œuvres elles-mêmes que de leurs seules présentations. On ne peut pas assimiler, en général, le contexte de la présentation des œuvres de musique classique au concert avec celui d'une production de fiction faisant appel à nos capacités d'imagination ; et même si nous pouvons, à notre guise, nous imaginer ou nous représenter métaphoriquement la musique de multiples manières une fois qu'elle s'est présentée à notre oreille, nous ne sommes tout de même pas invités à appréhender les sources réelles de la musique présentée sur le mode du « faire comme si ».

la signification d'une pièce. Elle est donc inauthentique au sens où, même si elle parvient à transmettre l'expressivité voulue à l'auditeur – ce dont nous avons déjà des raisons de douter – elle falsifie ou dissimule la *base* de cette expressivité.

Il y a une dernière raison que nous n'avons pas encore abordée, et la voici : du point de vue de l'évaluation, la manière naturelle de comparer différentes interprétations d'une œuvre O, écrites pour des instruments Z est de se demander, en gros : comment ces Zédistes se débrouillent-ils avec la musique et avec les gestes qu'elle contient, étant donnés ce que sont les Z et leur nature intrinsèque, et comparés à ce que d'autres Zédistes, dans le passé, ont pu produire dans cette situation ? Si nous nous rendions compte, toutefois, que les Z et les Zédistes ne sont même pas impliqués – comme ce serait le cas si nous acceptions certaines propositions sonicistes en matière d'interprétation authentique – nous serions complètement perdus pour juger de l'expressivité particulière de cette interprétation de O, de sa manière spécifique d'incarner l'expression inhérente à O. Une dimension importante du jugement se trouverait en effet écartée : comment les interprètes – étant donnée la maîtrise qu'ils ont des possibilités gestuelles de l'instrument, possibilités qu'ils ont intériorisées – se rapportent-ils, à chaque instant, aux exigences de cette musique, qui a précisément été conçue en référence à ces possibilités [28] ? On peut sérieusement douter qu'une interprétation générant un embarras de cette ampleur soit véritablement une interprétation authentique, quelles que soient par ailleurs ses autres qualités ; nous nous attendrions en effet à ce qu'une interprétation authentique – et c'est bien la moindre des choses – se prête de manière intelligible à une évaluation critique [29].

_____

28. Dans cette perspective, on peut remarquer que c'est tout le concept de virtuosité, inhérent à certains genres de composition (et pas seulement aux interprétations de ces mêmes compositions) qui est rendu inintelligible si l'on découple l'œuvre de musique des moyens d'exécution qui lui sont associés. À cet égard, voir la discussion stimulante que propose Thomas Mark, « On Works of Virtuosity », *The Journal of Philosophy*, vol. 77, 1980, p. 28-45.

29. Pour ces raisons, entre autres, j'ai suggéré dans d'autres textes (voir, dans le présent volume, « Ce qu'est une œuvre musicale », « Ce qu'est une œuvre musicale (*bis*) » et « Évaluer l'interprétation musicale ») que les interprétations du type de celles

IV

Il est temps de tisser un lien plus étroit entre nos conclusions et le genre de cas qui sont vraiment discutés dans les controverses actuelles sur l'interprétation authentique [30]. Il ne s'agit évidemment pas, alors, de savoir si les trios pour cors de basset sont interprétés authentiquement quand ils sont exécutés sur des kazoos ou sur un STP, mais plutôt de savoir si de tels trios peuvent être exécutés sur des clarinettes ordinaires, ou plus clairement encore, si les symphonies de Mozart, écrites quand un genre primitif de clarinette était encore en usage, peuvent être interprétées authentiquement en utilisant des

que nous avons discutées jusqu'ici ne soient même pas considérées comme des interprétations *tout court*, et donc encore moins comme des interprétations *authentiques*. Mais si je n'ai pas souhaité avoir recours à cette solution expéditive, et si je leur ai permis jusqu'à présent d'accéder au rang d'interprétation, c'est pour pouvoir me concentrer sur leur prétention à l'*authenticité*.

En défendant l'importance des moyens d'exécution effectivement prescrits, j'ai focalisé la discussion sur la validité esthétique d'interprétations concurrentes, qui seraient totalement *indiscernables* d'un point de vue strictement acoustique bien qu'elles impliquent, par hypothèse, des moyens d'exécution différents. Toutefois, une observation plus réaliste s'impose ici d'elle-même. On peut en effet admettre qu'en réalité, des moyens d'exécution différents conduiront immanquablement à des différences détectables de sonorité, au sens strictement acoustique. Pourquoi, donc, ces différences à ce point minimes sont-elles souvent *très importantes* esthétiquement, au-delà de leur participation à l'image timbrale globale ? À la lumière de ce qui précède, nous avons maintenant une explication évidente. Si elles prennent plus d'importance que ce qu'on pourrait penser *a priori*, c'est en partie parce que ces différences, aussi minimes soient-elles, fonctionnent comme des indices nous permettant d'*imaginer* ou de *comprendre* que d'autres moyens de production sont à l'œuvre, et ainsi de percevoir dans cette musique un contenu gestuel différent ; et donc, au final, des différences dans l'expression résultante. Et *cet* effet-là reste important à nos yeux.

30. Pour éviter tout malentendu, et ne pas s'impliquer trop profondément dans les querelles qui entourent le mouvement de l'interprétation historiquement informée, querelles qui ne se rapportent pas directement à la thèse que je cherche à défendre, il faut bien comprendre que les remarques que je fais dans cette section (et en vérité, dans tout le texte) ne s'appliquent pleinement qu'à des périodes et à des genres musicaux pour lesquels les moyens d'exécution, les couleurs des timbres instrumentaux et la manière dont ils contribuent à l'expressivité, sont clairement une préoccupation explicite des compositeurs et de leur public supposé. Dans la musique savante occidentale, qui est notre centre d'intérêt principal ici, ce n'est peut-être que depuis Carl Philipp Emmanuel Bach qu'il en est ainsi.

clarinettes modernes, avec leur corps plus lourd et leur système de clés amélioré. Nous connaissons bien les arguments des sonicistes, qui répondent donc par la négative à cette question, à notre grand regret. Les timbres sont significativement différents ; de là, les équilibres et les mixages sonores résultants se trouvent modifiés ; l'image sonore est donc considérablement différente de ce que le compositeur avait envisagé – ou du moins de celle qu'il avait autorisée – et produit un impact esthétique global différent.

Ce que je veux souligner, dans la continuité de ce que j'ai soutenu plus haut, c'est qu'il y a un argument distinct de celui du soniciste pour nier le fait que les interprétations de Mozart recourant à des instruments à vent modernes – dans la mesure où ces derniers diffèrent structurellement dans de larges proportions des clarinettes du XVIIIe siècle – puissent être pleinement authentiques[31]. Dans ses grandes lignes, cet argument devrait être familier au lecteur.

Soit deux instruments (ou appareils) qui diffèrent largement dans leur construction physique et leur mode de fonctionnement : il y aura alors automatiquement des différences au niveau de leurs *capacités* sonores et de leurs *possibilités* gestuelles, et donc au niveau de la signification expressive des sons ou des phrases produits sur chacun de ces instruments (ou appareils), quand bien même ces sons ou ces phrases seraient qualitativement identiques. Si l'on compare une clarinette moderne avec son ancêtre du XVIIIe siècle, les différences sont subtiles – rien à voir avec celles qui pourraient séparer une

---

31. Alors que nous pénétrons sur les terres des puristes les plus farouches, il est important de reconnaître qu'il y a sans doute des *degrés* d'authenticité, et qu'un petit écart ne condamne pas une interprétation à une inauthenticité définitive. Deuxièmement, il faut aussi dire que le fait qu'une interprétation soit inauthentique d'un point de vue ou d'un autre n'engendre pas une prescription pragmatique *invariable*, indépendante du contexte, indiquant s'il faut ou s'il ne faut pas, toutes choses bien considérées, l'apprécier, l'approuver ou la rechercher. La question de savoir si l'on interprète une œuvre d'une manière partiellement inauthentique, que ce soit à cause de contraintes spécifiques, ou parce qu'on poursuit d'autres objectifs, est une question délicate : et il y a sans doute beaucoup de circonstances concevables dans lesquelles, tout bien considéré, une telle décision se trouverait justifiée ; mais cela ne devrait pas nous conduire à obscurcir les déterminations théoriques antérieures qui fondent l'interprétation pleinement authentique.

clarinette moderne et, disons, un STP imitant une clarinette – mais elles existent bel et bien. Par exemple, le système Bœhm qui équipe la plupart des clarinettes modernes permet de moduler plus facilement que son lointain ancêtre et accroît les possibilités de pianissimo et de diminuendo. Or, les gestes musicaux de la *Symphonie n° 39*, K. 543, de Mozart – ceux qui lui appartiennent en tant que composition du XVIII e siècle, et sur lesquels son caractère esthétique est fondé – sont sans doute précisément ceux que l'on perçoit quand on rapporte l'œuvre à la matrice que constituent, d'une part, le répertoire gestuel et, d'autre part, les capacités sonores des instruments pour lesquels elle a été effectivement conçue (c'est-à-dire les clarinettes anciennes); on percevrait de tout autres gestes musicaux si on mettait cette œuvre en regard du répertoire gestuel et des capacités sonores associées à leurs successeurs modernes [32]. Ainsi, même si les clarinettes modernes – malgré leurs limitations, leur registre et leur système de construction différents – pouvaient reproduire *à la perfection* la sonorité qu'avaient les clarinettes du XVIII e siècle en jouant la *Symphonie n° 39* de Mozart, une telle interprétation ne serait tout de même pas équivalente, d'un point de vue expressif, à toute interprétation réalisable sur ces instruments plus anciens et différents. Il serait difficile, d'ailleurs, de caractériser cette expressivité : l'art n'est pas plus à l'aise avec une filiation douteuse que ne l'est la société. Mais quoi qu'il en soit, il ne s'agirait pas vraiment là d'une représentation adéquate de l'expressivité propre au *K. 543*, et donc pas d'une interprétation authentique de cette œuvre [33].

---

32. Pour ne prendre qu'un exemple, il se trouve que l'anche était placée différemment sur les clarinettes plus anciennes – sur le dessus de l'instrument plutôt que sur le dessous – ce qui modifie la manière de pincer l'anche quand on essaye de faire un son (je dois cette information à Peter Kivy).

33. Voir ce plaidoyer avisé en faveur de l'interprétation authentique : « En un sens, chaque idée musicale est façonnée par les moyens techniques disponibles qui permettent de l'exprimer. Ainsi, jouer les *Concertos pour violon* de Mozart sur les instruments d'aujourd'hui, pensés en fonction d'un jeu brillant et puissant, avec leurs manches allongés et leurs cordes en métal, pervertit l'œuvre bien plus que cela ne l'améliore. Quand il écrivait de la musique, Mozart avait en tête ses propres instruments, avec leur sonorité plus étouffée ; et sa manière de phraser – pour faire vite, le fait qu'il utilise de courtes phrases articulées les unes aux autres plutôt que de longues

V

Concluons : les moyens d'exécution, dans la musique classique, n'ont pas seulement une valeur instrumentale, pour ainsi dire, en ce qu'ils permettent d'atteindre une certaine sonorité, mais sont bien plutôt logiquement liés, à part entière, à l'expressivité et au caractère esthétique d'une pièce. Admettre ce point, c'est reconnaître que la notion d'authenticité de l'interprétation ne peut pas être analysée exclusivement dans les termes d'une correspondance à un son donné, fut-il le son d'une interprétation idéale de l'époque du compositeur. Tout ce que j'ai dit sur l'importance de l'instrumentation exacte pour le contenu esthétique implique que, pour évaluer ce contenu de manière pleinement adéquate (contenu dont l'expressivité constitue la dimension majeure), on doit être familier avec les instruments, leurs mécanismes, leurs possibilités physiques, et peut-être plus que tout, saisir que les manipulations dont ils sont susceptibles doivent se comprendre en fonction d'un répertoire d'actions plus large – les mouvements, gestes et expressions d'un être humain, doté d'un esprit et d'un *corps* ; et plus cette familiarité sera grande, plus le jugement sera entier et précis, toutes choses égales par ailleurs.

Cette familiarité peut venir de différentes manières : en observant la musique en train d'être exécutée ; en regardant comment les instruments sont construits ; en prenant en main ces instruments et en les examinant en détail ; en étudiant l'histoire et l'évolution des instruments ; en reconstruisant, par de multiples écoutes, la gamme de sonorités et d'effets dont chaque instrument est capable ; et bien sûr, si toutefois on possède le talent nécessaire, en pratiquant

---

phrases – nous dit bien quelque chose sur la manière dont il voulait que sonnent ses *Concertos* » (Bernard Holland, *New York Times*, 21 Novembre 1987). Ce phrasé nous dit cela, en effet, mais il nous dit encore autre chose. Holland aurait pu ajouter que ce phrasé nous informe également sur le cadre perceptuel à l'intérieur duquel il convient d'évaluer la portée expressive des sons produits par une interprétation de ces *Concertos* ; ce qui, dans la musique, apparaît effectivement comme une phrase de longue haleine, ou un accent dynamique particulièrement marqué, ne sera entendu comme tel que si l'on garde en tête les capacités normales de phrasé et de dynamiques d'un violon plus ancien.

effectivement des instruments et en en jouant dans diverses situations musicales. Notre familiarité avec ces producteurs, au sens strict, de musique – ces appareils et objets physiques variés – est probablement très imparfaite la plupart du temps, surtout lorsque notre éloignement temporel avec la musique considérée s'accroît. Mais ce genre de connaissance, même fragmentaire, tacite ou explicite, doit être vu comme essentiel à la compréhension musicale[34]. Et ceci, encore une fois, indique que la condition pour parler d'authenticité de l'interprétation musicale va au-delà du purement sonore ; c'est cette condition que Davies, me semble-t-il, méconnaît en la survolant ou, au mieux, en la confondant avec d'autres qui en sont strictement distinctes. La musique est une activité physique tout autant qu'un produit spirituel, et celui-ci ne peut être proprement saisi – ou présenté – sans la reconnaissance du rôle spécifiquement déterminant qu'y joue cette activité[35].

---

34. Par analogie, on pourrait difficilement considérer que quelqu'un comprend la *peinture* s'il n'a aucune idée de la réalité physique des pinceaux et des pigments, après tout.

35. Voici deux articles sur le sujet qui sont apparus peu de temps après que j'eus fini d'écrire le mien, et sur lesquels je suis heureux d'attirer l'attention : Stan Godlovitch, « Authentic Performance », *The Monist*, vol. 71, 1988, p. 278-290 ; Peter Kivy, « On the Concept of the "Historically Authentic" Performance », *The Monist*, vol. 71, 1988, p. 278-290. Comme les lecteurs s'en rendront compte, mes conclusions sont davantage en phase avec l'article de Godlovitch.

ÉVALUER L'INTERPRÉTATION MUSICALE [1]

Jerrold LEVINSON

I

Cet article est une variation sur le thème suivant : les interprétations musicales sont *légitimement* évaluées d'un certain nombre de points de vue ; l'idée selon laquelle il y aurait une bonne interprétation *simpliciter* d'un morceau de musique donné n'a donc que peu d'utilité. J'appelle cette thèse la relativité de l'évaluation de l'interprétation à un point de vue, ou REIP. D'après REIP, une interprétation qui est tout juste honnête d'un certain point de vue peut apparaître tout à fait excellente d'un autre point de vue, et inversement. Selon REIP, il n'y a, concernant l'interprétation, aucun point de vue unique, surplombant tous les autres, tel que ce qui compte comme une bonne interprétation de ce point de vue constitue par voie de conséquence une interprétation *absolument* bonne de l'œuvre en question. Il n'est sans doute pas impossible de soutenir qu'il existe un point de vue *particulier* qui est plus *central* à l'évaluation, de sorte qu'évaluer l'interprétation, sans plus de précisions, serait naturellement compris comme faisant référence à ce point de vue-là. Un tel point de vue pourrait bien avoir une certaine force, mais cela n'implique pas qu'il jouit d'un privilège incommensurable par rapport aux autres. Ce que je voudrais souligner, c'est que le jugement « L'interprétation I est une bonne interprétation de l'œuvre O » suscite *plus que jamais* la question : « Pour *qui* ou au

---

1. Jerrold Levinson, « Evaluating Musical Performance », *Journal of Aesthetic Education*, vol. 21, 1987, p. 75-88 ; repris dans *Music, Art and Metaphysics*, p. 376-392.

regard de *quelles fins ou de quels objectifs* I est-elle une bonne interprétation de O ? » En effet, il y a plusieurs perspectives à considérer, plusieurs contextes dans lesquels les interprétations musicales peuvent avoir lieu, plusieurs fins que des interprétations musicales peuvent légitimement servir. Se rappeler que les personnes impliquées dans tout acte musical peuvent en premier lieu être classées parmi les *auditeurs*, les *interprètes* et les *compositeurs*, c'est seulement commencer à dépeindre la multiplicité des points de vue pertinents. J'espère préciser quelques-uns des détails de ce tableau au cours de notre réflexion.

Commençons par quelques préliminaires. Premièrement, je ne m'occuperai de façon privilégiée que de l'évaluation des interprétations qui relèvent de musiques admettant une distinction entre l'œuvre et son exécution, c'est-à-dire principalement à la musique classique occidentale faisant l'objet d'une notation. Il est possible, dans cette sphère musicale, de faire une distinction nette entre la qualité des œuvres et la qualité des interprétations. Avec les compositions de jazz, en revanche, et en particulier celles qui sont improvisées et ne s'appuient pas sur des standards, cette distinction s'évapore complètement. Deuxièmement, je présuppose que lorsqu'une interprétation est l'interprétation d'une œuvre, nous nous occuperons seulement de son évaluation *en tant qu'interprétation de cette œuvre*, et non comme un pur événement sonore, envisagé pour lui-même. Il y a une relativité de l'évaluation qui ne m'intéresse pas : c'est celle qui découle du fait que l'on *ignore* tout simplement quelle est l'œuvre interprétée et que l'on évalue cette interprétation comme, disons, un ensemble inhabituel de bruits, ou quelque chose qu'on peut utiliser pour faire peur aux enfants le soir d'Halloween ou encore comme fond sonore pour un banal exercice d'aérobic.

Troisièmement, voici quelques précisions terminologiques qui se révéleront utiles pour la suite : j'entends par *l'instance* d'une œuvre un événement sonore, produit intentionnellement conformément à l'œuvre telle qu'elle a été déterminée par le compositeur, qui *correspond très exactement* à la structure sonore et instrumentale de l'œuvre ainsi déterminée. Par une *interprétation*, j'entends ce qui résulte d'une tentative de produire, en vue d'une perception et d'une appréciation auditive, quelque chose qui est *plus ou moins* l'instance d'une œuvre et qui y parvient *plus ou moins*. Selon cet usage, toutes les interprétations *totalement correctes* d'une œuvre (et seulement celles-là) comptent comme des instances de cette œuvre ; ainsi la plupart des interprétations d'œuvres musicales ne sont pas, à strictement parler, des instances de ces œuvres. Enfin, il n'est pas nécessaire que l'interprétation d'une œuvre soit totalement correcte, c'est-à-dire, en soit une instance, pour en être une bonne interprétation. La ligne qui sépare les interprétations *incorrectes à un certain degré* et les *non-interprétations* reste floue. J'ai tendance à penser que certaines interprétations contestables d'une œuvre sont toujours des interprétations de cette œuvre, bien qu'incorrectes, à condition que ses défauts soient largement une affaire *d'exécution*. À l'inverse, j'ai tendance à penser que des interprétations dont les défauts proviennent largement d'une *modification* ou d'un *irrespect délibéré* des propriétés définitionnelles de l'œuvre doivent être considérées comme n'étant plus du tout des interprétations[2].

Deux précisions logiques supplémentaires à propos de la notion d'interprétation méritent d'être rappelées brièvement avant de continuer. Il existe tout d'abord au sujet du concept d'interprétation, une ambiguïté profondément enracinée entre le processus et le produit. D'une part, il y a *l'activité* de produire des sons pour un public ; d'autre part, il y a les *sons* produits. Ensuite, une seconde ambiguïté entre *types* et *occurrences*[3] plane également sur ce même concept. Par « l'interprétation de A » on entend *habituellement* une action particulière ayant lieu dans une situation donnée ou un événement sonore émis dans une situation donnée ; mais on peut également entendre par « l'interprétation de A » un certain *type très spécifique* de séquence sonore dont l'interprétation au sens mentionné précédemment est une occurrence. Ce type est en particulier bien plus spécifique que la séquence sonore associée à l'œuvre elle-même. Prenons une

---

2. Pour une plus ample discussion, voir, dans le présent volume, « Ce qu'est une œuvre musicale » et « Ce qu'est une œuvre musicale (*bis*) ».

3. Ndt. Sur la distinction type/occurrences, voir, dans le présent volume, « Les œuvres musicales et leur ontologie ».

interprétation singulière : le type d'interprétation correspondant à cet
événement sonore est celui dont les instances sont des interprétations
singulières plus ou moins indiscernables. Ce sens de « l'interprétation
de A » serait ainsi quelque chose comme la *lecture* que A donne d'une
œuvre, ou sa *manière de jouer* une œuvre, à un certain moment de
sa carrière d'interprète[4]. Il est clair que c'est en ce sens-*là* d'« interprétation » qu'il est concevable qu'un pianiste puisse donner la même
interprétation deux jours d'affilée et qu'un autre pianiste – peut-être
un protégé ou un admirateur servile du premier – puisse donner cette
même interprétation une nouvelle fois, un mois plus tard.

Voici maintenant quelques illustrations de ces distinctions. Si je
constate que Claudio Arrau, le 23 juin, a jugé son interprétation
épuisante, j'aurais très certainement en tête l'*activité* correspondante.
Si je dis que j'ai entendu l'interprétation de l'« *Appassionata* » par
Rudolf Serkin à la Library of Congress, j'aurais très certainement en
tête les *sons* particuliers produits lors du concert. Mais si j'observe
que la seconde interprétation enregistrée par Alfred Brendel de la
Sonate pour piano de Franz Liszt est plus réflexive et pourtant plus
dynamique que sa première version, selon toute vraisemblance, c'est
de sa *lecture* spécifique, exemplifiée dans une occurrence sonore
particulière, que je ferais l'éloge.

Dans le contexte de l'évaluation des interprétations, je dirais que
l'objet de l'évaluation est typiquement soit la séquence particulière
de sons dérivant de l'activité de l'interprète à une occasion donnée,
soit la lecture (le type-interprétation plus spécifique) que la séquence
de sons incarne ou exemplifie. Dans chacun des cas, la chose qui est
jugée en premier lieu semble être le produit plutôt que le processus,
le résultat achevé plutôt que l'activité y conduisant. Cela ne signifie
pas, cependant, que l'on puisse alors juger du produit – une interprétation
– dans l'ignorance ou isolément du processus qui en est la source.

---

4. Une distinction similaire est développée par Robert Augustus Sharpe, dans
« Type, Token, Interpretation and Performance », *Mind*, vol. 88, n° 351, 1979,
p. 437-440.

II

Quels sont, dans ces conditions, les points de vue pertinents pour évaluer les interprétations ? Premièrement, les interprétations doivent prendre en compte des auditeurs de différentes sortes. Parmi ceux-ci, on peut distinguer notamment les auditeurs qui entendent l'œuvre pour la première fois, ceux qui ne l'entendront qu'une seule fois, les auditeurs expérimentés et les auditeurs blasés. Deuxièmement, il y a le point de vue de l'interprète effectif qui, en vertu de sa position spéciale, a certains objectifs, mais aussi le point de vue des autres interprètes spécialistes de cet instrument ou de ce répertoire. Troisièmement, il y a le point de vue du compositeur qui a effectivement composé l'œuvre interprétée, avec laquelle il entretient une relation privilégiée, mais aussi le point de vue des autres compositeurs, des théoriciens de la musique, des musicologues, etc. Enfin, il y a le point de vue que l'on pourrait attribuer à « l'œuvre elle-même ». La plupart des choses que j'ai à dire concerneront les différentes perspectives que les auditeurs sont susceptibles d'adopter dans l'évaluation, même si j'aborderai aussi, pour l'examiner de façon critique, le statut prétendument privilégié de la « fidélité à l'œuvre », comme étalon de la valeur de l'interprétation.

Par exemple, à quoi devrait ressembler une bonne interprétation du premier mouvement de la *Sonate pour piano en si bémol majeur*, op. posth., de Franz Schubert au niveau du tempo ? Il semble que cette question puisse recevoir des réponses assez divergentes, suivant que l'on a en tête un auditeur familier de l'œuvre, ou un auditeur l'écoutant pour la première fois. Pour celui-ci, un tempo un peu plus rapide, peut-être, serait idéalement approprié. Si le mouvement est mené d'un pas un peu plus vif, ses « divines » longueurs (encore inconnues) n'auront pas sur un auditeur non expérimenté l'impact qu'elles auraient autrement ; et il sera probablement plus facile pour un tel auditeur d'être sensible à la progression générale de l'œuvre et à son ampleur sans se lasser. On pourrait également dire que la continuité et l'enchaînement des différentes sections, évidents à un tempo modéré pour un auditeur expérimenté modéré, est plus facile à saisir par le néophyte si la pulsation de base est un peu accélérée. Pour formuler cette idée en termes plus généraux, il semble qu'il n'y ait pas de réponse simple aux questions : « Que vaut une interprétation donnée ? », « Est-elle meilleure qu'une autre ? », pourvu que l'on se rappelle la grande différence qui sépare un auditeur expérimenté, qui a saisi dans leurs grandes lignes la structure et le contenu de l'œuvre, et un débutant qui, d'un point de vue auditif, est contraint d'avancer à tâtons. Du point de vue de ce dernier, une interprétation inhabituelle, mais de haute volée pourrait ne pas être aussi bonne que ne l'est une interprétation plus conventionnelle, moins exaltée, mais qui dessine avec plus de clarté les traits généraux de l'œuvre.

Considérons à présent l'auditeur blasé, celui qui connaît une œuvre si bien qu'il a complètement absorbé et intériorisé les « implications » musicales de chaque passage et la manière dont ces implications sont finalement « réalisées » (ou non) par la suite, comme dirait Leonard Meyer. Pour un tel auditeur, une interprétation conventionnelle peut frôler le soporifique dans la mesure où aucune information nouvelle n'est apportée, où aucune attente n'est créée et où rien n'est joué qui n'ait déjà été entendu et fait réagir l'auditeur plus de cinquante fois auparavant. D'un autre côté, comme le dit Meyer, les attentes auxquelles l'interprète « peut donner forme et qu'il peut confirmer ne concernent pas la nature des événements qui vont avoir lieu [...] mais la manière dont ils arrivent, et le moment où ils arrivent »[5]; une interprétation qui tire pleinement parti de cette possibilité saura rajeunir un morceau aux yeux de l'auditeur blasé. Une telle interprétation, par exemple, pourrait employer plus de rubato, être plus rapide, surpointer davantage les rythmes qu'une interprétation standard. Pour prendre un exemple précis, on pourrait vouloir jouer le rythme « blanche-noire-noire » de l'Andante en variations du Quatuor « *La Jeune Fille et la Mort* » (rythme particulièrement saillant dans ce mouvement) en étirant le plus possible la blanche par rapport aux deux noires, conférant à cette figure rythmique un caractère pulsatif plus prononcé et une qualité

---

5. Leonard Meyer, *Music, the Arts, and Ideas*, Chicago, University of Chicago Press, 1967, p. 48.

plus dynamique que dans des lectures plus conventionnelles. De telles interprétations, quoique gratifiantes et excitantes pour les auditeurs blasés pourraient être plutôt gênantes pour des auditeurs tout juste expérimentés, qui ne font qu'entrer dans leur période d'appréciation maximale du morceau, des relations structurelles et des qualités émotionnelles qui lui sont inhérentes. De telles interprétations pourraient en outre susciter la confusion et induire en erreur les auditeurs qui n'en sont qu'à leurs premiers contacts avec l'œuvre.

Il faudrait même prendre en compte la situation des auditeurs qui n'écoutent une interprétation qu'une fois ou deux. Une considération de ce genre est peut-être encore plus essentielle dans le cas de l'interprétation en concert d'œuvres contemporaines. Comme chacun sait, il faut attendre longtemps avant que de telles compositions connaissent une deuxième ou une troisième exécution (et parfois, cela n'arrive jamais). Bien entendu, on veut que l'œuvre soit présentée sous son meilleur jour ; mais si l'on ne peut pas compter sur le fait qu'on puisse réentendre l'œuvre fréquemment, à supposer même qu'on puisse la réentendre, alors la question de savoir ce qu'est la meilleure interprétation de cette œuvre peut devenir relativement complexe. Il paraît clair, en principe, qu'une interprétation qui se révèle des plus satisfaisantes après un contact prolongé avec l'œuvre (chose que l'on peut toujours espérer, mais qui pourrait bien n'être qu'une chimère) n'est pas une interprétation qui donne pleine satisfaction si seulement une ou deux exécutions sont données, sans être enregistrées qui plus est. Pour parler schématiquement, il peut être bon, dans le cas d'une exécution unique, d'accentuer les traits formels et expressifs les plus généraux de l'œuvre en se contentant d'allusions aux aspects les plus subtils. Au cas où on m'objecterait que le contexte que je reconnais ici comme pertinent pour l'évaluation d'une interprétation est par trop artificiel et pragmatique, je peux seulement répondre en faisant remarquer que l'interprétation musicale est une activité pratique, socialement intégrée, aux buts variables et que l'évaluation des mérites d'une interprétation doit refléter cela. Sinon, il y a des chances pour que nous n'évaluions pas l'interprétation, mais plutôt une image figée et idéalisée de l'œuvre musicale

– c'est-à-dire en réalité une version complètement déterminée de l'œuvre elle-même et non une *interprétation* de celle-ci.

Si nous changeons de perspective pour adopter celle de l'interprète, il nous faut reconnaître que la musique n'est pas le simple véhicule d'une expérience esthétique purement auditive, mais constitue également le support d'un engagement esthétique passant par la production et la mise en forme d'événements sonores. Le rapport que les interprètes ont avec les œuvres qu'ils jouent est très différent de celui qu'ont les auditeurs avec les œuvres qu'ils écoutent. Mais la relation qu'ont les premiers avec l'œuvre est néanmoins une relation esthétique, au sens large, s'ils ont l'intention d'élever et d'intensifier leur expérience par l'interprétation, sans porter préjudice à l'intégrité de l'œuvre en question. Les interprètes peuvent rechercher un sentiment d'abandon dans la facilité avec laquelle ils produisent des cascades de doubles-croches. Ou bien, ils peuvent rechercher une identification profonde avec le compositeur tel qu'ils se l'imaginent, et dans ce cas, ils peuvent être conduits à phraser plus *espressivo* que d'autres. Ou bien, ils peuvent souhaiter explorer leurs capacités à changer rapidement d'atmosphère et donc à accentuer les contrastes émotionnels entre les parties d'une fantaisie pour piano, en atténuant les liens de transition entre elles. Ou bien, ils peuvent vouloir se délecter du sentiment de puissance et de domination que confère l'exécution de passages avec une indépendance digitale maximale, et ils chercheront alors à faire apparaître toutes les voix à égalité.

Il devrait être clair qu'une interprétation gratifiante aux yeux d'un interprète pour l'une ou l'autre de ces raisons, ne sera pas nécessairement des plus satisfaisantes pour chacune des espèces d'auditeurs que nous avons sondées. Cela dépend évidemment des cas considérés. Supposons cependant qu'aucun type d'auditeur n'apprécie cette interprétation : elle pourra malgré tout revendiquer le statut de bonne interprétation au moins d'un certain point de vue – celui de l'interprète dont les fins esthétiques principales sont satisfaites par le fait de *donner* ou de *produire* cette interprétation (et pas simplement de *l'écouter* réflexivement). Et on pourrait ajouter que cette interprétation n'est pas seulement satisfaisante pour *cet* interprète à *cette* occasion. C'est fondamentalement un *type* d'interprétation que nous approuvons, dans ce cas comme toujours. Ainsi, le simple fait de jouer l'œuvre de cette manière garantit à l'interprète – ou à tout autre que lui qui en donnerait la même lecture – de connaître à nouveau la même satisfaction. Ce sur quoi je veux insister ici, c'est que si la musique est destinée aux auditeurs, ce qui va de soi, elle n'en est pas moins aussi faite pour les interprètes. Les satisfactions esthétiques potentielles associées à ces deux rôles sont différentes et partiellement incompatibles. C'est ainsi que la valeur d'une interprétation peut être relativisée à une large communauté musicale donnée – ceux qui sont sur scène et ceux qui sont assis dans leurs fauteuils.

J'ai défendu plus haut l'idée que les jugements de valeur appliqués aux interprétations musicales doivent être relativisés d'une manière ou d'une autre à une catégorie particulière de personnes impliquées dans le fait musical. En ce qui concerne les auditeurs, ce qui ne manque pas de culot pour une pie chevronnée paraîtra fade tant à l'oie encore innocente qu'au vieux jars revenu de tout. Et une interprétation qui convient à ce cabot d'interprète, cherchant avant tout à exercer son indépendance digitale ne sera pas nécessairement optimale pour de nombreuses catégories d'auditeurs. Enfin, il faut encore considérer l'œil d'épervier du compositeur : une interprétation pourra être valorisée de son point de vue parce qu'elle met en lumière le processus compositionnel, ou la grande forme sous-jacente, sans être particulièrement gratifiante pour les interprètes ou les auditeurs qui n'ont pas pour habitude de composer.

III

Il ne faut pas croire que le genre d'exemples que j'ai utilisés dans ma défense de REIP autorise les extensions suivantes, qui dégagent un léger parfum de *reductio ad absurdum* :

a. Pour un auditeur qui utilise des boules Quiès, la meilleure interprétation est celle qui est jouée à un volume très élevé.

b. Pour un auditeur qui n'écoute que du jazz, la meilleure interprétation du *Concerto pour violon en la mineur* de Jean-Sébastien

Bach, est celle qui est délicatement accompagnée par une section rythmique.

c. Pour un individu hyperactif ayant une durée d'attention limitée, la meilleure interprétation est celle qui renforce tous les accents dynamiques.

Ces cas ne sont pas analogues à ceux que nous avons proposés plus haut et ils ne fournissent pas de base solide et raisonnable pour dire que ces interprétations sont de bonnes interprétations. S'il en est ainsi, c'est parce que les perspectives à partir desquelles leurs « vertus » émergent sont des perspectives *illégitimes*. Les auditeurs ont l'obligation de retirer tout ce qui fait entrave physiquement à une bonne audition et de faire l'effort de comprendre une musique pour ce qu'elle est lorsqu'elle ne leur est pas familière. En outre, il est faux de prétendre que les interprétations doivent être taillées sur mesure pour s'accommoder des regrettables déficiences cognitives ou perceptuelles de quelques-uns. D'un autre côté, nous sommes tous ou avons tous été, à un certain moment, des auditeurs qui écoutent un morceau de musique pour la première fois, quel que soit notre degré de compétence musicale et de bienveillance à l'égard de cette musique. La capacité d'une interprétation à convenir à *ce dernier type* de circonstance fournit une raison plus plausible pour la considérer sans réserve comme une bonne interprétation – bien qu'elle ne soit bonne, encore une fois, que d'un certain point de vue (légitime). La posture d'un auditeur bienveillant et préparé qui écoute une œuvre pour la première fois est une posture qui, même lorsque nous ne l'occupons pas de fait, nous apparaît clairement comme une position légitime au vu de ce qu'est notre pratique musicale, une position qui en est même constitutive (comme celle de l'auditeur expérimenté, celle de l'auditeur inévitablement blasé à force d'écoute, celle de l'interprète concerné au premier chef par l'indépendance digitale ou celle du compositeur davantage intéressé par la forme sous-jacente). Le fait de répondre à certaines demandes ou de satisfaire certains intérêts associés à de telles postures peut ainsi *légitimement* autoriser l'évaluation positive d'une interprétation.

La question qui est venue au premier plan est précisément celle-ci : comment distinguer les cas dans lesquels la satisfaction procurée à certaines catégories d'individus par une interprétation fournit les raisons d'une évaluation positive, des cas où cette satisfaction n'a aucune influence directe sur la valeur de l'interprétation ? Une partie du problème soulevé par les exemples extrêmes exposés plus haut est, bien entendu, qu'il s'agit d'interprétations significativement *incorrectes*. Mais le fait d'être significativement incorrecte n'interdit pas à une interprétation d'être une bonne interprétation. Dans quelles conditions, alors, une interprétation significativement incorrecte peut-elle néanmoins ne pas être dépourvue de valeur ? On peut sans doute dire, en général, qu'une telle interprétation est bonne si elle dévie de la correction pour satisfaire un point de vue particulier (celui d'un auditeur ou d'un interprète) qui ne soit pas totalement indéfendable dans le cadre de notre pratique musicale, et si cette déviation n'a pas d'impact trop élevé sur l'intégrité et l'importance de l'œuvre en question. Je tâcherai d'illustrer ce critère schématique en opposant deux approches de Bach, celle de Glenn Gould, d'un côté, et celle de Walter (aujourd'hui Wendy) Carlos, de l'autre.

Considérons la version des *Concertos Brandebourgeois* de Walter Carlos réalisée au synthétiseur Moog ; sans doute n'est-elle pas dépourvue d'un certain attrait. Y a-t-il, donc, un point de vue musical, ou plutôt un auditeur, à qui cette version s'adresse et dont la satisfaction justifierait une évaluation positive ? La réponse est : oui et non. Oui, elle s'adresse à un certain public, mais (a) s'adresser à ce public n'est pas un objectif musical légitime et (b) en s'adressant à ce public, la musique de Bach est *excessivement* distordue et métamorphosée. Le Bach version Moog fournit une expérience musicale plaisante à un certain type d'auditeur, expérience qu'apparemment un Bach plus ordinaire ne saurait lui fournir. Mais il s'agit d'un auditeur *engourdi*, *paresseux* et *peu expérimenté*, un auditeur qui a besoin qu'on lui mette constamment tout en évidence, qui a besoin de changements réguliers et gratuits, de tempi impossiblement rapides et d'un éventail de sons qui ne soit pas trop éloigné de ceux que l'on trouve dans la musique populaire. Habiller une œuvre d'une robe sonore étrangère, noyer et obscurcir son identité fondamentale, ce n'est pas lui rendre service et cela ne satisfait les besoins d'aucun auditeur digne de notre considération. L'idée qu'une telle version puisse faciliter au bout du compte l'appréciation de Bach, ne saurait racheter les falsifications que représentent ces pseudo-interprétations. En effet c'est précisément la nature de l'appréciation auxquelles ces caricatures ouvrent la porte qui est en question. Faire violence, à ce point, à une tradition musicale semble être une méthode particulièrement suspecte pour assurer en dernier ressort sa préservation ou sa survie. C'est un peu comme si l'on devait détruire des villages pour les sauver !

D'un autre côté, il y a de bonnes interprétations qui, bien qu'incorrectes sous certains aspects, atteignent néanmoins certaines fins ou résultats dignes de mérite aux yeux d'auditeurs se plaçant d'un point de vue raisonnable, et ce sans saper l'essence de la musique impliquée. La version des *Partitas* de Bach proposée par Glenn Gould n'est peut-être pas strictement correcte en matière d'instrumentation et de phrasé, mais elle répond à des intérêts appropriés et même historiquement fondés, par exemple, la clarté du contrepoint et de la conduite des voix ou l'intériorité de l'expression. De plus, cela est fait sans travestir *de façon disproportionnée* le son, les moyens d'interprétation et le spectre émotionnel envisagés par le compositeur. Nombreux sont ceux qui seront d'accord avec moi pour dire que ses vertus musicales en font une interprétation *exceptionnelle* des *Partitas* de Bach, même si, paradoxalement, elle se rapproche dangereusement de la limite qui sépare les interprétations des pseudo-interprétations. Les *Brandebourgeois* version Moog, au contraire, semblent franchement errer dans les limbes des non-interprétations. Et quand bien même on les considérerait comme de véritables interprétations, alors (ce sur quoi j'ai insisté plus haut) ces interprétations ne sauraient être évaluées positivement, en dépit du fait qu'elles ont un public (et ce n'est pas parce que l'on accepte REIP que l'on est forcé de les évaluer positivement). Bien entendu, les *Brandebourgeois* version Moog peuvent être des événements musicaux intéressants, possédant certains mérites intrinsèques, pourvu qu'on les considère (de façon totalement artificielle) en eux-mêmes et pour eux-mêmes. Mais, et j'ai eu l'occasion de mettre l'accent sur ce point au début de ce texte, les évaluer de cette manière ne serait plus les évaluer *comme des interprétations de pièces de Bach.*

IV

Je passe maintenant de la relativité qui dépend des différences entre les auditeurs à qui s'adresse l'interprétation, à la relativité qui dépend des différents *objectifs d'interprétation*, dont beaucoup ne peuvent être satisfaits en même temps et qui correspondent naturellement à différentes catégories de personnes impliquées d'une manière ou d'une autre dans le phénomène musical. Je me permettrai d'illustrer ce point avec quelques questions ouvertes. Une bonne interprétation rendra-t-elle la structure de surface et les relations à petite échelle aussi transparentes que possible, ou bien s'efforcera-t-elle de souligner des effets plus globaux aux dépens de clarifications à l'échelle locale ? Une bonne interprétation accentuera-t-elle ce qui est inhabituel et révolutionnaire dans une œuvre, ou bien traitera-t-elle ces caractères sans favoritisme, les laissant faire leur effet sans assistance particulière ? Une bonne interprétation accentuera-t-elle ou mettra-t-elle en avant les ressemblances entre une œuvre donnée et d'autres œuvres du même compositeur, ou bien essaiera-t-elle de donner de chacune une présentation *sui generis* ?

Il me paraît évident qu'il n'y a pas de réponses faciles à ces questions, du moins tant qu'un contexte d'évaluation n'a pas été spécifié dans lequel certains objectifs sont tenus pour plus importants que d'autres. L'ouverture de la *Symphonie n° 80 en ré mineur* de Haydn peut ressembler de manière saisissante à l'ouverture de la *Walkyrie* de Richard Wagner. Une interprétation de la *Symphonie n° 80* doit-elle s'efforcer de faire ressortir cette proximité ? Cela dépend. S'agit-il de choisir une et une seule interprétation pour sa collection de disque ? L'interprétation fait-elle office de lever de rideau pour la représentation d'un opéra de Wagner ? L'orchestre Oberlin propose-t-il une interprétation de la *Symphonie* en relation avec une conférence de musicologie intitulée « Haydn : la musique du futur » ? Une telle interprétation ferait-elle aussi bien l'affaire pour la conférence de la semaine suivante intitulée « Les racines rococo de la musique de Haydn » ? Voulons-nous donner l'impression que Haydn a écrit 106 fois de suite la même merveilleuse symphonie, ou du moins à peu près la même, ou voulons-nous plutôt donner le sentiment que ce sont 106 compositeurs différents qui ont signé ces 106 symphonies ? Voulons-nous que la *Symphonie n° 80* soit une suite d'effets surprenants, ou voulons-nous plutôt mettre au premier plan l'unité organique de la symphonie classique ?

Je souhaiterais à présent en dire un peu plus sur le genre de relativité impliqué par certaines des questions posées ci-dessus. Évaluer une interprétation comme une présentation isolée d'une œuvre est une chose ; évaluer une interprétation comme faisant partie d'une série d'interprétations d'œuvres reliées entre elles en est une autre. Si la radio diffuse une seule pièce de musique de chambre de Brahms ce jour-là, ou si le chef d'orchestre n'a choisi un Concerto pour piano de Mozart que pour combler un trou dans son programme, on aura tendance à être plus généreux en évaluant ces interprétations ; on sera alors relativement tolérant face aux idiosyncrasies, au manque de mise en perspective historique, ou à certains excès d'« interprétation ». D'un autre côté, supposons que l'on ait affaire à une série de concerts organisée pour présenter comme un tout un certain corpus d'œuvres, en vue d'une appréhension réfléchie, et à des fins de comparaison et d'analyse (contexte qui facilite grandement la saisie de l'ineffable joyau qu'est le style d'un individu ou d'une période) : dans ce contexte-là, une interprétation que l'on jugerait intéressante et efficace considérée pour elle-même, pourrait se révéler simplement inepte et agaçante. Une interprétation qui réussit en tant que proposition isolée ne fonctionnera pas nécessairement si elle est insérée dans un cycle présentant l'intégrale de la musique de chambre de Brahms ou l'ensemble des Concertos du dernier Mozart. Dans des projets de ce type, il est approprié de mettre l'accent sur l'unité sous-jacente à un genre ou à une œuvre, sur l'esprit qui les informe de bout en bout, sur les caractéristiques structurales ou techniques qui les font tenir ensemble. Une approche homogène et réfléchie de l'interprétation est donc particulièrement adéquate. Des interprétations originales et iconoclastes des seize Quatuors de Beethoven (mais originales et iconoclastes chacune à leur manière) ne conviendraient pas, je pense, à un bon cycle autour des Quatuors de Beethoven. Cela ne revient pas toutefois à nier qu'évaluées une par une, dans d'autres contextes d'appréciation, ces mêmes interprétations puissent être des versions relativement bonnes (voire saisissantes, peut-être même particulièrement éclairantes) d'œuvres familières.

Je voudrais maintenant changer mon fusil d'épaule une nouvelle fois et défendre REIP d'un autre point de vue. Plus haut, j'ai évoqué le cas de l'œuvre qui ne peut être interprétée qu'une seule fois et son corrélat, l'auditeur qui ne peut l'écouter qu'une seule fois. Mais il devrait être évident qu'il est extrêmement rare aujourd'hui de nous trouver dans une situation de ce genre. En fait, en raison de la récente explosion du niveau global des musiciens et des progrès dans les technologies d'enregistrement, qui ont transformé les habitudes d'interprétation et d'écoute dans notre société, c'est l'inverse qui est le plus souvent le cas. Plutôt que d'être limités à une unique interprétation en une seule occasion, nous avons accès, pour de nombreuses œuvres, à une formidable diversité d'interprétations que ce soit en concert ou sous forme d'enregistrements. Nous pouvons errer de salle de concert en salle de concert, de station de radio en station de radio, de vinyle en cassette, de cassette en disque compact. Et tout cela est très directement lié à notre propos : souvent, lorsque la question « Que serait une bonne, une très bonne voire la meilleure interprétation d'une œuvre O ? » est soulevée, nous l'approchons comme si nous nous trouvions dans un contexte hautement artificiel où nous n'avons droit qu'à une seule interprétation pour chaque œuvre : un contexte aux antipodes de notre situation actuelle où des interprétations correctes ou approximativement correctes pour une œuvre donnée sont disponibles en très grand nombre. La meilleure interprétation pour celui qui choisit ce qu'il veut emporter sur une île déserte n'est peut-être pas automatiquement pertinente pour l'animal social qu'est le mélomane moderne. Évaluer une interprétation en tant qu'unique réalisation d'une œuvre est une chose ; évaluer une interprétation qui ne fait que contribuer partiellement à l'image plus complète que l'on peut avoir de l'œuvre via un ensemble d'interprétations significativement différentes en est une autre. Une interprétation qui obtient une note excellente lorsqu'elle est la seule réalisation disponible de l'œuvre peut ne pas s'en tirer aussi bien lorsqu'elle entre en comparaison avec l'ensemble des interprétations les plus singulières et les plus éclairantes de cette même œuvre ; réciproquement il n'est pas non plus garanti qu'on trouve parmi celles-ci de nombreuses interprétations convenant à la première situation. Il n'est pas nécessaire qu'une interprétation nous donne tout ce que l'œuvre peut offrir. Une interprétation qui compterait comme très bonne si nous n'en avions pas d'autre, pourrait être juste passable dans notre environnement musical actuel, si abondant et généreusement doté. Les versions par Sir Adrian Boult des symphonies de Brahms sont bonnes, de même que celles de Georg Solti, de Bruno Walter, d'Herbert von Karajan et de Carlos Kleiber, chacune à leur façon ; certaines interprétations individuelles sont même d'une qualité transcendante. Mais qu'en serait-il s'il ne pouvait y avoir qu'une seule interprétation des symphonies de Brahms, une représentation sonore unique et canonique de ces compositions ? Toutes les versions susmentionnées seraient-elles également bonnes de ce point de vue ? Y en aurait-il qui seraient *particulièrement* bonnes ? Supposons que dans ce contexte d'évaluation nous tenions pour optimales les interprétations de Boult (solides, claires, directes). Il est extrêmement difficile d'en conclure que *pour nous*, chaque version de Boult est meilleure, respectivement, que chacune de ses rivales, par exemple la version plus agressive de la *Quatrième Symphonie* par Kleiber ou la version plus *gemütlich* de la *Troisième Symphonie* par Walter. Si l'on m'autorise à passer de l'orchestre au piano, et à avancer une nouvelle fois la même idée à l'aide d'une question rhétorique, je demanderai : « Souhaiteriez vous qu'*absolument toutes les œuvres* pour piano présentes dans votre collection de disques soient interprétées seulement par Vladimir Ashkenazy ou Morizio Pollini – peut-être les meilleurs pianistes, en tout cas les plus constants, que connaisse la scène actuelle – ou préféreriez-vous avoir un peu de Sviatoslav Richter, un peu de Claudio Arrau, un peu de Murray Perahia, un peu d'Artur Schnabel, un peu de Martha Argerich, un peu de Lazar Berman … et ainsi de suite ? » Pour paraphraser une expression de Jimmy Carter, « *Why not the most ?* »[6]. Etant donné le rapport que nous avons aujourd'hui avec la grande tradition de la musique classique occidentale, les interprétations ne sont pas jugées de façon appropriée si elles sont prises dans un état d'isolement total, privées de la compagnie d'autres interprétations capables de les compléter ou éventuellement de les amender.

V

Ayant fait apparaître la plupart des considérations qui devraient nous convaincre d'adopter REIP, je passe maintenant brièvement aux trois raisons qui pourraient pousser le lecteur à s'abstenir d'y adhérer inconditionnellement. Premièrement, on pourrait soutenir que l'idéal de fidélité à l'œuvre et à son contenu fournit un critère déterminant, et dénué de toute référence à un point de vue, pour décider si, et dans quelle mesure, des interprétations sont de bonnes interprétations. Deuxièmement, on pourrait soutenir que lorsque nous délivrons des jugements raisonnables à propos de la qualité d'une interprétation, nous nous plaçons implicitement du point de vue unique prédominant qu'est celui de l'auditeur expérimenté et informé. Troisièmement, on pourrait douter de la force ou de l'importance de REIP en maintenant que la relativité qui est affirmée à propos de l'évaluation des interprétations musicales n'est rien d'autre que la relativité propre à l'évaluation des œuvres musicales elles-mêmes et qu'aucune des deux n'est réellement importante. Je ferai ce que je peux dans les lignes qui me restent pour éliminer (ou du moins examiner) ces poches de résistance.

---

6. Ndt. Littéralement, « pourquoi pas le plus ? ». Jerrold Levison fait ici allusion à l'autobiographie de Jimmy Carter intitulée *Why Not the Best ?*, Nashville, Broadman Press, 1975.

Je commence par le critère que constitue la *fidélité* à l'œuvre pour évaluer le mérite d'une interprétation. Quelle signification peut-on accorder à cette expression ? La fidélité à l'œuvre doit être plus que la stricte correction (ou conformité à l'ensemble de la structure sonore et aux moyens d'exécution, tels qu'ils ont été spécifiés par le compositeur), dans la mesure où toutes les interprétations strictement correctes (ou quasi-correctes) ne sont pas forcément de bonnes interprétations. Laissons de côté le fait que des interprétations peuvent être bonnes même si elles ne sont pas substantiellement correctes, comme nous l'avons déjà admis (peut-être parce qu'elles satisfont des intentions d'ordre supérieur que nous attribuons au compositeur [7]) et focalisons-nous seulement sur la fidélité supplémentaire qu'une interprétation correcte doit manifester vis-à-vis de l'œuvre pour être bonne *absolument*, abstraction faite de tout point de vue humain particulier. À quoi devrait ressembler, alors, une interprétation correcte qui prend la fidélité à l'œuvre pour but principal ?

La réponse la plus prometteuse est de faire appel au contenu expressif de l'œuvre et de dire qu'une bonne interprétation doit y être fidèle [8]. Mais quel pourrait être *le* contenu expressif d'une œuvre, si ce contenu peut sembler si différent d'une interprétation à l'autre ? C'est un problème difficile, que je ne peux espérer résoudre ici ; mais je pense que nous pouvons comprendre le contenu expressif d'une œuvre comme consistant en de larges *spectres* ou *gammes* de qualités émotionnelles délimités par la structure de l'œuvre telle qu'elle est musicalement définie. Par exemple, le fait d'être *sombre* semble faire partie du contenu expressif du mouvement lent de l'« *Eroica* », dans la mesure où cette qualité est inhérente à la composition elle-même et émerge de n'importe quelle interprétation acceptable. Des remarques similaires s'appliquent au caractère *péremptoire* évident dans les

---

7. Voir Randall Dipert, « The Composer's Intentions : An Examination of Their Relevance for Performance », *Musical Quarterly*, vol. 66, n° 2, 1980, p. 205-218.

8. Voir, par exemple, Donald Callen, « Making Music Live », *Theoria*, vol. 48, n° 3, 1982, p. 139-166 (je regrette que la relation de dépendance qu'entretient le contenu expressif tant avec le contexte musico-historique qu'avec la structure musicale ne puisse être amplement développée dans cette section et dans la section suivante, mais la validé des arguments n'en est pas affectée).

premières mesures du Quatuor « *La Jeune Fille et la Mort* » ; tout cela est *dans les notes*, pour ainsi dire. Ainsi compris, cependant, n'importe quelle interprétation correcte d'une œuvre parviendra à un résultat situé quelque part dans les limites de son contenu expressif, et semblera par conséquent lui être fidèle.

Nous avons donc besoin d'éléments supplémentaires. Peut-être qu'une interprétation est particulièrement fidèle au contenu expressif d'une œuvre si 1) elle confère une intensité moyenne à l'expression des émotions inhérentes à l'œuvre ou si 2) elle confère une intensité maximale à l'expression des émotions inhérentes à l'œuvre ou si 3) elle embrasse le spectre le plus large possible des qualités émotionnelles attribuables à l'œuvre. Ces critères ne sont pas dénués de pertinence, mais remarquez qu'en les endossant, on adopte implicitement le point de vue d'un auditeur se trouvant dans une situation particulière. Ainsi, adopter l'interprétation « centriste », c'est en fait penser à l'auditeur expérimenté, ou au moins familier de l'œuvre, et probablement moins à l'auditeur débutant ou à l'auditeur blasé. Choisir l'interprétation « extrémiste », c'est renverser cet ordre de priorité. On est alors plus attentif aux préoccupations de ceux-ci, par rapport à ceux-là. Endosser l'interprétation « complétiste » – si toutefois une telle conception peut bien correspondre à quelque chose – c'est implicitement prendre le point de vue, qui n'est que rarement approprié, de celui qui connaît ou fait l'expérience d'une œuvre uniquement ou principalement par le biais d'une seule et unique interprétation.

Bien qu'elle puisse avoir son utilité dans la discussion critique, la fidélité au contenu de l'œuvre a ses limites. Il n'est pas certain qu'y faire appel nous permette d'échapper à l'emprise de REIP.

Avant d'abandonner cette stratégie, considérons deux de ses variantes. Nous pourrions envisager de donner à la notion de fidélité à l'œuvre une lecture non-expressiviste. On peut éventuellement dire qu'une interprétation est bonne absolument si elle est fidèle, au sens où elle *fait apparaître efficacement les traits esthétiques les plus importants de l'œuvre*. Ou nous pourrions dire qu'une interprétation est bonne absolument si, en plus d'être correcte, elle présente l'œuvre *sous un meilleur jour* comparé à d'autres interprétations ; la meilleure interprétation sera alors celle qui présente l'œuvre sous son meilleur jour. En réponses à ces objections, il suffirait de faire remarquer ceci : le fait qu'une œuvre soit présentée sous un bon jour ou qu'une interprétation fasse apparaître efficacement un trait esthétique particulier, dépend d'une façon ou d'une autre *du type* d'auditeur présupposé et plus généralement *du fait même* que l'on présuppose une perspective d'évaluation centrée sur l'auditeur, plutôt qu'une perspective centrée sur l'interprète, le compositeur ou le théoricien.

Considérons ensuite la proposition selon laquelle le point de vue de l'auditeur expérimenté et informé fournirait le seul étalon adéquat pour juger de la valeur des interprétations. Suivant cette proposition, dire qu'une interprétation est bonne, c'est dire qu'elle est bonne (ou réussie) simplement de ce point de vue. Néanmoins, même si je pense que la perspective de l'auditeur expérimenté et informé est centrale et que l'évaluation des interprétations fait sans doute *principalement* référence à ce point de vue, il est difficile de soutenir que c'est le *seul* point de vue d'importance dans le contexte musical. La musique, en ce monde sublunaire, est un prisme à multiples facettes concernant et impliquant différents types de personnes ; les interprétations, qui en sont la manifestation principale, devraient donc, semble-t-il, être évaluées relativement à différentes fins.

Y a-t-il un moyen d'étayer l'importance du point de vue de l'auditeur idéal, qui garantirait à cette perspective une place non seulement principale mais encore prédominante ? Ne peut-on pas, par exemple, l'assimiler au point de vue esthétique ? Ou considérer d'autres perspectives comme inférieures au motif qu'elles seraient esthétiquement impures ? Je ne le pense pas. Un auditeur qui n'est pas idéal relativement à son appréhension de la musique peut néanmoins approcher une interprétation d'une manière qui soit esthétiquement adéquate, et l'on peut certainement avoir d'honorables expériences esthétiques à toutes les étapes de la connaissance d'une œuvre (même si certaines interprétations sont plus adaptées à certaines étapes qu'à d'autres). En outre, la relation intime qu'un interprète entretient avec l'interprétation qu'il propose est une sorte de relation esthétique –

productive-interactive, plutôt que réceptive-contemplative – et une interprétation qui facilite ce genre de relation-*là* peut être bonne, même si elle n'est pas particulièrement appropriée à une audition idéale[9].

Venons-en enfin à l'idée que la relativité contaminant l'évaluation des *interprétations* n'est rien de plus que la relativité propre à l'évaluation des *œuvres*. Je ne suis pas certain de savoir comment contrer cette objection, mais je crois sincèrement que les deux cas ne sont pas vraiment parallèles, c'est-à-dire que la relativité de l'évaluation des œuvres n'est pas aussi prononcée ou aussi pernicieuse que la relativité de l'évaluation des interprétations. Essayons de donner une forme plus précise à cette intuition embryonnaire.

La chose la plus claire que l'on puisse dire est peut-être la suivante : il n'est guère plausible qu'un jugement affirmant qu'une *œuvre* est esthétiquement bonne (bonne en tant que musique, donc) soit relativisé à différentes sortes d'*auditeurs* légitimes. Au contraire, un tel jugement est sans doute indexé à un auditeur *idéalement* attentif et préparé. En voici la raison : le fait pour une œuvre musicale d'être esthétiquement bonne, c'est *grosso modo* le fait d'être *capable* de fournir une expérience esthétique satisfaisante lorsqu'elle est adéquatement appréhendée. Or les expériences de ceux qui sont maximalement attentifs et préparés fournissent évidemment les meilleures *preuves* de cette capacité. La valeur d'une composition musicale elle-même n'est pas raisonnablement remise en cause par le fait qu'un auditeur pas assez ou trop familier avec elle ne parvienne à l'apprécier ou à

---

9. Ici, mon argument contre le fait d'accorder à l'auditeur idéal une place prépondérante dans *l'évaluation des interprétations* est compatible avec la thèse selon laquelle l'auditeur idéal occupe peut-être une place privilégiée dans la *détermination de certains autres points de vue comme légitimes* au sein de la sphère musicale. Le point de vue de l'audition idéale pourrait alors être le point de vue d'où l'on verrait si d'autres perspectives musicales sont valides, ou par rapport auquel on jugerait de leur validité. Mais celles-ci resteraient *néanmoins* des perspectives indépendantes et l'optimisation des interprétations relativement à celles-ci varierait *néanmoins* suivant les différentes manières déjà soulignées dans cet article. Ainsi, même si nous accordons un tel rôle à la position de l'auditeur idéal, il ne s'ensuit pas que les réactions musicales aux interprétations qui ont lieu depuis ce point de vue deviennent décisives ou primordiales pour l'évaluation.

la savourer, mais seulement par le fait qu'un auditeur jouissant d'une position optimale n'y parvienne pas. En résumé, il semble qu'en jugeant une œuvre musicale, nous sommes *in fine* légitimement plus intéressés par son potentiel en tant qu'objet esthétique que par son aptitude à servir de moyen approprié à tel ou tel contexte appréciatif.

Je ne suis pas sûr de pouvoir défendre plus avant l'intuition qu'il n'y a pas de strict parallèle entre le cas de l'évaluation des interprétations, où l'on a affaire à une multiplicité de points de vue appropriés, et le cas de l'évaluation des œuvres elles-mêmes. Les différences suivantes, que nous avons déjà partiellement esquissées, paraissent pertinentes : 1) l'œuvre est singulière, alors que les interprétations actuelles et potentielles sont légion ; 2) l'œuvre est un support persistant de qualités et d'expériences, alors qu'en règle générale, les interprétations, créatures de circonstances, viennent et puis s'en vont ; 3) l'œuvre est l'objet principal de l'art musical, elle possède une vie propre détachée de la pratique, alors que les interprétations sont taillées sur mesure pour certaines situations et liées à certains usages concrets. Il me faudra attendre une occasion ultérieure pour donner corps à ces idées laissées ici à l'état de simples allusions.

VI

En guise de conclusion, répétons à nouveau notre thèse principale, en espérant qu'elle ait acquis quelque plausibilité au cours de notre discussion. La question « L'interprétation I de l'œuvre O est-elle bonne, et si oui, dans quelle mesure ? » ne peut en règle générale recevoir aucune réponse unique, mais seulement une série de réponses, en fonction de la manière dont on spécifiera la question, en faisant référence à des individus, des positions, des contextes et des fins musicalement légitimes [10].

---

10. On ne niera pas qu'une interprétation particulière puisse être bonne par rapport à *tous* les intérêts musicaux et dans tous les contextes légitimement concevables et ainsi, en ce sens, bonne absolument (ou bonne *simpliciter*). Mais je me risquerai à dire qu'il y a peu de raisons de penser que ce soit très souvent le cas. Je n'ai pas non

Remarque additionnelle [11]

Ce relativisme modéré au sujet de l'évaluation des interprétations peut sembler, à première vue, détonner à côté de l'absolutisme plutôt puriste de « Interprétation authentique et moyens d'exécution ». L'apparence de conflit, cependant, peut facilement être dissipée : il suffit de se rappeler que l'esprit d'ouverture dont j'ai fait preuve, en relativisant à de nombreux points de vue l'évaluation de l'interprétation, ne concernait qu'une classe limitée d'interprétations, à savoir les interprétations qui sont fondamentalement authentiques, c'est-à-dire celles qui respectent les traits de l'œuvre explicitement prescrits, et en particulier l'instrumentation (conformément à ce qui est dit dans l'essai susnommé).

Cependant, il est vrai qu'en défendant le Bach de Gould contre celui de Carlos, cette limite a été temporairement enfreinte, lorsque j'ai implicitement admis que les interprétations des *Partitas* par Gould étaient bonnes, bien qu'étant incorrectes relativement à l'instrumentation et à certains aspects de l'articulation. Mais l'esprit de la restriction était néanmoins, je pense, préservé : pour que l'interprétation d'une œuvre soit bonne, les écarts par rapport à l'authenticité ne doivent pas être trop grands et une interprétation doit compenser ces écarts non pas, par exemple, en fournissant une satisfaction qui n'a rien à voir avec l'œuvre, mais en répondant de façon *encore plus convaincante* à d'autres désidérata ou finalités de la musique sous sa forme authentique.

---

plus l'intention de nier que toutes les bonnes interprétations puissent avoir en commun *certains* traits, *certaines* caractéristiques, essentiels à toute interprétation jugée d'un point de vue légitime – par exemple une correction quasi parfaite, une adéquation avec les propriétés structurellement importantes de l'œuvre. Mais celles-ci ne suffiront pas pour fixer la qualité plus ou moins bonne d'une interprétation, ni pour comparer de bonnes interprétations entre elles, sans faire référence à un point de vue.

11. Ndt. Cette remarque a été ajoutée lors de la republication en 1990 de « Évaluer l'interprétation musicale » dans Jerrold Levinson, *Music, Art and Metaphysics*, Ithaca, Cornell University Press, 1990 ; Oxford, Oxford University Press, 2011

POSTFACE DES TRADUCTEURS

Les cinq textes réunis dans cet ouvrage ouvrent assurément un large espace de discussion – et c'est d'ailleurs sans doute pour cette raison qu'ils continuent, vingt-cinq ans après la parution initiale de *Music, Art and Metaphysics*, d'être régulièrement cités et débattus, par les philosophes, bien sûr, mais également par certains musicologues. Ce sont quelques-unes de ces perspectives ouvertes par les essais de Jerrold Levinson présentés ici que nous voudrions explorer pour conclure cet ouvrage. Nous nous intéresserons plus spécifiquement à la place accordée à l'ontologie dans la philosophie de la musique et à la focalisation de la réflexion levinsonienne sur les œuvres de musique, en particulier sur les œuvres de la tradition occidentale savante.

Si l'on prend un peu de recul, on peut observer qu'une bonne part de la réflexion philosophique de Levinson sur la musique (ou du moins du fragment de cette réflexion qui est présentée dans ce volume) s'enracine dans un questionnement de nature ontologique, sur la nature profonde des objets musicaux, en particulier de ces objets particuliers que sont les œuvres de musique. Comme nous l'avons vu, des questions qui ne semblent pas, au moins à première vue, être des questions d'ontologie, comme celle de la nature de l'authenticité de l'interprétation musicale, sont traitées, sous la plume de Levinson, en relation très étroite avec des questions d'ontologie[1]. Et même si la question de la définition et celle de l'ontologie sont conceptuellement distinctes, on voit assez rapidement apparaître, dans la tentative levinsonienne de définir la musique, une discussion des relations fondamentales que la musique entretient avec le son et le temps

---

1. Voir, dans le présent ouvrage, notre texte « Qu'est-ce qu'être fidèle à une œuvre musicale ? ».

(même si ces relations ne suffisent pas, selon lui, à définir un objet comme musical). On pourrait alors être tenté d'opposer ce questionnement centré sur des préoccupations propres aux philosophes, à celui qui anime toute enquête de nature plus empirique au sujet de la musique, qu'il s'agisse de faire l'histoire d'une forme musicale, d'étudier les ritualisations de la musique dans différentes sociétés, de faire la sociologie de l'apprentissage de la musique ou d'étudier la psychologie de l'écoute musicale. Mais ce serait probablement une erreur : même si la réflexion de Levinson part de questions très spécifiques au champ philosophique, la trajectoire de sa réflexion conduit assez naturellement à établir des liens entre l'ontologie de la musique et les sciences humaines et sociales de la musique.

En effet, si nous envisageons le mouvement de pensée que suivent ses articles spécifiquement consacrés à l'ontologie de la musique, on observe un déplacement qui part d'une position platoniste stricte, selon laquelle les objets musicaux sont de purs objets abstraits, jugée insuffisante, pour aboutir à un platonisme considérablement infléchi : en effet, les objets abstraits que sont les œuvres de musique sont également pensés comme des objets historiques et culturels, au sens où ce sont des objets qui viennent à exister par un acte de création, et où leur identité est définie, au moins en partie, par leur place dans un réseau de relations historiques avec d'autres œuvres et d'autres acteurs du monde de la musique. La nécessité conceptuelle du raisonnement philosophique nous conduit ainsi de l'ontologie à l'histoire de la musique : la compréhension de la nature profonde des objets musicaux que sont les œuvres de musique exige *in fine* de prendre en compte le contexte culturel qui entoure l'histoire de leur production.

Les questions ontologiques ne sont certes pas troquées contre des questions d'histoire de la musique. On ne peut pas lire l'ontologie des œuvres musicales dans les livres qui retracent le développement de la conscience musicale[2]. Un des apports de Levinson consiste

---

2. Il est à noter que l'histoire intervient de deux manières, sous la plume de Levinson, pour régler des questions d'individuation des œuvres. Il y a, d'une part, l'histoire des faits avérés (le fait que Mozart vient après Haydn et pas avant), mais

plutôt à trouver un espace au sein de l'ontologie pour y intégrer une dimension culturelle et historique. L'innovation conceptuelle que représente sa conception des *types initiés* (par opposition aux types purs qui existent de tout temps) permet précisément cela. Elle permet aussi d'alimenter la discussion avec certains musicologues qui ont pu adopter des perspectives assez critiques envers l'ontologie de la musique en général (et les ontologies d'inspiration platoniste en particulier).

Aux yeux de Daniel Leech-Wilkinson, par exemple, « une grande partie de la philosophie de la musique n'est rien de plus qu'une justification raisonnée du goût musical actuel »[3]. Ce jugement sévère se comprend peut-être mieux à la lumière d'une clarification de la méthodologie suivie par la majeure partie des praticiens contemporains de l'ontologie de la musique. Le philosophe Andrew Kania oppose deux grandes manières de dessiner l'ontologie des objets musicaux : le descriptivisme et le révisionnisme[4]. Une ontologie descriptiviste doit avant tout refléter, de la manière la plus précise possible, la manière dont nous pensons aux phénomènes musicaux alors qu'une ontologie révisionniste cherchera avant tout à ramener les œuvres d'art à des catégories ontologiques bien comprises, jugées en elles-mêmes respectables[5], quitte à revenir sur certaines croyances au

---

aussi (et peut-être surtout) une multiplicité d'histoires contrefactuelles, faites de *Doppelgänger* (Damitz et Stamitz, Schubert et Bertschu), d'inversions et de retournements plus ou moins (im)probables (Strauss composant le *Pierrot Lunaire* à la place de Schönberg), qui viennent indirectement éclairer la nature des œuvres existantes.

3. Daniel Leech-Wilkinson, *The Changing Sound of Music : Approaches to Studying Recorded Musical Performances*, Londres, CHARM, 2009, chapitre 2.1, paragraphe 19, http : //www.charm.rhul.ac.uk/studies/chapters/chap2.html, consulté le 27 août 2014.

4. Voir Andrew Kania, « The Methodology of Musical Ontology : Descriptivism and its Implications », *British Journal of Aesthetics*, vol. 48, n° 4, 2008, p. 426-444.

5. Par exemple, certains philosophes qui souscrivent au nominalisme considèrent la notion d'objet abstrait comme suspecte, et refusent d'admettre autre chose que des objets concrets dans leur ontologie. Il n'est pas du tout évident que les œuvres de musique elles-mêmes soient des objets concrets (si l'on prend soin de les distinguer des objets concrets qui les accompagnent, c'est-à-dire les sons, les partitions, les disques, etc.). Il s'ensuit qu'une ontologie de la musique qui tient cette forme de nominalisme pour non négociable devra très probablement être révisionniste.

sujet des œuvres de musique. Ainsi, l'ontologie présentée par Nelson Goodman dans *Langages de l'Art* est typiquement révisionniste : pour préserver ce qu'il pense être la théorie philosophique adéquate (l'identification des œuvres de musique avec la classe de leurs exécutions correctes), il est prêt à accepter qu'une seule fausse note dans une tentative d'exécution de la *Sonate « Hammerklavier »* de Ludwig van Beethoven nous interdise de dire que l'interprète en question a véritablement donné une exécution de cette œuvre, ou encore que les indications de tempo ne fassent pas partie intégrante de l'œuvre – deux conséquences qui paraissent relativement contre-intuitives. À l'inverse, la méthode suivie par Levinson dans « Ce qu'est une œuvre musicale » est typiquement descriptiviste, puisqu'il finit par poser l'existence d'une nouvelle catégorie ontologique – les types initiés et leurs structures indiquées – afin de pouvoir rendre compte de certaines intuitions fondamentales que nous entretenons sur les œuvres de musique (être créables, être finement individuées par leur contexte musico-historique, et inclure essentiellement leur instrumentation). Si cette méthodologie peut sembler la plus naturelle, parce que respectant au plus près les manières que nous avons de penser aux objets musicaux qui nous entourent, elle prend également le risque d'ériger ce qui ne sont après tout que des « intuitions » historiquement et culturellement déterminées, en normes anhistoriques [6].

Dans cette perspective, on peut chercher à examiner ce que l'ontologie levinsonnienne – et les ontologies d'inspiration « platoniste » de manière générale – nous disent de la manière implicite que nous avons de penser notre pratique musicale, et en particulier du type de rapport que nous tissons entre les œuvres de musique et leurs interprétations. Il est certain que, dans la perspective de Levinson, l'œuvre de musique est première, et l'interprétation ne vient qu'en

---

6. Si jusqu'à une période récente, les philosophes de la tradition analytique n'avaient aucun scrupule à justifier des thèses philosophiques en s'appuyant sur leur caractère intuitif, on observe à l'heure actuelle un scepticisme croissant à l'égard de l'usage des intuitions en philosophie. Voir par exemple Herman Cappelen, *Philosophy Without Intuitions*, Oxford, Oxford University Press, 2012.

second, antériorité qui est bien reflétée par le langage courant puisque l'on interprète toujours *quelque chose*. Cette perspective est conforme à la manière traditionnelle que nous avons de faire l'histoire de la musique, comprise comme histoire des œuvres et de leurs compositeurs plutôt que comme l'histoire d'un phénomène sonore, c'est-à-dire de sons effectivement *joués et entendus*. On peut donc se demander si les positions de Levinson sont compatibles avec le *performative turn* que connaît la musicologie depuis quelques années. Si la musique est avant toute chose une affaire de sons joués ou chantés par des personnes de chair et d'os, à des moments bien précis, et dans des lieux particuliers, et que ce sont bien les *performances* musicales et non les partitions qui sont au cœur du monde musical des auditeurs et des mélomanes, alors il est parfaitement possible de faire une lecture de l'histoire de la musique occidentale en renversant la priorité de l'œuvre – immuable – sur l'interprétation – mouvante – en faisant remarquer, à la suite de Christopher Small, que « les interprétations ne sont pas là pour présenter des œuvres de musique ; ce sont bien plutôt les œuvres de musique qui existent pour donner aux musiciens quelque chose à jouer » [7].

Certains musicologues s'intéressant à la question de l'interprétation ont ainsi pu critiquer assez vivement les présupposés implicites à l'ontologie levinsonnienne. Il est par exemple frappant de constater que deux des ouvrages récents les plus remarquables consacrés à la musicologie de l'interprétation, *The Changing Sound of Music* de Daniel Leech-Wilkinson (2009) et *Beyond the Score : Music as Performance* de Nicholas Cook (2013) [8], commencent précisément par questionner ces ontologies de la musique d'inspiration « platoniste » et les conséquences qui en découlent sur notre manière de penser l'activité d'interprétation.

Il est certain que l'ontologie de Levinson, et la manière qu'il a de penser en termes d'authenticité le rapport de l'interprétation à

---

7. Christopher Small, *Musicking : The Meaning of Performing and Listening*, Hanovre, Wesleyan University Press, 1998, p. 11.

8. Nicholas Cook, *Beyond the Score : Music as Performance*, Oxford, Oxford University Press, 2013.

l'œuvre, traduit une certaine perspective sur la musique – une perspective dans laquelle les significations sont attachées aux œuvres elles-mêmes, le rôle de l'interprète étant de transmettre ce sens de façon à rendre la plus transparente et la plus directe possible la communication entre le compositeur et le public (*from page to stage* pour reprendre la formule éloquente de Nicholas Cook[9]). Cette perspective a pu être largement chamboulée tant par la *New Musicology*[10] – pour laquelle le sens des œuvres est toujours en perpétuelle construction, car toujours intrinsèquement dépendant du contexte socio-culturel de la réception – que par la musicologie de l'interprétation – qui a mis en évidence le rôle crucial des interprètes dans la cristallisation et la transformation des significations que l'on attribue aux œuvres de musique. La musique que nous entendons, dont nous faisons l'expérience, ou même que nous imaginons, passe toujours par le filtre d'une interprétation – effective ou simulée – et donc de la pratique d'interprétation qui est en vigueur au moment où nous faisons cette expérience musicale. Il faut donc bien admettre que si la manière dont la musique *sonne* change, c'est en un sens la musique elle-même qui change ; les notes écrites sur la partition ont beau rester les mêmes, le sens que nous attribuons à cette musique et le type d'expressivité dont nous la croyons porteuse évoluent. Cette revalorisation du rôle de l'interprétation musicale qui, loin de se cantonner à une simple fonction de présentation, apparaît au contraire comme motrice dans le processus éminemment culturel qu'est la construction du sens des œuvres, nous invite évidemment à penser la musique en termes de processus dynamiques plutôt qu'en termes de produits immuables.

Mais si elle n'est pas une philosophie de la musique comme processus – puisque la stabilité ontologique des œuvres de musique est toujours présupposée[11] – la philosophie de la musique de Levinson

---

9. *Ibid.*, p. 37.

10. Voir par exemple Lawrence Kramer, *Interpreting Music*, Berkeley, University of California Press, 2011.

11. Voir la réserve de Bernard Sève à propos de l'ontologie musicale d'inspiration analytique : « L'œuvre musicale semble toujours être, dans les ontologies [de l'école

ne perd pour autant jamais de vue la dimension intrinsèquement historique et culturelle de la musique. À cet égard, le contextualisme de Levinson laisse la porte ouverte à une individuation des œuvres de musique, non seulement par leur contexte de composition, mais également par leur contexte de *réception* (incluant par exemple l'évolution des pratiques d'interprétation, des modalités de diffusions, des conditions d'écoute, etc.). On est alors conduit à admettre que des auditeurs appartenant à des contextes musico-historiques différents écoutant des œuvres qui ont la même structure sonore (par exemple un contemporain de Jean-Sébastien Bach écoutant la dernière cantate du *Kapellmeister* pendant l'office de la messe dominicale et un indonésien du XXI e siècle écoutant un enregistrement de cette « même » cantate sur site de *streaming*) écoutent en réalité deux *œuvres* musicales distinctes (et pas simplement deux présentations distinctes de cette même œuvre) [12]. Dans cette perspective, on peut intégrer au cadre ontologique dessiné par Levinson une certaine forme de plasticité des œuvres qui sont constituées, au moins pour partie, par leurs manifestations concrètes toujours renouvelées.

Ce genre de prolongement de l'attitude contextualiste de Levinson, même si elle soulève sans doute ses propres difficultés, permet au moins d'illustrer la richesse de l'approche générale de Levinson en matière d'ontologie de la musique et la manière dont les questions d'ontologie s'imbriquent dans d'autres questions de philosophie de la musique, comme celle de l'interprétation.

Un autre type de questions (il ne s'agit pas à proprement parler d'objections) que l'on peut poser à l'ontologie, et plus généralement à la philosophie de la musique, développés dans les textes ici réunis est celle de sa *généralité*. Levinson prend bien soin d'insister sur le caractère historiquement situé de l'objet de son enquête ontologique : les œuvres de musique de la tradition savante occidentale de 1750 (environ) à nos jours. Mais Levinson n'a pas pour autant manqué

---

analytique], un objet inerte » (Bernard Sève, *L'instrument de musique : une étude philosophique*, Paris, Éditions du Seuil, 2013, p. 310).

12. Cette idée a été explorée dans l'article de Carl Matheson et Ben Caplan, « Fine Individuation », *British Journal of Aesthetics*, vol. 47, n° 2, 2007, p. 113-137.

d'interroger la nature de la musicalité au niveau le plus général. Le texte qui ouvre ce recueil, « Le concept de musique » se donne en effet un champ d'investigation très large puisqu'il s'agit de partir à la recherche de ce qui fait *l'unité* du concept de musique, que nous appliquons à un nombre incalculable d'objets issus des centaines de cultures musicales que l'on peut rencontrer sur la planète. Cette tentative (que d'aucuns jugeront hardie) entre en résonnance avec le débat sur les universaux qui anime le monde de la musicologie – en particulier de l'ethnomusicologie – depuis deux ou trois décennies. Il est vrai que l'idée qu'il puisse y avoir quelque chose comme une unité de la musique a longtemps fait grincer les dents des ethnomusicologues, occupés au contraire à mettre en avant l'irréductibilité et l'incommensurabilité intrinsèques des différentes cultures musicales, comme pour faire oublier les débuts quelque peu ethnocentriques de la musicologie comparée. Mais, comme le rappelle Jean-Jacques Nattiez en ouverture du cinquième volume de *Musiques : une encyclopédie pour le XXIe siècle*, précisément sous-titré *L'unité de la musique*, l'idée qu'il puisse y avoir quelque chose comme des universaux musicaux gagne de plus en plus de terrain. Toutefois, il est important de remarquer que ces universaux se rattachent à une perspective anthropologique sur la musique : « Au-delà de la diversité historique et culturelle *des* musiques, il existe peut-être, *anthropologiquement*, quelque chose comme *la* musique » [13]. Le renouveau de la musicologie comparée, sur des bases épistémologiques certes bien différentes des tentatives du début du XXe siècle, peut également être lu en ce sens [14]. La perspective de Levinson est cependant différente puisque, nous l'avons vu, il s'agit moins de dégager des invariants ou quasi-invariants anthropologiques (la musique comme conduite humaine universelle) que de mettre à nu

---

13. Jean-Jacques Nattiez, « Éclatement ou unité de la musique ? », dans Jean-Jacques Nattiez (dir.), *Musiques : une encyclopédie pour le XXIe siècle*, vol. 5, Arles, Actes Sud/Paris, Cité de la Musique, 2007, p. 18.

14. À cet égard, voir Patrick E. Savage et Steven Brown, « Pour une nouvelle musicologie comparée : Cinq champs de recherche, cinq débats essentiels », *Anthropologie et Sociétés*, vol. 38, n° 1, 2014, p. 193-216.

le cœur de notre concept musique : une sorte de plus petit commun dénominateur capable de rendre compte à la fois des développements de la musique contemporaine, des connaissances toujours plus larges que nous livrent les ethnomusicologues sur les musiques extra-européennes ou encore de la redécouverte des recoins les plus oubliés de notre propre histoire musicale.

On peut donc éprouver une pointe de déception lorsque l'on s'aperçoit que cette visée globalisante sur la musique ne perdure pas au-delà du « Concept de musique », et que les autres essais réunis dans le présent volume nous ramènent dans le giron de la musique savante occidentale, terrain de jeu traditionnel, il est vrai, des philosophes s'intéressant à la musique[15]. On observe en effet une certaine tension chez Levinson entre un projet définitionnel qui se veut général et unitaire et une réflexion philosophique qui, au contraire, se limite délibérément à certains objets musicaux bien particuliers, à savoir principalement les œuvres de la musique occidentale savante depuis la fin du XVIIIe siècle[16]. Dès lors, on peut se demander si la philosophie de la musique de Levinson, centrée sur les œuvres de la tradition classique, peut éclairer d'autres objets musicaux, même si ce n'est pas là son intention première.

---

15. Il est à noter que le champ d'investigation de la philosophie de la musique s'est considérablement étendu depuis les efforts initiaux de Levinson, incluant désormais de nombreux genres de musique très différents, comme le rock, le jazz ou les musiques traditionnelles. Voir par exemple : Theodore Gracyk, *Rythm and Noise : An Aesthetics of Rock*, Durham, Duke University Press, 1996 ; Roger Pouivet, *Philosophie du rock*, Paris, PUF, 2010 ; Lee B. Brown, « "Feeling My Way…" : Jazz Improvisation and its Vicissitudes – A Plea for Imperfection », *Journal of Aesthetics and Art Criticism*, vol. 58, p. 113-123 ; Stephen Davies, *Musical Understandings and Other Essays on the Philosophy of Music*, Oxford, Oxford University Press, 2011, p. 34-46 (« Cross-Cultural Musical Expressiveness : Theory and the Empirical Program »).

16. N'oublions pas cependant que Jerrold Levinson s'est intéressé à d'autres traditions musicales, comme celle du jazz (voir par exemple Jerrold Levinson, « Jazz Vocal Interpretation : A Philosophical Analysis », *Journal of Aesthetics and Art Criticism*, vol. 71, n° 1, p. 35-43, 2013 ; « Popular Song as Moral Microcosm : Life Lessons from Jazz Standards », *Royal Institute of Philosophy Supplement*, vol. 71, 2013, p. 51-66). Mais il est vrai que la majorité de ses écrits sur la musique est consacrée à la musique classique.

Par exemple, on pourrait se demander si le projet d'une ontologie homogène des objets musicaux a un sens, ou si un certain pluralisme doit nécessairement s'imposer dans ce domaine. D'abord, il faut bien voir que si Levinson restreint son ontologie à un certain type d'objets, ce n'est pas uniquement pour des raisons arbitraires, tenant au goût personnel de l'auteur. Comme nous l'avons déjà indiqué [17], c'est sans doute pour des œuvres de la tradition occidentale savante que le mystère ontologique est le plus épais, tant les intuitions que nous désirons voir satisfaites par notre ontologie peuvent sembler contradictoires : répétabilité et ubiquité d'un côté, ce qui nous pousserait à identifier les œuvres de musique à des objets abstraits ; créabilité et flexibilité temporelle de l'autre, ce qui nous pousserait plutôt à identifier les œuvres de musique à des particuliers concrets. C'est précisément à la résolution de ce dilemme que sont consacrés les essais d'ontologie de Levinson. Ensuite, il faut bien reconnaître qu'à première vue, tous les objets musicaux ne semblent pas avoir le même mode d'existence : peut-on vraiment penser la *Sonate « Hammerklavier »* de Beethoven, le *Bidule en Ut* de Pierre Schaeffer et Pierre Henry, l'album *Hot Rats* de Frank Zappa, un concert de musique carnatique en Inde du Sud et l'improvisation réalisée par Keith Jarrett le 24 janvier 1975 à l'Opéra de Cologne sous une même et unique catégorie ontologique ? La diversité des discours critiques que nous tenons sur la musique et la variété des modalités d'appréciation auxquelles celle-ci nous invite semble indiquer le contraire : nous ne pensons pas de la même manière aux albums de rock, aux œuvres de la musique classique ou aux improvisations des jazzmen. Cette variété dans les relations critiques et appréciatives que nous entretenons avec les objets musicaux s'explique sans doute – au moins partiellement – par la diversité ontologique des objets musicaux qui nous entourent. Il semble donc plus prudent de chercher à préciser, pour commencer, l'ontologie de chaque type d'objet musical (œuvre de musique instrumentale, enregistrement/album, improvisation, œuvre de musique électronique ou informatique…), ce que Levinson fait avec brio pour

---

17. Voir, dans le présent volume, « Les œuvres musicales et leur ontologie ».

les œuvres de la musique savante occidentale. À partir de là, deux directions sont possibles : montrer que les différences ontologiques ne sont qu'apparentes et que tous les objets musicaux ont bel et bien, *in fine*, la même ontologie [18], ou soutenir que certains objets musicaux sont ontologiquement irréductibles les uns aux autres, et développer une *typologie* des modes d'êtres musicaux [19]. Les travaux de Levinson sur l'ontologie des œuvres de musique ont ainsi ouvert la voie à une multitude de questions passionnantes, notamment lorsqu'il s'est agi de poursuivre l'enquête ontologique en direction d'autres musiques que la musique classique occidentale : en effet, comment caractériser ontologiquement les objets musicaux qui ne semblent pas se ramener facilement au paradigme œuvre/interprétation – comme les improvisations [20] ou les enregistrements en studio [21] – objets qui jouent pourtant un rôle essentiel dans la constitution des musiques populaires (jazz, rock) ou des diverses formes de *world music* ?

---

18. David Davies illustre cette tendance dans un ouvrage stimulant, *Art as Performance* : l'auteur y défend l'idée selon laquelle tous les objets musicaux – et même, plus largement, tous les objets artistiques – sont en réalité des actions (des performances, au sens le plus général que prend ce terme en anglais), plus précisément l'acte de création à l'origine de l'œuvre. Ainsi, dans cette perspective, la *Neuvième Symphonie* de Beethoven n'est pas une certaine structure abstraite de sons encodée dans une partition, mais bien une « performance générative », l'action par laquelle Beethoven a articulé une proposition artistique singulière à un médium artistique donné (en l'occurrence, la musique symphonique), bref, l'activité compositionnelle de Beethoven. La position de David Davies est évidemment bien plus subtile que ce dont nous pouvons rendre compte ici, et très soigneusement argumentée. Voir David Davies, *Art as Performance*, Malden, Blackwell, 2004.

19. Stephen Davies est le principal représentant de cette seconde approche. Il a proposé une typologie des œuvres de musique dans *Musical Works and Performances*, en s'intéressant non seulement aux œuvres de la tradition classique, mais à tous les objets musicaux qui se rangent sous le concept général d'œuvre musicale, quelle que soit leur culture musicale d'origine. Notons que même si son ouvrage est focalisé sur les œuvres, il inclut une discussion des musiques qui se font sans que des œuvres à proprement parler ne soient créées ou interprétées.

20. Voir Lee B. Brown, « Musical Works, Improvisation, and the Principle of Continuity », *Journal of Aesthetics and Art Criticism*, vol. 54, n° 4, 1996, p. 353-369.

21. Voir Pouivet, *Philosophie du rock*.

En s'éloignant des œuvres de la tradition classique, on observe à quel point les notions d'œuvres et d'interprétation sont loin d'aller de soi. Il existe de nombreuses musiques pour lesquelles cette division est extrêmement difficile à cerner : faut-il considérer les pistes des albums de *brit pop*, les improvisations libres des *free-jazzmen* européens, ou les sets des DJs de Détroit comme des œuvres musicales ? Doit-on considérer l'exécution d'un standard de jazz, comprenant une succession d'improvisations entre les deux exposés du thème comme une interprétation de ce standard, au même titre qu'une exécution par Pierre Laurent-Aimard d'une *Étude* de György Ligeti constitue une interprétation de cette œuvre ? Rien n'est moins évident. Il semble que quelle que soit la réponse que l'on donne à cette question, on soit contraint de tordre le sens de ces concepts, s'ils sont initialement définis dans l'horizon de la tradition occidentale savante.

Faut-il en conclure que la réflexion que Levinson consacre aux œuvres de cette tradition n'est d'aucune utilité pour discuter des questions philosophiques suscitées par ces autres objets musicaux ? Ce serait sans doute une conclusion hâtive. Les idées développées par Levinson au sujet de la valeur des interprétations, et en particulier l'introduction de différences de perspective, fournissent des outils non négligeables pour penser, par exemple, l'évaluation de la performance d'un standard par une formation de jazz, ou les mérites respectifs d'une chanson enregistrée en studio et de sa *cover* en concert.

Plus généralement, les essais réunis dans ce recueil introduisent à un certain *style* de réflexion sur la musique, certes ancré dans des préoccupations philosophiques propres à la tradition analytique et centré sur les œuvres de la tradition classique, mais susceptible d'être étendu à de nouveaux objets, d'engendrer des discussions constructives avec d'autres disciplines et, espérons-le, de donner à penser aux philosophes, aux musicologues et à tous les amoureux de la musique.

BIBLIOGRAPHIE

ALWARD, Peter, « The Spoken Work », *The Journal of Aesthetics and Art Criticism*, vol. 62, n° 4, 2004, p. 331-337.

ANDERSON, James, « Musical Identity », *The Journal of Aesthetics and Art Criticism*, vol. 40, 1982, p. 285-91.

—, « Musical Kinds », *British Journal of Aesthetics*, vol. 25, 1985, p. 43-49.

ANSCOMBE, Gertrude Elizabeth Margaret, *L'intention*, traduit de l'anglais par Mathieu Maurice et Cyrille Michon, Paris, Gallimard, 2002.

AUSTIN, John Langshaw, « La vérité », dans *Écrits philosophiques*, traduit de l'anglais par Lou Aubert et Anne-Lise Hacker, Éditions du Seuil, Paris, 1994, p. 92-112.

BARTHES, Roland, « La mort de l'auteur » [1968] ; repris dans *Le bruissement de la langue*, Paris, Éditions du Seuil, 1984, p. 61-67.

BORGES, Jorge Luis, *Fictions*, Paris, Gallimard, 1965 (« Pierre Ménard, auteur du Quichotte »).

BROWN, Lee B., « Musical Works, Improvisation, and the Principle of Continuity », *Journal of Aesthetics and Art Criticism*, vol. 54, n° 4, 1996, p. 353-369.

—, « "Feeling My Way…" : Jazz Improvisation and its Vicissitudes – A Plea for Imperfection », *Journal of Aesthetics and Art Criticism*, vol. 58, p. 113-123.

CALLEN, Donald, « Making Music Live », *Theoria*, vol. 48, n° 3, 1982, p. 139-166.

CAPPELEN, Herman, *Philosophy Without Intuitions*, Oxford, Oxford University Press, 2012.

CARRIER, David, « Interpreting Musical Performances », *The Monist*, vol. 66, 1983, p. 202-212.

—, « Art without its Artists », *British Journal of Aesthetics*, vol. 22, 1982, p. 233-234.

CLIFTON, Thomas, *Music as Heard*, New Haven, Yale University Press, 1983.

COMETTI, Jean-Pierre, MORIZOT, Jacques et POUIVET, Roger (dir.), *Textes clés d'esthétique contemporaine. Art, représentation, fiction*, Paris, Vrin, 2005.

COOK, Nicholas, *Beyond the Score : Music as Performance*, Oxford, Oxford University Press, 2013.

CORAZZON, Raul, « Birth of a New Science : the History of Ontology from Suárez to Kant », http : //www.ontology.co/history.htm, consulté le 28 janvier 2014.

COX, Renée, « Are Musical Works Discovered ? », *The Journal of Aesthetics and Art Criticism*, vol. 43, 1985, p. 367-374.

—, « A Defence of Musical Idealism », *British Journal of Aesthetics*, vol. 26, 1986, p. 133-142.

CROCE, Benedetto *Bréviaire d'esthétique*, traduit de l'italien par Georges Bourgin, Paris, Éditions du Félin, 2005.

CURRIE, Gregory, *An Ontology of Art*, London, Macmillan, 1989.

DAHLHAUS, Carl, « Nouvelles formes de médiation de la musique » [1971] ; repris dans *Essais sur la nouvelle musique*, traduit de l'allemand par Hans Hildenbrand, Genève, Contrechamps, 2004, p. 149-155.

DANTO, Arthur, « Le monde de l'art », dans Danièle Lories (dir.), *Philosophie analytique et esthétique*, 1988, p. 183–198.

—, *La transfiguration du banal*, traduit de l'anglais par Claude Hary-Schaeffer, Paris, Éditions du Seuil, 1989.

DAVIES, David, *Art as Performance*, Malden, Blackwell, 2004.

—, *Philosophy of the Performing Arts*, Malden, Blackwell, 2011.

DAVIES, Stephen, « Authenticity in Musical Performance », *British Journal of Aesthetics*, vol. 27, 1987, p. 39-50.

—, « Transcriptions, Authenticity and Performance », *British Journal of Aesthetics*, vol. 28, 1988, p. 216-227.

—, *Musical Works and Performances*, Oxford, Oxford University Press, 2001.

—, *Musical Understandings and Other Essays on the Philosophy of Music*, Oxford, Oxford University Press, 2011, p. 34-46 (« Cross-Cultural Musical Expressiveness : Theory and the Empirical Program »).

DEBUSSY, Claude, *Correspondance*, édition établie par François Lesure et Denis Herlin, et annotée par François Lesure, Denis Herlin et Georges Liébert, Paris, Gallimard, 2005.

DICKIE, George, « Defining Art », *American Philosophical Quarterly*, vol. 6, n° 3, 1969.

—, *Art and the Aesthetic : An Institutional Analysis*, Ithaca, Cornell University Press, 1974.

—, *The Art Circle*, New York, Haven Publications, 1984.

—, « The New Institutional Theory of Art », *Proceedings of the 8th International Wittgenstein Symposium*, Vienne, Hölder-Pichler-Tempsky, 1984, p. 57-64.

DIPERT, Randall, « The Composer's Intentions : An Examination of Their Relevance for Performance », *Musical Quarterly*, vol. 66, n° 2, 1980, p. 205-218.

DODD, Julian, « Musical Works as Eternal Types », *British Journal of Aesthetics*, n° 40, 2000, p. 424-440.

—, « Defending Musical Platonism », *British Journal of Aesthetics*, n° 42, 2002 p. 380-402.

—, *Works of Music. An essay in Ontology*, Oxford, Oxford University Press, 2007.

DUPONT, Maÿlis, « Façons de parler, façons d'écouter. Une enquête sur le format culturel de nos écoutes », 2009, disponible en ligne : http : //www. melissa.ens-cachan.fr/IMG/pdf/Maylis_Dupont_-_revue_L_Homme-2. pdf, consulté le 02/06/2013.

DYCK John, « Perfect Compliance in Musical Ontology and Musical History », *British Journal of Aesthetics*, vol. 54, 2014, p. 31-47.

ECO, Umberto, *L'œuvre ouverte*, Paris, Éditions du Seuil, 1979.

ELLIS, Katharine, *Interpreting the Musical Past : Early Music in Nineteenth-Century France*, Oxford, Oxford University Press, 2005.

EVNINE, Simon, « Constitution and Qua Objects in the Ontology of Music », *British Journal of Aesthetics*, vol. 49, 2009, p. 203-217.

FELDMAN, Fred, « Leibniz and "Leibniz' Law" », *The Philosophical Review*, vol. 79, n° 4, p. 510-522.

FINE, Kit, « Acts, Events, and Things », dans Werner Leinfellner, Eric Kraemer et Jeffrey Schank (dir.), *Sprache und Ontologie*, Vienne, Hölder-Pichler-Tempsky, 1982, p. 97-105.

FOUCAULT, Michel, « Qu'est-ce qu'un auteur ? » [1969] ; repris dans *Dits et écrits*, t. I, Paris, Gallimard, 2001, p. 817-849.

GODLOVITCH, Stan, « Authentic Performance », *The Monist*, vol. 71, 1988, p. 278-290.

GOEHR, Lydia, « Being True to the Work », *The Journal of Aesthetics and Art Criticism*, vol. 47, 1989, p. 55-67.

—, *The Imaginary Museum of Musical Works*, Oxford, Oxford University Press, 1992 ; Oxford, Oxford University Press, 2007.

GOMBRICH, Ernst H., *L'art et l'illusion*, traduit de l'anglais par Guy Durand, Paris, Gallimard, 1996

—, *Méditations sur un cheval de bois*, traduit de l'anglais par Guy Durand, Paris, Phaidon, 2003.

GOODMAN, Nelson, *Langages de l'Art*, traduit de l'anglais par Jacques Morizot, Nîmes, Jacqueline Chambon Éditeur, 1990

GRACYK, Theodore *Rythm and Noise : An Aesthetics of Rock*, Durham, Duke University Press, 1996.

GRACYK, Theodore et KANIA, Andrew (dir.), *The Routledge Companion to Philosophy and Music*, New York, Routledge, 2011.

HAMILTON, Andy, *Aesthetics and Music*, Londres, Continuum, 2007.

HAMILTON, James R., *The Art of Theater*, Oxford, Blackwell, 2007.

HARNONCOURT, Nikolaus, *Le discours musical*, traduit de l'anglais par Dennis Collins, Paris, Gallimard, 1984.

HAYNES, Bruce, *The End of Early Music : A Period Performer's History of Music for the Twenty-first Century*, New York, Oxford University Press, 2007.

HOWELL, Robert, « Types, Indicated and Initiated », *British Journal of Aesthetics*, vol. 42, 2002, p. 105-127.

INGARDEN, Roman, *Qu'est-ce qu'une œuvre musicale ?*, traduit de l'allemand par Dukja Smoje, Paris, Christian Bourgois, 1989.

KANIA, Andrew, « Piece for the End of Time : in Defence of Musical Ontology », *British Journal of Aesthetics*, Vol. 48, n° 1, 2008, p. 65-79.

—, « The Methodology of Musical Ontology : Descriptivism and its Implications », *British Journal of Aesthetics*, Vol. 48, n° 4, 2008, p. 426-444

—, « Silent Music », *The Journal of Aesthetics and Art Criticism*, vol. 68, n° 4, 2010, p. 343-353.

KIVY, Peter, *The Corded Shell*, Princeton, Princeton University Press, 1980.

—, « Platonism in Music : A Kind of Defense », *Grazer Philosophische Studien*, vol. 19, 1983, p. 109-129.

—, « Platonism in Music : Another Kind of Defense », *American Philosophical Quarterly*, vol. 24, 1987, p. 245-252.

—, « Orchestrating Platonism », dans Thomas Anderberg (dir.), *Aesthetic Distinction*, Lund, Lund University Press, 1988, p. 42-55.

—, « On the Concept of the "Historically Authentic" Performance », *The Monist*, n° 71, 1988, p. 278-290.

—, *The Fine Art of Repetition*, Cambridge, Cambridge University Press, 1993.

—, *Authenticities : Philosophical Reflections on Musical Performance*, Ithaca, Cornell University Press, 1995.

KRAMER, Lawrence, *Interpreting Music*, Berkeley, University of California Press, 2011.

KRIPKE, Saul, *La logique des noms propres*, traduit de l'anglais par Pierre Jacob et François Recanati, Paris, Éditions de Minuit, 1982.

—, « Identity and Necessity », dans *Philosophical Troubles*, Oxford, Oxford University Press, 2011, p. 1-26.

LEECH-WILKINSON, Daniel *The Changing Sound of Music : Approaches to Studying Recorded Musical Performances*, Londres, CHARM, 2009, http : //www.charm.rhul.ac.uk/studies%20 consulté le 27 août 2014.

LEVINSON, Jerrold, « Defining Art Historically », [1979] ; repris dans *Music, Art and Metaphysics*, Oxford, Oxford University Press, 2011, p. 3-25. Version française : *L'art, la musique et l'histoire*, traduit de l'anglais par Jean-Pierre Cometti et Roger Pouivet, Paris, Éditions de l'Éclat, 1998, p. 15-43, (« Pour une définition historique de l'art »).

—, « What a Musical Work Is » [1980] ; repris dans *Music, Art and Metaphysics*, Oxford, Oxford University Press, 2011, p. 63-88. Version française : *L'art, la musique et l'histoire*, traduit de l'anglais par Jean-Pierre Cometti et Roger Pouivet, Paris, Éditions de l'Éclat, 1998, p. 44-76, (« Qu'est-ce qu'une œuvre musicale ? »).

—, « Autographic and Allographic Art Revisited » [1980] ; repris dans *Music, Art and Metaphysics*, Oxford, Oxford University Press, 2011, p. 89-106.

—, « Aesthetic Uniqueness » [1980] ; repris dans *Music, Art and Metaphysics*, Oxford, Oxford University Press, 2011, p. 107-133.

—, « Aesthetic Supervenience » [1983] ; repris dans *Music, Art and Metaphysics*, Oxford, Oxford University Press, 2011, p. 134-158.

—, « Titles » [1985] ; repris dans *Music, Art and Metaphysics*, Oxford, Oxford University Press, 2011, p. 159-178.

—, « Evaluating Musical Performance » [1987] ; repris dans *Music, Art and Metaphysics*, Oxford, Oxford University Press, 2011, p. 376-392.

—, « Artworks and the Future » [1988] ; repris dans *Music, Art and Metaphysics*, Oxford, Oxford University Press, 2011, p. 179-214. Version française : *L'art, la musique et l'histoire*, traduit de l'anglais par Jean-Pierre Cometti et Roger Pouivet, Paris, Éditions de l'Éclat, 1998, p. 114-159 (« Les œuvres d'art et le futur »).

—, « Refining Art Historically » [1989] ; repris dans *Music, Art and Metaphysics*, Oxford, Oxford University Press, 2011, p. 37-59.

—, *Music, Art and Metaphysics*, Ithaca, Cornell University Press, 1990 ; Oxford, Oxford University Press, 2011.

—, « Authentic Performance and Performance Means » [1990] ; repris dans *Music, Art and Metaphysics*, Oxford, Oxford University Press, 2011, p. 393-408.

—, « The Concept of Music » [1990] ; repris dans *Music, Art and Metaphysics*, Oxford, Oxford University Press, 2011, p. 267-278.

—, « What a Musical Work Is, Again » [1990] ; repris dans *Music, Art and Metaphysics*, Oxford, Oxford University Press, 2011, p. 215-263.

—, « Authentic Performance and Performance Means » [1990] ; repris dans *Music, Art and Metaphysics*, Oxford, Oxford University Press, 2011, p. 393-408.

—, « Ontology of Music », dans Hans Burkhardt et Barry Smith (dir.), *Handbook of Metaphysics and Ontology*, Munich, Philosophia Verlag, 1990, p. 582-584

—, « Art as Action » [1992] ; repris dans *The Pleasures of Aesthetics*, Ithaca, Cornell University Press, 1996, p. 138-149.

—, « Intention and Interpretation in Litterature » [1992] ; repris dans *The Pleasures of Aesthetics*, Ithaca, Cornell University Press, 1996, p. 175-213.

—, *The Pleasures of Aesthetics*, Ithaca, Cornell University Press, 1996.

—, « Nonexistent Artforms and the Case of Visual Music » [1997] ; repris dans *Contemplating Art*, Oxford, Oxford University Press, 2006, p. 109-128.

—, *L'art, la musique et l'histoire*, traduit de l'anglais par Jean-Pierre Cometti et Roger Pouivet, Paris, Éditions de l'Éclat, 1998,

—, *Music in the Moment*, Ithaca, Cornell University Press, 1998. Version française : *La musique sur le vif*, traduit de l'anglais par Sandrine Darsel, Rennes, Presses Universitaires de Rennes, 2013.

—, « Le contextualisme esthétique », dans Jacques Morizot et Roger Pouivet (dir.), *Textes clés d'esthétique contemporaine. Art, représentation, fiction*, Paris, Vrin, 2005, p. 447-460.

—, *Contemplating Art*, Oxford, Oxford University Press, 2006.

—, « The Aesthetic Appreciation of Music », *British Journal of Aesthetics*, vol. 49, n° 4, 2009, p. 414-425.

—, « Indication, Abstraction and Individuation », dans Christy Mag Uidhir (dir.), *Art and Abstract Objects*, Oxford, Oxford University Press, 2012, p. 49-61.

—, « Jazz Vocal Interpretation : A Philosophical Analysis », *Journal of Aesthetics and Art Criticism*, vol. 71, n° 1, 2013, p. 35-43.

—, « Popular Song as Moral Microcosm : Life Lessons from Jazz Standards », *Royal Institute of Philosophy Supplement*, vol. 71, 2013, p. 51-66.

LIVINGSTON, Paisley, *Art and Intention*, Oxford, Oxford University Press, 2007.

LORIES, Danièle (dir.), *Philosophie analytique et esthétique*, Paris, Klincksieck, 1988.

MARGOLIS, Joseph, *The Language of Art and Art Criticism*, Detroit, Wayne State University Press, 1965.

MARK, Thomas, « On Works of Virtuosity », *The Journal of Philosophy*, vol. 77, 1980, p. 28-45.

MANDELBAUM, Maurice, « Family Resemblances and Generalization Concerning the Arts », *American Philosophical Quarterly*, vol. 6, n° 3, 1965, p. 219-228.

MATHESON, Carl et CAPLAN, Ben « Fine Individuation », *British Journal of Aesthetics*, Vol. 47, n° 2, 2007, p. 113-137.

MEYER, Leonard, *Music, the Arts, and Ideas*, Chicago, University of Chicago Press, 1967.

MOLINO, Jean, « Fait musical et sémiologie de la musique » [1975] ; repris dans *Le singe musicien*, Arles, Actes Sud/Paris, INA, 2009, p. 73-118.

MORIZOT, Jacques, *Sur le problème de Borges. Sémiotique, ontologie, signature*, Paris, Kimé, 1999.

NATTIEZ, Jean-Jacques « Éclatement ou unité de la musique ? », dans Jean-Jacques Nattiez (dir.), *Musiques : une encyclopédie pour le XXIᵉ siècle*, vol. 5, Arles-Paris, Actes Sud-Cité de la Musique, 2007, p. 17-32.

NICHOLS, William, *Composers on Music : Eight Centuries of Writings*, Boston, Northeastern University Press, 1997.

PEARCE, David, « Intensionality and the Nature of a Musical Work », *British Journal of Aesthetics*, vol. 28, n° 2, p. 105-118.

—, « Musical Expression : Some Remarks on Goodman's Theory », dans Veikko Rantala (dir.) *Essays on the Philosophy of Music*, Helsinki, Acta Philosophica Fennica, 1988, p. 228-243.

PEIRCE, Charles Sanders, *The Simplest Mathematics. Collected Papers*, vol. IV, Cambridge, Harvard University Press, 1933.

POUIVET, Roger, *Philosophie du rock*, Paris, P.U.F., 2010.

PUTNAM, Hilary, « Signification et référence » [1973], traduit de l'anglais par Valérie Aucouturier dans Bruno Ambroise et Sandra Laugier (dir.), *Philosophie du langage*, vol. I, Paris, Vrin, 2009, p. 343-361.

QUINE, Willard Van Orman, « Référence et modalité » [1953] ; repris dans *Du point de vue logique*, traduit de l'anglais sous la direction de Sandra Laugier, Paris, Vrin, 2003, p. 197-222.

RANTALA, Veikko, « Musical Works and Possible Events », dans Veikko Rantala (dir.), *Essays on the Philosophy of Music*, Helsinki, Acta Philosophica Fennica, 1988, p. 97-109.

RIDLEY, Aaron, « Against Musical Ontology », *Journal of Philosophy*, vol. 100, 2003, p. 203-220.

ROBINSON, Jenefer, « Music as a Representational Art », dans Philip Alperson (dir.), *What Is Music ?*, New York, Haven Publications, 1987, p. 167-192.

ROHRBAUGH, Guy, « Artworks as Historical Individuals », *European Journal of Philosophy*, vol. 11, n° 2, 2003, p. 177-205.

ROSCH, Eleanor et MERVIS, Carolyn, « Family Resemblances : Studies in the Internal Structures of Categories », *Cognitive Psychology*, vol. 7, 1975, p. 573-605.

SARTRE, Jean-Paul, *L'imaginaire*, Paris, Gallimard, 1995 [1940].

SAUER, Theresa, *Notations 21*, Londres, Mark Batty, 2009.

SAVAGE, Patrick E. et BROWN, Steven, « Pour une nouvelle musicologie comparée : Cinq champs de recherche, cinq débats essentiels », *Anthropologie et Sociétés*, vol. 38, n° 1, 2014, p. 193-216.

SCRUTON, Roger, « Understanding Music », *The Aesthetic Understanding*, Londres, Methuen, 1983, p. 77-100.

—, *The Aesthetics of Music*, Oxford, Oxford University Press, 1997.

SÈVE, Bernard, *L'instrument de musique : une étude philosophique*, Paris, Éditions du Seuil, 2013.

SHARPE, R. A., « Type, Token, Interpretation and Performance », *Mind*, vol. 88, n° 351, 1979, p. 437-440.

SMALL, Christopher, *Musicking : The Meaning of Performing and Listening*, Hanovre, Wesleyan University Press, 1998.

STECKER, Robert, « Methodological Questions about the Ontology of Music », *The Journal of Aesthetics and Art Criticism*, vol. 67, 2009, p. 375-386.

STEVENSON, Charles Leslie, « Interpretation and Evaluation in Aesthetics », dans Max Black (dir.), *Philosophical Analysis*, Englewood Cliffs, Prentice Hall, 1950, p. 319-358.

—, « Qu'est-ce qu'un poème ? », dans Gérard Genette (dir.), *Esthétique et poétique*, Paris, Éditions du Seuil, 1992, p. 157-201.

TILLMAN, Chris, « Musical Materialism », *British Journal of Aesthetics*, vol. 51, 2011, p. 13-29.

TILLMAN, Chris et SPENCER, Joshua, « Musical Materialism and the Inheritance Problem », *Analysis*, vol. 72, n° 2, 2012, p. 252-259.

TROYANO, Ela, « John Zorn's Theater of Musical Optics », *The Drama Review*, vol. 23, n° 4, 1979, p. 37-44.

VALLAS, Léon, *Achille-Claude Debussy*, Paris, Presses Universitaires de France, 1944.

—, *Claude Debussy et son temps*, Paris, Albin Michel, 1958.

WALTON, Kendall, « The Presentation and Portrayal of Sound Patterns », *In Theory Only*, vol. 2, 1977, p. 3-16.

—, « Catégories de l'art », dans Gérard Genette (dir.), *Esthétique et poétique*, Paris, Éditions du Seuil, 1992, p. 83-129.

—, « Style and the Products and Processes of Art », dans *Marvelous Images, On Values and the Arts*, Oxford, Oxford University Press, 2008, p. 221-248.

WEITZ, Morris, « Le rôle de la théorie en esthétique », dans Danièle Lories (dir.), *Philosophie analytique et esthétique*, 1988, p. 27-40.

WIMSATT, William et BEARDSLEY, Monroe, « L'illusion de l'intention », dans Danièle Lories (dir.), *Philosophie analytique et esthétique*, 1988, p. 223-238.

WITTGENSTEIN, Ludwig, *Recherches Philosophiques*, traduit de l'allemand par Françoise Dastur *et al.*, Paris, Gallimard, 2005.

WOLLHEIM, Richard, « Minimal Art », *Arts Magazine*, janvier 1965, p. 26-32.

—, *L'art et ses objets*, traduit de l'anglais par Richard Crevier, Paris, Aubier, 1994.

WOLTERSTORFF, Nicholas, « Toward an Ontology of Art Works », *Noûs*, vol. 9, n° 2, 1975, p. 115-142.

—, *Works and Worlds of Art*, Oxford, Clarendon Press, 1980.

—, « The Work of Making a Work of Music », dans Philip Alperson (dir.), *What is Music ?*, University Park, Penn State University Press, 1994, p. 101-130.

INDEX DES NOMS PROPRES ET DES ŒUVRES

TABLE DES MATIÈRES

Imprimé en France par CPI (131201)
en octobre 2015
Dépôt légal : octobre 2015